I0762448

BESTSELLER

Alvaro Gordoa es consultor en Imagen Pública®, actividad que ejerce asesorando a distinguidos miembros de los sectores político, empresarial y de entretenimiento, en las áreas de creación y modificación de imagen pública. Es director y catedrático del Colegio de Imagen Pública® en donde se estudian la Licenciatura en Imagología® la Maestría en Ingeniería en Imagen Pública®, el Doctorado en Imagen Pública® y los Diplomados sobre el tema.

El doctor Gordoa ha capacitado a más de dos mil personas en el uso de la palabra oral y asesorado a empresarios y candidatos políticos en las áreas de debate y creación de discursos. Es un reconocido conferencista y capacitador, además de colaborar en prensa, radio y televisión como líder de opinión. Es autor de los libros *Imagen Cool®* y *El Método H.A.B.L.A.®*

www.imagenpublica.mx

@alvarogordoa

/alvarogordoaoficial

@alvarogordoa

ALVARO GORDOA

EL MÉTODO H.A.B.L.A.

Imagen verbal en 5 sencillos pasos

DEBOLS!LLO

El papel utilizado para la impresión de este libro ha sido fabricado a partir de madera procedente de bosques y plantaciones gestionadas con los más altos estándares ambientales, garantizando una explotación de los recursos sostenible con el medio ambiente y beneficiosa para las personas

El Método H.A.B.L.A.
Imagen verbal en 5 sencillos pasos

Primera edición en Debolsillo: enero, 2026

ISBN: 978-607-386-849-5

Impreso en México – *Printed in Mexico*

Para todos los hijos de Aristóteles
que viven y reviven en estas páginas.

ÍNDICE

INTRODUCCIÓN

BIENVENIDO AL VIAJE DEL H.A.B.L.A.

USTED DEBERÍA SER ORADOR

Orador es aquel que dice lo que piensa y siente lo que dice.
WILLIAM J. BRYAN (1860 – 1925)

Treinta y dos. Sí, treinta y dos hubiera sido una respuesta sincera. La realidad es que no sé con exactitud cuántos libros sobre hablar en público he leído en mi vida, pero en este momento en el librero de mi oficina estoy contando treinta y uno, más *Retórica* de Aristóteles, que está en el buró de mi cama, suman treinta y dos. Por eso es que treinta y dos hubiera sido una respuesta sincera... aunque en realidad el de *Public Speaking for Dummies* me lo regaló una alumna en tono de broma y nunca lo leí, nada más lo hojeé. En fin, el chiste es que cuando me hicieron la pregunta contesté: "¡Muchísimos!, hay cientos de libros para hablar en público que pueden ayudarte."

Como Consultor en Imagen Pública, tengo el placer de dar muchas conferencias al año, y hace un tiempo, después de impartir una sobre Imagen política, en Washington D.C., se me acercó una colombiana y me dijo: "Señor, habla usted muy bien en público, debería dedicarse a ser orador", Mmmm, interesante... Lo primero que hizo mi mente fue imaginarme como el idolatrado predicador de algún culto religioso al que una gran masa arrepentida acudía semanalmente a comer de su mano y dejar sus quincenas; después, me visualicé vestido con un horrible traje café y portando un micrófono de diadema, dando charlas motivacionales en el descuidado salón de eventos de un hotel ejecutivo e incitando a la audiencia a comprar mis audiolibros al compás de la canción "Color esperanza", de Diego Torres. Finalmente, sólo me limité a sonreír y responderle: "Muchas gracias, no se me había ocurrido, lo tomaré muy en cuenta." Y después vino la dichosa pregunta: "Se ve que ha estudiado mucho sobre hablar en público, ¿cómo cuántos libros sobre el tema ha leído?" Treinta y dos hubiera sido una respuesta sincera.

La realidad es que todos somos oradores. Todos somos comunicadores. Todos tenemos ideas en la cabeza que transmitimos por medio de las palabras para lograr nuestros objetivos. Y es que la comunicación satisface tres necesidades básicas del ser humano: la de informar e informarnos, la de lograr objetivos en común y la de establecer relaciones interpersonales (Mata, 2004). Por lo tanto, mientras mayores niveles de comunicación tengas, mejor informarás, lograrás mejor tus objetivos, incluso mejorarán tus relaciones interpersonales. Cada vez que abres la boca te conviertes en un orador.

De seguro has escuchado muchísimas veces la famosa frase "la práctica hace al maestro", pues para hablar en público aplica de maravilla. Hablar en público es un oficio. Es una profesión constante que se moldea mediante hábitos. Lo que sucede es que nadie nos enseña a hablar en público, aprendemos como el burro que tocó la flauta, por eso es que muchos de los hábitos que adquirimos podríamos considerarlos malos hábitos; haciendo que la natural experiencia de hablar en público se convierta en algo tormentoso y complicado.

Winston Churchill alguna vez declaró: "Hablar en público es la cosa que más disfruto...", no por algo es considerado uno de los mejores oradores de la historia; pero la declaración no terminó ahí, la remató diciendo: "Hablar en público es la cosa que más disfruto... de las cosas que menos disfruto." Por lo que de una vez te lo digo: enfrentarnos a una audiencia y hacer presentaciones extraordinarias no es tarea sencilla. Se necesita de mucha práctica y de conocimientos sofisticados. Conocimientos que estás a punto de adquirir con la lectura de este libro, pues su objetivo es desarrollar un método que facilite el proceso de hablar en público en fondo y forma.

La verdad no podría decirte con certeza cómo aprendí a hablar en público, de hecho, nunca pensé que como Consultor en Imagen Pública iba a especializarme en los terrenos del uso de la palabra oral. Para cuando me di cuenta ya era maestro de Imagen Verbal en la Maestría en Ingeniería en Imagen Pública, había hecho un doctorado para el cual centré mi tesis en el uso de la palabra, viajaba por el mundo ayudando a las personas a ser comunicadoras eficaces y había desarrollado un método de manera empírica que en ocho horas garantizaba resultados sorprendentes a todos aquellos que desearan impresionar con sus ponencias. Al día de hoy he capacitado a más de dos mil personas en el uso de la palabra oral, dentro de las que se encuentran presidentes latinoamericanos o directivos de empresas que figuran en el Fortune 500, y soy asesor de diversos personajes públicos en las áreas de debate y creación de discurso.

¿Aprendí de los treinta y dos libros sobre el tema he que leído? ¡Por supuesto! Te confieso que a partir del tercer libro que leí sobre hablar en público, me di cuenta de que la gran mayoría versaba sobre lo mismo, y peor aún, pude detectar que varias veces lo que un autor decía que era lo correcto, el siguiente especialista te decía que era lo peor que podías hacer ante una audiencia. También detecté que las bibliografías de esos textos eran muchas veces las mismas y casi todos tenían como origen la misma fuente inicial: la *Retórica* de Aristóteles.

Entonces, ¿por qué seguí y seguiré leyendo más libros sobre el tema? Porque también noté que en cada uno de ellos encontraba algún *tip* útil o algún ejemplo que me ayudaba a ser mejor presentador, lo que hacía que ese breve párrafo de conocimiento compensara la lectura de cientos de páginas de más y más de lo mismo. Y mira cómo es la vida, ahora soy el autor número treinta y tres de esa colección de mi librero.

Este libro no pretende encontrar el hilo negro, muchas de las cosas que expongo son tan antiguas como el lenguaje. Lo mismo descubrirás conocimiento que está basado en lo que dijo Aristóteles hace 2 300 años, que en lo que hizo Barack Obama durante sus discursos de campaña. Te compartiré conocimiento que he aprendido en cursos sobre diversos temas, desde debate y argumentación formal, hasta logopedia y expresión corporal teatral, pasando por muchas otras investigaciones, semillas de este texto. Te transmitiré lo que he estudiado, visto y comprobado que funciona para ganarte a una audiencia cada vez que abres la boca. No obstante, debo confesarte que muchas de mis recomendaciones e investigaciones estarán inspiradas en lo que hacen personajes cinematográficos, literarios o de series de televisión.

No sé si haga mal en revelártelo, pero cuando me invitó una dependencia de gobierno a dar una conferencia sobre "La imagen de México", en el marco de las fiestas del Bicentenario de la Independencia de mi país, mi discurso estuvo basado e inspirado nada más y nada menos que... ¡en Batman!

Resulta que unos días antes de la presentación, estaba en casa viendo la película *The Dark Knight* (2008), de Christopher Nolan, cuando unas palabras de Bruce Wayne llamaron mi atención. La escena sucede en la fiesta de recaudación de fondos para la campaña de Harvey Dent, en la que Bruce Wayne llega en un helicóptero y de manera desfachatada empieza a dar un discurso burlándose del eslogan de campaña: "I Believe in Harvey Dent", después le dio un vuelco emocional a sus palabras y dejó un mensaje con total seriedad que impactaba al corazón. ¡Tuve que ponerle pausa y regresar la pelicula! ¡Batman acababa de darme la línea de mi próximo discurso!

Días después me presenté ante la audiencia, inicié burlándome de manera desfachatada del eslogan: "Felicidades, cumples 200 años de ser orgullosamente mexicano", luego sacudí las emociones de mi audiencia y la dejé reflexionando. Desafortunada (o afortunadamente, pues podría ser demandado por plagio por la Warner Bros), no hay ningún video de esa ponencia, ¡pero les juro que era idéntica! Así es el arte de aprender a hablar en público.

Te digo que no sé con certeza cómo aprendí hablar en público. Sí, mucho me lo han dado los libros y los cursos, pero creo firmemente que lo más importante ha sido la experiencia y las "mañas" que adquirí con los años de observación y, sobre todo, de práctica. ¡La única forma para aprender a hablar en público es hablando! Y esas mañas han sido las que al día de hoy hacen que algunos me califiquen como buen orador. Esas mismas mañas hago adquirir a mis clientes en pocas horas, con la gran responsabilidad de que después ellos deben practicarlas. Esas mañas te las transmitiré en este libro, por medio de puntuales recomendaciones a través de un método específico.

No pretendo hacer de ti un orador ¡porque ya eres uno! Al día dices un promedio de quince mil palabras ante públicos diversos (Brizendine, 2006). Les transmites ideas a tus familiares, entretienes a tus amigos, colaboras con tus compañeros de trabajo y haces de la palabra oral tu principal herramienta para lograr tus objetivos. Por eso no pretendo hacer de ti un orador, ¡pretendo hacerte mañoso! Desmitificaremos la falsa seriedad que muchas veces le damos a hacer presentaciones y te darás cuenta de que, si bien hablar en público no es sencillo, sí es sencillo adquirir los conocimientos para hacerlo cada día mejor. No tiene gran ciencia y desmitificaremos la falsa seriedad que muchas veces le damos al tema de hacer presentaciones en público.

EL MÉTODO H.A.B.L.A.

No hay espejo que mejor refleje la imagen del hombre que sus palabras.
Juan Luis Vives (1492-1540)

La temática de este libro se engloba dentro de los terrenos de la imagen verbal. Antes de adentrarnos en ella quiero dejar en claro que, aunque la palabra escrita es de extrema importancia, no es motivo de este texto. El método que propongo te ayudará a potenciar tu imagen personal abordando el tema de la imagen verbal desde el flanco de la palabra oral, dándote consejos muy puntuales sobre todo lo que necesitas saber para generar una buena percepción cada vez que abras la boca; aunque, sin duda, muchas de las recomendaciones podrás aplicarlas también a la expresión escrita. Dicho esto, crucemos el espejo como la Alicia de Carroll y entremos al maravilloso mundo de la imagen verbal.

La imagen es el sabor de boca con el que se queda la audiencia. Es la percepción general con la que te quedarás tanto del orador como de su presentación. Es lo que te hará identificar la experiencia como buena o mala, traduciéndola en expresiones como: "Me gustó" o "no me gustó", con todos los grises intermedios. Son todos los adjetivos calificativos que podrías poner después de las frases: "El orador es..." o "La presentación fue...". Para que lo entiendas mejor, echémonos un clavado al fascinante mundo de la imagen.

Imagen es percepción, así de sencillo se define. La manera en que los demás nos perciben va a configurar nuestra imagen. Esta imagen mental se juntará con opiniones convirtiéndose en nuestra identidad y en la realidad de quien nos percibe. Esto quiere decir que ¡nosotros no somos dueños de nuestra imagen!, pues nuestra imagen vive en la cabeza de los demás. Esto no quiere decir que no seamos responsables de la misma, ¡somos totalmente responsables de nuestra imagen!, ya que la percepción es una consecuencia de algo más: los estímulos; que son todas las cosas que hacemos que impactarán los sentidos de quien nos percibe.

Por lo tanto, podemos afirmar que imagen es percepción, que se convierte en identidad y que se produce por estímulos. Entonces podemos concluir que si controlamos los estímulos, controlamos la percepción; y si controlamos la percepción, controlamos nuestra imagen.

Al entender el concepto de imagen, podemos comprender que el proceso de control de la percepción es muy complejo y delicado, pues existe una gran cantidad de estímulos que hay que poner en armonía y coherencia para lograr ser identificados de la mejor manera, y lograr así nuestros objetivos. Es por eso que existe todo un sistema de catalogación y subcatalogación de estímulos que dan como resultado diferentes tipos de imágenes, expuestas en el libro *El poder de la imagen pública* (Gordoa, 1999) y que, a continuación, resumo.

La primera catalogación es sencilla: se puede crear la imagen de una persona o la de una institución. La siguiente clasificación es la de las imágenes subordinadas, que agrupan y dividen los estímulos en diferentes categorías para facilitar el proceso de diseño y producción de la gran imagen personal o institucional. Éstas son la imagen física, la imagen profesional, la imagen visual, la imagen audiovisual, la imagen ambiental y la que es motivo de este estudio, la imagen verbal.

Si imagen es percepción, la imagen verbal será la: "[...] percepción que se tiene de una persona o institución por parte de sus grupos objetivo como consecuencia del uso de la palabra oral o escrita" (Gordoa, 1999: 159).

Entendida la imagen verbal, entonces estamos listos para recorrer el camino que te ayudará a obtenerla en cinco sencillos pasos. Estoy convencido de que este trayecto te cambiará la vida, estimado lector, ¡bienvenido al viaje del habla!

EL MÉTODO H.A.B.L.A.

El éxito no se logra sólo con cualidades especiales.
Es sobre todo un trabajo de constancia, de método y de organización.
JEAN-PIERRE SERGENT (1958 – ¿?)

Antes de viajar, conozcamos el camino. Siempre he sido un amante de la semiótica y por lo tanto de la semántica, que es la rama de la lingüística que estudia el significado de las palabras (Lyons, 1995). En particular, dentro de estos estudios, me ha llamado la atención la lexicología, que es la subdisciplina que se encarga entre otras cosas de estudiar el origen de las palabras y el por qué las cosas se llaman como se llaman (Fuentes, 2010). De hecho, mis amigos se burlan de mi abuso de las etimologías al momento de argumentar. Y es que pienso que cuando conocemos el origen de las palabras podemos elevarlas a un nivel simbólico en el que nos relacionamos con ellas a un nivel más profundo, dejando de decir palabras y empezando a sentirlas. Sigmund Freud decía que en principio las palabras eran mágicas y que hasta el día de hoy han retenido mucho de su antiguo poder. En lo personal, la palabra *método* la considero muy poderosa por su interesante origen.

Según la Real Academia Española, *método*, proviene del latín *methodus* y éste a su vez del griego μέθοδος (methodos), que significa *camino o vía*, por eso la palabra la relacionamos con los pasos para realizar algo; con el procedimiento, la técnica o manera de lograr un objetivo, siguiendo un plan de forma sistemática, ordenada y lógica. ¿De dónde viene el vocablo griego μέθοδος (methodos)? Pues de otras dos palabras griegas: μετα (metha) y ὁδός (odos).

Metha, que significa *más allá*, la encontramos como prefijo en palabras como metafísica (más allá de lo físico), metamorfosis (más allá de su forma) o metáfora (más allá del significado original). Y *odos*, que significa *camino*, lo encontramos como sufijo en palabras como períodos (alrededor del camino) o éxodo (fuera del camino). Por lo tanto, en su acepción original, la palabra *método* podría significar *el camino para llegar más allá*. ¿Verdad que la palabra es mágica?

El método que propongo te llevará por un camino para llegar más allá. Más allá de lo que llega el promedio de la gente al momento de hacer presentaciones, más allá de lo que jamás habías imaginado que podías lograr al presentarte frente a una audiencia y más allá de tus miedos al hablar en público. Y al llevarte este camino más allá, también te ayudará a proyectarte hacia otro lado, hacia el que siempre has querido estar: el lado donde se encuentran tus objetivos cumplidos, los ascensos laborales, las ventas, el liderazgo y todo lo que conlleva la comunicación efectiva y la buena imagen verbal. Y como te mencioné es un camino de cinco sencillos pasos.

H.A.B.L.A. es un acrónimo que representa las cinco virtudes y acciones que todo aquel que habla en público debería tener. Son las cinco habilidades y acciones que comparten los buenos oradores y las características positivas que toda audiencia desea captar en un presentador. Antes de mencionarlas, debo ser enfático al decir que el chiste de un método no está en conocerlo, el camino se debe recorrer, por eso es que las virtudes y acciones que veremos debemos practicarlas e implementarlas en nuestras exposiciones del día a día, de tal forma que al pasar el tiempo, podamos aprehenderlas.

Y sí, utilicé la palabra *aprehender* en lugar de *aprender*, porque tal vez has escuchado que el aprendizaje es un proceso de cuatro etapas por las cuales hay que pasar cada vez que adquirimos una nueva competencia. Si nunca habías escuchado esto, te lo cuento: el psicólogo estadounidense Abraham Maslow (sí, el mismo de la Pirámide de Maslow) expuso en los años cuarenta del siglo pasado una teoría en la que mencionaba que las personas aprendemos pasando por las etapas de:

Incompetencia inconsciente: cuando no sabemos que no sabemos algo, ni nos interesa saberlo.

Incompetencia consciente: cuando sabemos que no sabemos algo, queremos saberlo y reconocemos nuestras deficiencias. Esta etapa es el motivo por el que decidiste leer este libro.
Competencia consciente: cuando sabemos realizar la destreza pero requiere de mucha concentración y esfuerzo. En esta etapa es donde muchas personas tiran la toalla, pues los errores generan frustración y la paciencia puede agotarse por desesperación. Es la etapa donde podrías verbalizar "esto es muy difícil" o "creo que esto no es para mí". Al terminar de leer este libro te encontrarás en esta etapa, disfrútala y practica mucho.
Competencia inconsciente: cuando tenemos la destreza y es parte de nuestro ser. Hemos practicado tanto que la habilidad nos sale con naturalidad, sin esfuerzo y sin la necesidad de andar pensando en qué o por qué hacemos algo. Por eso te decía que el chiste está en aprehender las virtudes y acciones del Método H.A.B.L.A., y para ello hay que practicar.

Veamos, pues, cuáles son los significados de estas siglas y desarrollemos en profundidad cada una de estas virtudes y acciones, te invito a seguir estos pasos cada vez que abras la boca y a partir de hoy ¡H.A.B.L.A.!

H	Hábitos
A	Abre Fuerte
B	Buena Voz
L	Lenguaje Corporal
A	Acaba

1. HÁBITOS

EL HÁBITO SÍ HACE AL MONJE... MEJOR ORADOR

Somos lo que hacemos repetidamente.
La excelencia, entonces, no es una acción, sino un hábito.
ARISTÓTELES (384-322 A. C.)

Tito Livio (59-64 a. C.), el historiador romano, decía que cualquier esfuerzo resulta ligero con el hábito. Entonces, si al inicio del libro decíamos que todos somos oradores y que hablar en público es algo natural de nuestra especie, ¿por qué se nos hace tan pesado y nos da tanto miedo hacerlo? La respuesta es sencilla: nos tomamos demasiado en serio el momento y nos preparamos de más.

Ahora bien, no te confundas, no estoy diciendo que no sea importante estar preparado, ¡al contrario!, la preparación es lo que distingue a los buenos oradores de los del montón. Mencionábamos que todos somos oradores, sí, pero también tenemos que ser sinceros: unas personas hablan mejor en público que otras. No hay duda. De hecho, podríamos recordar a muy pocos expositores, conferencistas, maestros, jefes, colaboradores o amigos en nuestra vida, que podamos definir como excelentes oradores. Lo que nos lleva a la conclusión de que la gran mayoría de la gente no está preparada ni capacitada para hablar en público.

En un sondeo que realicé para el Colegio de Imagen Pública, le pedí a dos públicos diferentes que se clasificaran como expositores al formularles la pregunta: ¿Cómo te evalúas como presentador? Las posibles respuestas eran: a) Muy por debajo de la media. b) Por debajo de la media. c) En la media. d) Superior a la media. e) Muy superior a la media.

La única diferencia de muestreo entre los dos públicos evaluados fue que unos eran estudiantes de los programas del Colegio Imagen Pública y los otros no. Antes de ver los resultados, te pido que releas la pregunta y sus posibles respuestas y reflexiones: ¿tú que hubieras respondido?

Del grupo de los no estudiantes, un 22% se evaluó como: "Muy por debajo de la media", un 63% como: "Por debajo de la media", un 13% "En la media", un 2% como: "Superior a la media" y ni una sola persona se catalogó como: "Muy superior a la media."

¡Sorprendente! ¡Un 98% se considera de mediocre para abajo al momento de tener que expresarse en público!, es más, ¡para un aplastante 85% hasta parece una aspiración llegar a ser aunque sea mediocre! Aquí es donde empiezan los problemas. Si la gran mayoría de la gente considera que no sabe hablar en público, entonces cada vez que tengan que hacerlo será un momento traumático que los llenará de ansiedad; por lo que tratarán de evitarlo a toda costa, boicoteándose y privándose de las mieles que la comunicación eficaz nos brinda. Pero como veremos, no es para tanto, simplemente se trata de hablar.

Los resultados del grupo muestra de estudiantes del Colegio de Imagen Pública se prestan para reflexiones muy interesantes. De este grupo ninguno se evaluó como: "Muy por debajo de la media", sólo 6% se etiquetó como: "Por debajo de la media", 27% se consideró "En la media", 54% dijo ser "Superior a la media" y un orgulloso 13% se registró como: "Muy superior a la media." Cuando obtuve estos resultados, los aterricé a detalle según el grado y período de estudios de los encuestados y esto fue lo que encontré:

La totalidad del 33% que respondieron: "Por debajo de la media" o "En la media", eran alumnos de nuevo ingreso o de períodos bajos de licenciatura o maestría que aún no tomaban las materias relacionadas con la Imagen Verbal. El 54% que respondió: "Superior a la media", eran alumnos que habían tomado las materias de Expresión Oral en la licenciatura en Imagología o de Imagen Verbal en la maestría en Ingeniería en Imagen Pública; y del 13% que se etiquetó como: "Muy superior a la media", la gran mayoría, además de haber cursado las materias mencionadas, había tomado o estaba cursando el diplomado en Imagen Verbal y No Verbal. Por eso te digo que la preparación es importantísima. La conclusión es sencilla, la única diferencia entre el primer grupo y el segundo es que los miembros de este último se sentían capacitados para hablar en público, pues tenían un conocimiento sofisticado que los diferenciaba de la media. La práctica hace al maestro, no cabe duda, pero... ¿existen casos perdidos?

Te confieso que como capacitador en el uso de la palabra oral de más de dos mil personas me he topado con algunos casos en los cuales, si bien terminan siendo mejores oradores, de plano he llegado a pensar que no nacieron para hablar en público; como también me he encontrado con muchísimas personas que desde antes de capacitarlos detecto que son unos naturales de la expresión oral. ¿Acaso algunos nacemos siendo buenos o malos oradores? Y si así fuera el caso y la naturaleza no nos favoreció, ¿podemos hacer algo al respecto?

¿El buen orador nace o se hace? Con esta interrogante me acerqué a entrevistar al doctor Xavier Soberón Manero, director general del Instituto Nacional de Medicina Genómica (INMEGEN), con el fin de detectar la relación que existe entre genoma y habla. Esta reunión tenía la intención de plantearle un concepto con el que llevaba un tiempo fantaseando: deseaba analizar si la información sólo se transmite desde el genoma o si también se transmite hacia él, con la hipótesis de que si hacemos acciones repetidas, genéticamente seremos mejores oradores, transmitiendo después esa información a futuras generaciones. O lo que es lo mismo, si podemos ser mutantes de la palabra poderosa.

Mientras le planteaba mi fantasiosa hipótesis, su cara de entre ternura, gracia y respeto ante mi desconocimiento, me daba a entender que no tenía mucho sentido lo que le estaba planteando; pero por si me quedaban dudas, al terminar le pregunté si eso tenía sentido, a lo que categórica pero asertivamente me contestó: "No tiene sentido, pero es un planteamiento muy interesante." De ahí se soltó a hablar del lamarckismo contra el darwinismo y de cómo no hay duda alguna de que las mutaciones son al azar y por selección natural, y no por la repetición de acciones.

Lo que sí aseguró es que podemos encontrar cuáles genes están relacionados con ciertas habilidades para hablar en público, haciendo estudios de correlación genética, pero que lo único que nos dirían esos estudios, sin mucha exactitud, es que por esa zona del genoma hay un gen o muchísimos genes que influyen en el proceso comunicativo. Pero que no se podría modificar el ADN por más que quisiéramos. Aunque esos estudios nos servirían para saber si a un individuo se le va a facilitar el proceso de hablar en público o no, también podrían usarse con fines de orientación vocacional para recomendar elegir una profesión ligada al uso de la palabra oral o mejor alejarse de ella.

"No hay un mecanismo por el cual los genes puedan aprender. Los genes no aprenden, el individuo sí", me dijo el doctor Soberón, profundizando en que los seres humanos podemos aprender o adaptarnos de manera temporal (como cuando hacemos pesas y nuestros músculos crecen, pero después, poco a poco, disminuyen si interrumpimos el ejercicio), pero que otras veces establecemos programas genéticos que pueden mantener mecanismos duraderos sin cambiar la estructura genética (como con la obesidad); y a esto último se le llama epigenética.

Se puede decir que la epigenética es el conjunto de reacciones y demás procesos que modifican la actividad del ADN, sin alterar su secuencia. Si bien esto es posible, es muy, pero muy poco probable que estos pasen a una siguiente generación. Por lo que la destreza para hablar en público entraría en los terrenos de la epigenética y de la genética pura. Porque cuando le pregunté: desde el punto de vista genómico, ¿el buen orador nace o se hace? Su respuesta fue contundente, me explicó que esa dicotomía es casi una discusión bizantina:

> Es inseparable, lo que hace el análisis y la discusión sobre lo innato y lo adquirido más complejamente, pues nunca podremos decir qué es más importante. Todo comportamiento humano tiene bases genéticas, de manera que cualquier habilidad para hablar en público, tanto racional (escoger las palabras adecuadas) como emocional (pánico escénico, por ejemplo) tiene un componente genético. En otras palabras, no todo el mundo tiene las mismas habilidades innatas para hablar en público; si graficáramos a la población genéticamente por sus habilidades para hablar en una Campana de Gauss, encontraríamos los que están en la media, a los muy malos y a los muy buenos. Pero sin duda la práctica genera eficacia y habilidad, por lo que con la práctica la gente que está de lado izquierdo de la campana iría pasando al lado derecho sin significar esto que genéticamente hayan cambiado. (Soberón, 2016).

Después citó a Leroy Hood, una eminencia del estudio del genoma humano, el cual sostuvo que: "Los genes no son nuestro destino, pero sí son con lo que tenemos que trabajar para llegar a nuestro destino. Te recomiendo el libro *The Agile Gene: How Nature Turns on Nurture* de Matt Ridley, el cual habla precisamente sobre si genéticamente nacemos o nos hacemos", (Soberón, 2016).

Y comprar ese libro fue lo primero que hice al salir del INMEGEN.

Lo adquirido, explica Ridley (2004): "...no puede tener lugar sin los genes subyacentes que le permitieron desarrollarse. Por ejemplo, el lenguaje se adquiere a través del aprendizaje, pero con una alteración del gen foxp2 no se puede aprender a hablar."

Entonces, sin el afán de seguir debatiendo a favor del huevo o la gallina, mejor hagamos conciencia de que la preparación, y sobre todo la práctica, nos acercarán cada vez más a la excelencia. Epstein, en su libro *The Sports Gene: Inside the Science of Extraordinary Athletic Performance* (2014), cita al psicólogo Anders Ericsson y su estudio de cómo diez mil horas de práctica pueden pasar inadvertidas como una habilidad innata, sustituyendo cualquier deficiencia genética. "The more I practice, the luckier I get" es una frase chusca muy común entre golfistas cuyo origen es dudoso, pues se le atribuye a Gary Player, Arnold Palmer y Lee Trevino, ya que todos la dijeron en algún momento; sea quien haya sido el autor de la frase, el sentido es el mismo: los tres practicaron mucho y por "suerte" están considerados entre los mejores golfistas de la historia.

Carlos Tévez (2015) declaró que en su paso por el Manchester United fue testigo de cómo Cristiano Ronaldo llegaba antes que todos para entrenar sus jugadas en soledad, después entrenaba con el grupo y finalmente se quedaba solo echando tiros libres hasta que lo corrían: "Todo queda en uno, uno no nace siendo futbolista", remató.

"Cada tiro excepcional que haces en un partido ya lo hiciste cientos de veces entrenando", dijo una de las tenistas más grandes de la historia, Martina Navratilova. "No importa quién seas, somos criaturas de hábitos. Mientras mejores sean tus hábitos, mejores serán en situaciones de presión", declaró Wayne Gretzky, la leyenda más grande que ha dado el *hockey*, después de haber anotado el gol decisivo que les daría la Stanley Cup. "Si un día no practico, me doy cuenta; si dos días no practico, mi maestro se da cuenta; si tres días no practico, mi público se da cuenta", era lo que constantemente decía Byron Janis, uno de los mejores pianistas de todos los tiempos (Koegel, 2007: 130-131).

"Repite la misma acción durante 28 días y formarás un hábito", me dijo el doctor Eduardo Calixto, jefe del departamento de Neurobiología del Instituto Nacional de Psiquiatría Ramón de la Fuente Muñiz y de quien hablaré más adelante (y quien, por cierto, también me explicó cosas interesantísimas como que las mujeres son mejores oradoras los días antes de la ovulación y peores después de la menstruación, o que de los ocho a los doce años es una edad crítica para aprender a hablar en público, pues es cuando mayor plasticidad hay en el cerebro).

En fin, yo no sé si tú genéticamente naciste o tendrás que hacerte buen orador. Hace un momento te pedí que respondieras a la misma pregunta del sondeo que hice en el Colegio de Imagen Pública: ¿cómo te evalúas como presentador? No sé cuál haya sido tu respuesta, pero estoy seguro de que al terminar de leer este libro, tendrás la preparación necesaria para responder que te consideras superior a la media; pero si no practicas, difícilmente lo conseguirás. Ahora, respóndeme otra pregunta:

EL MÉTODO H.A.B.L.A.

Me gusta la gente que se niega a hablar
hasta que está preparada para hacerlo.
LILIAN HELLMAN (1905-1984)

Si te da miedo hablar ante un micrófono, de seguro es porque nadie te ha enseñado cómo se usa un micrófono. Si no sabes qué hacer con tus manos al hablar en público, con seguridad es porque nunca te has capacitado en temas de lenguaje corporal. Si eres malo escribiendo discursos y después exponiéndolos, es porque tal vez nadie te ha explicado que escribir un discurso y aprendértelo de memoria es lo peor que puedes hacer al hablar en público. La gran mayoría de las personas desconocen cómo usar la palabra y como seres humanos le tenemos miedo a lo desconocido, pues lo desconocido nos genera inseguridad. Una persona insegura es imposible que tenga autoconfianza y que genere confianza en los demás, por lo que no podría gozar de credibilidad si antes no cree en sí misma. La verdad es que cuando tenemos los conocimientos necesarios nos sentimos seguros. Esa seguridad se traduce en confianza y esa confianza se proyecta hacia los demás. Así es como se logra uno de los más grandes patrimonios que tenemos los seres humanos: la credibilidad.

Por eso te reitero que la preparación es muy importante. He mencionado varias veces que este libro va a prepararte con el sofisticado conocimiento para ser un comunicador eficaz. Todo el conocimiento que encontrarás aquí te preparará física y mentalmente para ser mejor orador. Va a prepararte con lo que de verdad sirve e importa en el momento de hablar en público. Sí, lo digo con todas sus palabras, **¡hay cosas que realmente no importan, no sirven o son irrelevantes al momento de hablar en público!**; pero resulta que esas cosas que carecen de verdadera importancia son las que más tiempo nos quitan o más preocupaciones nos generan al momento de preparar una presentación.

Por eso te decía al empezar este capítulo que nos tomamos demasiado en serio el momento de exponer y nos preparamos de más. No es para tanto, se trata de hablar.

Entonces, ¿qué es lo que realmente importa?

¡¡¡98% de lo que decimos al hablar en público se olvida!!! (Baddeley, 1999). Sí, así como lo lees. Esto quiere decir que después de escuchar una conferencia, asistir a una clase o participar en cualquier evento como audiencia, si alguien nos solicitara que repitiéramos y recapituláramos todo lo que hizo el expositor, sólo acertaríamos en un 2%. No podríamos reproducir qué palabras dijo exactamente en qué momento, qué idea le siguió a la otra o qué gestos y ademanes utilizó en cada preciso instante. ¡Sería imposible!

Olvidar es algo normal y necesario, pues evita acumular un exceso de datos inútiles. Para protegernos de ese *spam*, nuestro cerebro está diseñado con una especie de teflón mental que hace que se le resbale todo aquello que le parece irrelevante y que considera innecesario guardar. Ese escudo mental es nuestra memoria a corto plazo y nos ayuda a manejar la información necesaria para interactuar con el ambiente. Los especialistas en neurociencias dicen que nos permite almacenar un promedio de siete elementos durante escasos diez segundos (Miller, 1956), por lo tanto, su función es ayudarle al cerebro a filtrar la información para que pueda acordarse nada más de lo que es importante. Pero... ¿qué es importante?

La cifra de que un 98% de lo que decimos al hablar en público se olvida proviene de los estudios del filósofo y psicólogo alemán Hermann Ebbinghaus (1850-1909) sobre la memoria y el olvido. Desde que conocí por primera vez los estudios de Ebbinghaus, mi mente no dejaba de pensar en qué era ese 2% que la gente sí recordaba. ¿Cuál era la información que sí tenía el privilegio de romper el blindaje de la memoria a corto plazo para depositarse en la eternidad de la memoria a largo plazo?

Como no encontré en ningún estudio la respuesta, me encaminé a comandar otra investigación en el Colegio de Imagen Pública, en la que sometimos a varios grupos de personas a escuchar discursos en video y en vivo sobre diversas temáticas y a cargo de oradores novatos y experimentados. Al terminar, se les formulaban dos preguntas para que respondieran con toda libertad: ¿De qué te acuerdas? Y ¿qué te pareció? Estos son los resultados:

Lo primero que pude constatar es que Ebbinghaus tenía razón, a la gente se le olvida casi todo lo que acaba de presenciar, pero lo interesante, y lo que yo buscaba en este estudio, es que dentro de lo poco que la gente recuerda se encuentra información diversa que podríamos juntar y catalogar en dos grandes unidades: **MENSAJE** e **IMAGEN**. La gente recuerda un mensaje y se queda con una imagen.

El mensaje es lo que más le impactó de la presentación, la frase que más se recuerda o la idea con la que podría responder a la pregunta: ¿De qué te acuerdas? Por ejemplo: después de ver el icónico discurso de Martin Luther King en el Monumento a Lincoln durante la marcha en Washington, las personas del estudio arrojaban el "I Have a Dream" dentro de lo que más recordaban. El mensaje puede ser desde una anécdota emotiva, un chiste, una frase de alto impacto o una dinámica que le haya dejado una reflexión; hasta un error del orador o una idea con la que se está en desacuerdo. El grave problema es que muchas veces el mensaje que permea en la audiencia no es el que el orador deseaba transmitir.

Sobre qué es la imagen y qué es la imagen verbal ya hablamos en la introducción de este libro; no obstante, te recuerdo que es la percepción general con la que te quedarás tanto del orador como de su presentación. Lo que te hará identificar la experiencia como buena o mala generando el fenómeno de la reputación. Decíamos en el apartado mencionado que es el sabor de boca con el que se queda la audiencia y que se traducirá en adjetivos calificativos que podrías poner después de las frases: "El orador es..." o "La presentación fue..." Es la sencilla (y a su vez compleja) respuesta a la pregunta: ¿Qué te pareció?

Maya Angelou decía que las personas olvidarán lo que dijiste, pero nunca olvidarán cómo las hiciste sentir. Esa frase es el mejor resumen de qué es la imagen en relación con la palabra. Por lo tanto, más nos vale que si después de hablar en público sometieran a nuestras audiencias a las preguntas: ¿de qué te acuerdas? y ¿qué te pareció?, la respuesta a la primera sea la misma idea que nosotros queríamos transmitir. Y que la respuesta a la segunda sea algo similar a una manita con el pulgar hacia arriba.

Una presentación eficaz se basa en la acumulación de los pequeños detalles, por lo que con lo expuesto arriba no quiero que te confundas pensando que lo otro no es importante. En repostería, no podríamos decir que tiene más valor la harina que las cerezas del pastel. Al hablar de imagen verbal, estamos hablando de un conjunto, de la percepción final que causaron todos los estímulos que emitimos, de manera que, todas las recomendaciones de este libro se centran en generar una buena percepción; aunque las que veremos en el siguiente apartado (C) estarán enfocadas exclusivamente en la transmisión de mensajes.

Y transmitir no es hablar por hablar. Transmitir, según la RAE, es "hacer llegar a alguien mensajes", y proviene del latín ***transmittěre*** (*trans*, de un lado a otro, y *mittere*, enviar), lo que nos dice que la transmisión es bilateral. Únicamente transmitimos cuando las ideas que tenemos en nuestra cabeza se instalan en la cabeza de los demás. Y sólo seremos transmisores eficaces, cuando las ideas que tenemos en la cabeza lleguen a la de nuestras audiencias de la manera como nosotros queríamos que llegaran. Es la gran diferencia entre hablar para decir algo y decir algo por hablar.

Un día, auditando los mensajes del presidente municipal de la capital de un estado, quien me había contratado pues deseaba ser gobernador, al terminar de dar su discurso en el marco de la inauguración de una obra pública, con grabadora en mano me paseé entre la audiencia preguntándoles dos cosas: ¿De qué te habló y qué te dijo? Ante la primera pregunta, la gente no tenía tanto problema en verbalizar su tema: "Pues que ya podemos usar el parque", era el tipo de respuesta más frecuente. Ante la pregunta: "¿Y qué te dijo?", la gente se quedaba muda dizque pensando, y los que me respondían decían cosas como: "Pus... que ya podemos usar el parque le digo...", ¡la gente recordaba de qué habló!, pero no el mensaje que deseaba transmitir.

¿Cuál era el mensaje que deseaba transmitir? Les cuento que cuando le presenté los resultados de la auditoría, además de hablar de sus fortalezas y debilidades durante todo el proceso comunicativo, antes de decirle que su presentación había carecido de mensajes y que en consecuencia no había transmitido, le pregunté: ¿Qué le hubiera gustado que la gente recordara?, a lo que muy seguro me respondió: "Que cumplo lo que prometo y que estoy trabajando." Al revelarle los audios del sondeo, su primera reacción fue de incredulidad y de culpar a la audiencia: "Es normal, la gente no escucha." Señor, respeto su opinión, pero ¿la gente no escucha o nosotros no sabemos transmitir?

Después de capacitarlo, audité de nuevo un evento de características similares, y al recorrer la audiencia preguntando: ¿De qué te habló y qué te dijo?, la respuesta ante el segundo cuestionamiento fue un compartido: "Que está cumpliendo lo que prometió y que seguirá trabajando." Hoy el señor es senador, fue gobernador y cada vez que lo veo en tribuna me da alegría ver que aún sigue las recomendaciones para transmitir.

Les prometí que el siguiente apartado estaría destinado a la transmisión del mensaje, pero antes de llegar a ese tema, analicemos cuatro puntos que siempre debemos tener preparados antes de definir nuestro mensaje y pararnos a hablar en público:

Objetivo

Es lo primero que tenemos que definir antes de pararnos a hablar en público y es tan sencillo como responder a la pregunta: **¿QUÉ QUIERO LOGRAR?** Es el puerto de destino, ¿a dónde queremos llegar?

Mientras más definido y específico sea tu objetivo, más fácil será alcanzarlo, además te ayudará a eliminar toda la información extra que, por más que sea interesante, estará de sobra. Si tú no sabes qué es lo que quieres lograr, tu audiencia menos lo captará y así no conseguirás lo que deseas. Entonces es lo primero que debes hacer para preparar una presentación. Walters (1993) dice que definir el objetivo es seleccionar la semilla, es el origen de todo, pero ¿cómo definir un buen objetivo?

Lo primero que tienes que saber es que si estamos hablando frente a una audiencia es por alguna de estas tres razones: la audiencia desea algo de nosotros, o nosotros deseamos algo de la audiencia, o ambas. Descubre cuál es tu situación: ¿Eres un conferencista académico? Pues entonces la audiencia desea algo de ti: aprender. ¿Eres un emprendedor en busca de inversionistas? Entonces, deseas algo de la audiencia: su dinero. ¿O eres el ejecutivo júnior exponiendo resultados y prospecciones en la convención anual? En este caso hay deseos mutuos: la audiencia desea conocer la información y tú deseas colgarte una estrella para seguir creciendo en la organización.

Una vez que ya sabes en dónde estás parado, saca papel y prepárate para anotar tu objetivo, es fundamental que lo tengas presente y por escrito, pues a partir de este momento todo lo que hagas estará en función de alcanzarlo. Para escribirlo, sigamos los consejos del seminario Creative Training Techniques, de Bob Picke, en el que dice que nuestros objetivos deben ser SMART, por las siglas en inglés, Específicos, Medibles, Alcanzables, Relevantes y Posibles en el tiempo. Analicemos uno por uno estos conceptos.

Ser **específico** es muy importante, pues si tu meta es vaga no te vas a dar cuenta si llegaste a ella. Ejemplo, si eres el secretario de Turismo de Tabasco y vas a hablar de las bondades del estado, un objetivo vago sería decir: "Mi objetivo es hablar de Tabasco", ¡no!, la gente tiende a confundir su objetivo con lo que va a hacer en el escenario o con el tema del que va a hablar. Recuerda, tienes que responder a la pregunta ¿QUÉ QUIERO LOGRAR? ¿Informar, enseñar, adiestrar, estimular, animar, motivar, persuadir, convencer, averiguar, debatir, negociar, divertir, entretener, etcétera? ¿Deseas fomentar el turismo en Tabasco, que se cuide y se atienda bien a los visitantes o que se conozcan las bellezas del lugar?

Si ya elegiste que tu objetivo sea: "Fomentar el turismo en Tabasco", ¡sé más específico todavía! ¿Deseas fomentarlo a nivel nacional o internacional?, ¿en todo el estado o en la capital o en las zonas arqueológicas?, ¿en cuánto tiempo deseas incrementar el turismo?, ¿en qué fechas deseas que esto suceda? Para finalmente definir un buen objetivo que quedaría algo así como: "Fomentar el turismo en todo el estado de Tabasco a nivel nacional, con miras a que en la próxima Semana Santa la gente lo vea como una buena opción para vacacionar y superar así la ocupación hotelera y derrama económica del año pasado."

Para ser específico una recomendación es elegir ¡un solo objetivo por presentación! No sé si has escuchado la frase popular que dice: "El que mucho abarca poco aprieta", pues en este caso aplica a la perfección. Poner más de un objetivo puede ser la causa de no conseguir ninguno.

Tener un solo objetivo también facilita que éste sea **medible**, aunque el tema de la medición es muy relativo, pues dependerá de las herramientas de comprobación que tu posición te otorgue. El chiste es que puedas darte cuenta de que el objetivo se cumplió. Si eres un maestro que da cátedra sobre un tema específico y tu objetivo es que los alumnos aprendan, tu herramienta de medición será el examen y que la gran mayoría lo apruebe. Si eres un secretario de estado que hace un anuncio importante a la nación, tu medición será por medio de investigación de mercados formal, la repercusión en los medios y los comentarios en redes sociales. Si eres el hipotético secretario de Turismo de Tabasco del que hablábamos, los números de ocupación hotelera en Semana Santa y su comparación con los del año pasado serán importantísimos.

Pero si te encuentras en una situación en la que piensas que no tienes estrategias de medición, es tan sencillo como acercarte al final con algunos miembros de tu audiencia para pedirles retroalimentación y preguntarles qué es lo que más recuerdan o con qué se quedan de tu exposición. Si la mayoría repite lo mismo, puedes suponer que lo lograste. Otra forma es llenando formatos de evaluación final. Para esto inclusive pueden ayudarte los organizadores del evento, pues muchas veces por protocolo lo hacen, en estos formatos debes incluir la pregunta o las preguntas que te ayudarán a medir si conseguiste tus objetivos.

Para hacerlo **alcanzable** y **relevante** es fundamental conocer a la audiencia a la que te diriges y después usar el sentido común. Si tu tema es el aborto y tu objetivo es convencer de legalizar la interrupción voluntaria del embarazo a nivel nacional, pero tu audiencia está compuesta por los miembros de Provida, dudo mucho que lo vayas a alcanzar. Entonces, o cambias tu objetivo o mejor no te paras a hablar. Y si no es alcanzable, tampoco será relevante. Lo relevante es lo que interesa o afecta significativamente a nuestra audiencia, por eso más adelante hablaremos con amplitud sobre ella.

Por último, que sea **posible en el tiempo**, no es otra cosa más que respondernos cuánto tiempo necesitamos para lograr el objetivo. ¿Puedo lograrlo durante un brindis de un minuto o necesito seis horas para capacitar a mi personal? Sobre el tiempo hablaremos cuando demos las recomendaciones para elegir nuestros temas.

Antes de terminar de hablar de objetivos, hagamos un ejercicio siguiendo las recomendaciones que acabamos de ver: si tuvieras que definir objetivos ante los siguientes temas, ¿qué escribirías? Por favor, tómate la libertad de imaginar cualquier variable o escenario posible.

Tema 1: "El Secuestro: ¿Cómo Prevenirlo?" Objetivo:

____

____

Tema 2: "Cuidado del Agua." Objetivo:

____

____

Tema 3: "Graduación: Nuestros Recuerdos en la Universidad." Objetivo:

____

____

Tema 4: "La Mariposa Monarca." Objetivo:

____

____

¿Cómo te fue?, ¿cumplen con los requisitos o pueden mejorar? He aquí mis ejemplos de posibles objetivos para estos temas:

Tema 1. Crear conciencia y preocupar a la audiencia de cómo, sin saber y sin querer, damos información a través de nuestros dispositivos electrónicos y redes sociales, que nos hace susceptibles al secuestro.

Tema 2. Persuadir a la gente para que cuando se enjabone y se ponga *shampoo* en la regadera, cierre la llave.

Tema 3. Sembrar el deseo en los graduados para que sigan estudiando y felicitarlos por haber culminado el programa académico.

Tema 4. Motivar a la conformación de una fundación que proteja los santuarios de la mariposa monarca, ayude y capacite a los microempresarios locales que viven del fenómeno.

Te aconsejo tener estos temas presentes durante la lectura, incluido el de Turismo en Tabasco, pues con ellos trabajaremos a lo largo del libro.

Por último, recuerda que Anthony Robbins dice: "Definir objetivos es el primer paso para transformar lo invisible en visible, es el fundamento del éxito."

Tema

Siempre digo que el tema es la carnita de la presentación, es el pretexto perfecto para captar la atención de la audiencia y transmitir nuestro mensaje; es ese 98% del fondo que la gente va a olvidar pero que sin duda va a disfrutar... o al menos debería disfrutar. Y es que fíjate bien cómo dije "la carnita" y no "la paja"; la carnita es rica, mientras que la paja pica, estorba e incomoda.

Pero sin temor a que me malinterpreten, el tema no es tan importante. De hecho, si fuera posible sustituirlo por un "blah, blah, blah... blah, blah, blah" que la gente disfrutara y a la audiencia entretuviera, no pasaría nada, pues nuestro mensaje seguiría permeando y aun así lograríamos el objetivo. Como no es recomendable subirnos a un escenario y arrancarnos con un "blah, blah, blah", veamos qué sí es recomendable para preparar nuestro tema.

En este caso, la pregunta a responder será: **¿DE QUÉ VOY A HABLAR?** Por lo que ya puedes imaginar la gran cantidad de información que se genera de esta pregunta. Vamos a simplificar el proceso.

Lo primero que debes hacer es elegir el tema o los temas de los que vas a hablar. Sí, pueden ser muchas temáticas, pero todas deben ayudarte a transmitir un mismo mensaje y a conseguir tu objetivo. Así que desecha cualquier contenido que no lleve agua a tu molino y pregúntate: ¿Esta información me ayuda a cumplir mi objetivo? Si la respuesta es no, elimínala.

Lo más común es que el tema esté íntimamente relacionado con el objetivo y el mensaje. Ejemplo: "La mariposa monarca" o "Los atractivos turísticos de Tabasco"; pero también es posible que otras historias que parecieran irrelevantes o anecdóticas, sirvan como pretexto para decir nuestros mensajes de manera denotativa o connotativa. Ejemplo: hablar de cómo trabaja una escudería de la F1 cuando el auto llega a los *pits*, puede darnos pie para hablar de la importancia del trabajo en equipo y lograr el objetivo de motivar a un equipo de trabajo; o contar las anécdotas prohibidas del viaje adolescente lleno de excesos y risas con tu mejor amigo, puede ser una "divertida" y emotiva forma para despedirlo en su funeral y decirle cuánto lo vas a extrañar (lo sé, mi ejemplo es tétrico, pero las emociones por las que te llevó su lectura serían las mismas por las que llevaría a su audiencia).

Una vez seleccionado el tema, tienes que recopilar la información sobre éste. Para facilitar el proceso, te recomiendo hablar nada más de lo que sabes, piensas, sientes y/o has vivido.

Lo que sabes: transmitirá tus conocimientos o el conocimiento que existe sobre el tema. Es lo que compilas cuando investigas en diversas fuentes sobre el mismo. Ponte a pensar que si te encuentras en la posición de hablar sobre algo, ¡es porque seguramente sabes del tema!, algo de autoridad moral tendrás para hablar sobre ese tópico, aunque en esta etapa la investigación de datos duros, finos y precisos es recomendable.

Estamos en la época de la información. Vivimos encomendándonos a san Google y a santa Wikipedia para que nos protejan de la duda y la ignorancia, por eso no hay pretextos para decir que no sabemos nada del tema.

Hagamos el siguiente ejercicio: si tuvieras que hablar acerca de la mariposa monarca, ¿qué sabes sobre ella? Anda, te doy un minuto para que hagas arqueología cerebral y traigas todo el conocimiento que almacenas sobre ella, desde el más sencillo hasta el más sofisticado. Es más, ¡anótalo si lo consideras necesario!

Muy bien, ahora te cuento qué sé yo de la mariposa monarca:

Es un insecto que vuela y que antes fue oruga. Sé que es amarilla con naranja y negro. Sé que emigra desde Canadá hasta los bosques de Michoacán y el Estado de México huyendo del crudo invierno. Sé que la gente va a visitarlas. Sé que cada vez llegan menos, y así podría seguir, pero no por mucho, pues mi básico conocimiento no es tan extenso como el tuyo. Pero denme un segundo para echar una *googleada*...

Ok, ahora sé que llegan a los bosques de Oyamel, que se encuentran por arriba de los tres mil metros, que su viaje es de más de cinco mil kilómetros y que permanecen aproximadamente cinco meses (de noviembre a marzo), que las que vienen no son las mismas que las que regresan, o que su color les sirve para protegerse de los depredadores. Si de plano quisiera verme muy específico con el tema, compartiría lo que dice Wikipedia:

> La mariposa monarca (Danaus plexippus) es una especie de lepidóptero ditrisio de la familia Nymphalidae [...] fue una de las muchas especies originalmente descritas por Linneo en su Systema Naturae de 1758 y fue primeramente incluida en el género Papilio [...] tiene una envergadura de entre 8, 9 y 10, 2 cm [...] La hembra monarca tiene venas más oscuras en sus alas y el macho tiene un lugar en el centro de una vena de cada ala posterior en el que se liberan feromonas [...] el 10 de noviembre de 2000 se creó, por decreto presidencial, la Reserva de la Biosfera Mariposa Monarca, con lo que se amplió la reserva a 56.259 hectáreas (Wikipedia, 2016).

O bien, podría compartirles estos libros y textos académicos: C. Galindo-Leal y E. Rendón-Salinas, *Danaidas: Las maravillosas mariposas monarca* (2005); Guy Gugliotta, *Butterflies Guided By Body Clocks, Sun Scientists Shine Light on Monarchs* (2003) y Robert Michael Pyle, *Chasing Monarchs: Migrating with the Butterflies of Passage* (2001).

¿Ya ven? Como les decía, no hay pretextos para decir no sé.

Lo que piensas: expresa tus opiniones sobre el tema. Son los vínculos racionales que tienes con él y, si analizas con detenimiento la situación, todos estamos capacitados para dar nuestro punto de vista sobre algo. Únicamente trata de que tus opiniones no incomoden o enojen a la audiencia y que éstas sigan la línea de tu objetivo. Repasa lo que sabes sobre tu tema, y pásalo por el filtro de: "Y sobre esto ¿qué opino?"

Ahora regresemos a tu nuevo conocimiento sobre la mariposa monarca. ¿Qué opinas de ella?

____

____

____

Mmmm... interesantes opiniones. Comparto la mayoría.

Pienso que es impresionante que un animal tan pequeño pueda volar tanto y sepa a dónde tiene que llegar. Creo que tenemos que hacer algo más para protegerla. Opino que podría haber una mayor industria del turismo y que no la estamos explotando, ni conscientemente ni a favor de la economía nacional. Pienso que podría hacerse una alianza entre gobierno y sociedad civil para generar asociaciones que velen por este patrimonio cultural y natural mexicano. Opiniones finalmente, pero que comprueban y complementan el saber.

Lo que sientes: es importantísimo hacer saber las emociones que tu tema te despierta, pero también he de aceptar que a veces es lo más difícil de lograr. Y es que hay temas que son más fríos (en general los de trabajo) que otros (los personales), pero los vínculos emocionales que puedas establecer con tu tema son fundamentales, pues las emociones se contagian. Siempre les digo a mis clientes: "Diríjanse al corazón, no al cerebro." Para explicar mejor esto, existe una máxima de François de La Rochefoucauld que sostiene: "Las pasiones son los únicos oradores que convencen siempre." Por lo tanto, repasa lo que sabes y piensas del tema, y ahora pásalo por el filtro de: "Y eso, ¿qué me hace sentir?"

Y sí, llegó el momento de hacer el ejercicio. De seguro te estarás preguntando: ¡¿qué voy a sentir sobre las mariposas monarca?! Pues ni hablar, abre tu corazón, que después yo abriré el mío:

¿Ya ven como no son tan insensibles? Les comparto lo que yo siento:

Me entristece mucho que como país no podamos aprovechar las oportunidades. Siento muchísimo coraje saber que estamos acabando con las mariposas monarca y que no estamos haciendo nada sustancial para frenar este problema. Y me arde muchísimo más imaginarme que si los gringos la tuvieran, harían una gran industria a su alrededor, sería un símbolo nacional, o al menos estatal, y que todo el proceso para visitarla estaría cuidado con pincitas para conservarla. Aunque también acepto que me da muchísima felicidad y orgullo saber que llegan aquí y no allá. Y, a menos que me pongan unos violines que pasen de lo melancólico a lo pasional para que me inspire, dejo mi sentimentalismo hacia esta especie.

Lo que has vivido: el último paso es encontrar tus experiencias relacionadas con el tema, pues nada lo comprobará más que lo que se ha presenciado de primera fuente… o segunda… ¡o tercera! Porque aunque la experiencia de vida haya sido en primera persona –lo que será más demostrativo y persuasivo–, también eso que viviste pudo no haber sido presencial, y aun así seguir siendo válido. Por ejemplo, tal vez nunca has visitado el santuario de la mariposa monarca, pero puedes ver un documental sobre ella y saber cómo lucen los árboles; o bien, puedes meterte a Youtube y ver cientos de videos profesionales y *amateurs* de personas que registran sus visitas, incluso puedes tener un conocido que sí las haya visitado y contar su experiencia en tu participación. Por lo tanto, el último eslabón es revisar una vez más lo que sabes, piensas y sientes sobre tu tema, para, por último, pasarlo por el filtro de la pregunta: "¿Qué he vivido sobre el mismo?"

Y no te preocupes, a mí también ya me está cansando el tema de la mariposa monarca, no te voy a hacer ver un documental sobre ella ni te pediré que escribas tus experiencias. ¿O sí?

____

____

____

____

____

Cada uno de estos cuatro elementos se convertirá en factor fundamental para estimular a la audiencia y darle esa deliciosa carnita. Una vez recopilado lo que sabes, piensas, sientes y has vivido, lo que sigue es mezclar tus conocimientos con tus opiniones, tus emociones con las vivencias; para después darles orden, simplificar la información, recordarla, y lo que no puedas recordar por su complejidad, pásalo a láminas, tarjetas o apúntalo en la mano. Porque, como veremos en otros apartados, ¡olvídate de escribir un discurso y aprendértelo de memoria! De momento piensa nada más en el esqueleto de tu presentación y dale estructura.

Estructura

Al hablar de estructura no quiero meterme al trillado tema de las partes que debe tener un discurso. Y al catalogarlo como trillado no quiero decir que no sea útil, sino que es un tema muy abarcado en el que, reuniendo a todas las autoridades históricas del tema, desde los griegos hasta los contemporáneos, nunca podríamos ponernos de acuerdo en las partes que debe tener un discurso, ni en la gran cantidad de formas que existen para organizarlo.

De lo que no hay duda es que, dentro de lo trillado, el lugar más común es que todo texto oral debe tener: introducción, desarrollo y conclusión. ¡Es lógico e indebatible! En algún momento tendrás que empezar, después tu discurso tendrá un cuerpo y, por último, deberás terminar. Aristóteles dividía a ese cuerpo en dos: narración (litigio) y prueba (argumentos); en su *Retórica*, a estos elementos él los llamaba disposición.

Más adelante, en época de Cicerón, el manual de retórica más influyente fue el *Ad Herennium*, que dividió el discurso en seis partes, que son las que se usan hoy en día con diferentes denominaciones. De manera muy resumida, estas seis partes son:

Exordio: cuando el orador se presenta, se "vende" y capta la atención de la audiencia. *Narración*: de la que habló Aristóteles y en la que se dan argumentos de manera general. *División*: se explican coincidencias y desacuerdos con los oponentes. *Prueba*: todos los argumentos de apoyo a la postura. *Refutación*: objeciones para destruir los argumentos del oponente. Y *peroración*: el epílogo o conclusión en donde el orador se luce buscando los aplausos (Leith, 2012).

Así es como más o menos se sigue exponiendo y debatiendo, aunque cada discurso es diferente, por lo que deberás aprender a hacer tus trajes a la medida, pues no son lo mismo las palabras del papá de la novia durante una boda en donde no existirían divisiones, pruebas y refutaciones (¡o al menos eso esperamos!), que una presentación de ventas con negociación, en donde podrán surgir muchísimas objeciones. Por esta razón es que para estructurar voy a recomendarte que respondas a la pregunta: **¿CÓMO VOY A DECIRLO?** y después sigas un Modelo Psicoemocional de Estructura... ¿Un queeeé?

Un Modelo Psicoemocional de Estructura, es un esquema que sigue de manera lógica los estados psicoemocionales por los que atraviesa el público para que, respondiendo a ellos, actúe a nuestro favor y no en nuestra contra.

Si todavía te quedan dudas sobre la palabra *psicoemocional*, te la defino tan sencillo como: cualquier interacción psicológica con las emociones.

Este modelo es creación de Victor Gordoa y se enseña desde 1996 en las capacitaciones de Imagen Verbal del Grupo Imagen Pública. También se imparte a los alumnos del Colegio de Imagen Pública, desde su fundación, y aparece publicado en el libro *Imagen vendedora* (Gordoa, 2007), el cual se enfoca en la presentación en ventas. Para este libro, hice las adecuaciones pertinentes.

Lo primero que debemos saber es que toda audiencia pasa por cuatro estados psicoemocionales, a manera de etapas, cuando presencia algo: desde una película, una obra de teatro o un *show* de magia o comedia, hasta una conferencia, cátedra o exposición profesional. La predisposición de la audiencia y su paso por estas psicoemociones variarán si nos escuchan de manera voluntaria o por obligación. No es lo mismo un estudiante de preparatoria al que obligaron asistir a una conferencia, pues si no lo reprobaban, que el ejecutivo que pagó más de mil dólares por escuchar a las grandes figuras del *management* en un congreso. El primero no esperará nada y llegará muy escéptico, mientras el segundo tendrá grandes expectativas, hambre de conocimiento y deseos de quedar muy satisfecho. Dicho esto, y dejando entrever en los ejemplos cuáles son los estados psicoemocionales por los que atraviesa el público, veamos sus etapas una a una:

ETAPA 1 Estado psicoemocional: expectación

Si vas a ver un *show* de comedia, ¿qué esperas? Si compras boletos para una película de terror, ¿qué buscas que te provoque la película? Si te inscribes a un curso de manejo de redes sociales, ¿cómo esperas salir de éste?

La expectación es la primera emoción por la que atraviesa el público y nace antes de que empiece la situación en función. Tus audiencias esperarán algo de ti antes de que comiences a hablar. Inclusive, en muchos casos, esperarán cosas de ti desde antes de conocerte. Esas expectativas pueden ser muy altas o muy bajas. ¡Imagínate cómo estaría la *belieber* la primera vez que asiste a un concierto de su amado Justin Bieber!, o lo que espera el estudiante que por fin pudo inscribirse en la clase de ese maestro del que todos hablan maravillas. ¡Las expectativas serán muy altas!, y esto puede ser positivo y negativo. Positivo, porque al tener grandes expectativas la gente tiene más ánimo y mejor disposición hacia el orador. La atención está garantizada. Pero también es negativo porque, cuando las expectativas están muy infladas, si no se garantiza cierto nivel de calidad, las decepciones son mayores.

¿Pero qué crees? Que está comprobado que al escuchar a un expositor no profesional o, lo que es lo mismo, a cualquier mortal hablando en público, nuestras expectativas son muy bajas. Y es que, aunque suene fuerte decirlo, estamos acostumbrados a que la gran mayoría de las presentaciones que hemos visto en nuestra vida entran en la catalogación de mediocres o malas. Desde pequeños hemos sido testigos de maestros que dan clases aburridísimas, hemos asistido a congresos y conferencias que pasan sin pena ni gloria porque no nos dejaron nada, y hemos visto en infinidad de ocasiones a familiares y amigos transpirando vergüenza tratando de decir unas palabras elocuentes durante una celebración.

Al ver una ponencia, solemos ver el reloj revisando cuánto falta para que se acabe, o estamos al pendiente de las puertas para buscar el mejor momento para salir; transformando todas estas experiencias en una gran indiferencia ante las presentaciones. ¡Nos dan igual! Al ser tan bajas nuestras expectativas, no esperamos nada. Y esto, aunque no lo creas, ¡juega a nuestro favor!, también nos obliga a esforzarnos más.

¿Por qué juega a nuestro favor? Juega a nuestro favor porque, al no esperar nada, será mucho más fácil dejarlos satisfechos. ¿Alguna vez te has encontrado dinero inesperado en algún saco o pantalón?, ¡qué bien se siente!, y es que cuando algo nos sorprende positivamente y no lo esperábamos, la gratificación es mayor. Berkun (2010) menciona que, por la mala calidad de las conferencias, la gran mayoría de los asistentes se dan por satisfechos si al menos los entretuvo y no le dieron ganas de salirse. Por lo tanto, superarás sus expectativas con el simple hecho de mantenerlos interesados y entretenidos.

¿Por qué nos obliga a esforzarnos más? Porque la audiencia llegará dispuesta a que nuestra presentación será aburrida. Su estadística de vida así se lo dicta y esta vez no tendría que ser la excepción. Por lo tanto, tenemos que esforzarnos para captar su atención con fuerza desde el primer momento, para que cortemos de tajo desde el inicio cualquier escepticismo sobre nuestra ponencia y nos sacudamos el falso prejuicio de que los conferencistas somos malos y los discursos aburridos.

¿Qué hacer ante la expectación?

¡Abrir fuerte! Desde los primeros segundos tenemos que sorprender a la audiencia para captar su atención, interesarlos en nosotros y en nuestro tema, que digan: "¡Ah caray!, esto es diferente, esto es digno de ponerle atención, ¡se me hace que va a estar buena la conferencia!" Y así echarnos al público a la bolsa, tenerlos en la palma de nuestra mano y dejarlos pasar armónicamente al siguiente estado psicoemocional.

¿Cómo hacerle para abrir fuerte?

De eso hablaremos en el capítulo dedicado a la primera letra A del Método H.A.B.L.A., ahora te adelanto que lo haremos con mañas, con técnicas a manera de fórmula de inicio pues, si no logras superar o mínimo cumplir con las expectativas de tu audiencia, obtendrás un público desinteresado que tarde o temprano perderás.

ETAPA 1:

AUDIENCIA	
ESTADO PSICOEMOCIONAL	Expectación
CONDUCTA	Indiferencia
NECESIDAD	Atracción
PRESENTADOR	
OBJETIVO	Interesar
ESTRATEGIA	Llamar la atención
TÁCTICA	Abrir fuerte
CONSECUENCIA POR FALLAR	Desinterés

ETAPA 2

Estado psicoemocional: desconocimiento

Ok, ya captaste mi atención, pero ¿ahora qué sigue? ¡Quiero saber más!

Las buenas novelas y las buenas películas abren tan fuerte que nos atrapan y más tarde es difícil dejarlas, ¿por qué?, ¡pues porque queremos saber de qué se tratan! Gordoa nos explica: "En esta etapa la audiencia necesitará saber muchas cosas y estará dispuesta a escuchar todo lo que le digan, así que por favor… ¡No se equivoquen! Cometer un error en esta etapa echaría por la borda el haber logrado atraer su atención y produciría en la gente una enorme decepción. Esta es la oportunidad de hacer uso del gran conocimiento que obligatoriamente deberán poseer" (2007: 251).

El estado psicoemocional de desconocimiento ocurre en las etapas de desarrollo o cuerpo de nuestro discurso o, si nos referimos a Aristóteles o al *Ad Herennium*, en la etapa de narración. En esta fase, la audiencia obtiene lo que supuestamente lo motivó a estar presente. Durante esta etapa la audiencia aprende, se capacita, reflexiona, se entera y obtiene el conocimiento. Es donde se le instruye sobre qué, quién, cómo, cuándo, dónde y por qué.

¿Qué hacer ante el desconocimiento?

¡Pues dar conocimiento! Para eso preparaste tu tema. Y a medida que vayas revelando el conocimiento, este estado psicoemocional irá decreciendo o creciendo; depende lo que tú decidas. De entrada sabemos que es imposible conocer todo acerca de algo. ¿Quién es el hombre más sabio de Grecia?, se le preguntó a la pitonisa de Delfos, según Platón (2003). Su respuesta oracular fue "Sócrates", a lo que él respondió: "Yo sólo sé que no sé nada." Y como no es momento de filosofar, te digo que la audiencia debe quedarse satisfecha de conocimiento. Sa-tis-fe-cha, no empachada ni con hambre. A veces, quedarte satisfecho es quedarte con muchas dudas, pues fue una conferencia de introducción a un amplio tema, y en otras ocasiones, quedarse satisfecho es pensar que no necesitamos saber más. Cada caso es diferente, al final todos tenemos que saber cuál fue la trama de esa buena película o novela. Simplemente se trata de desarrollar tu tema.

¿Cómo hacer para desarrollar el tema?

Hablando de lo que sabes y piensas. Exponiendo todo el conocimiento sobre tu tema y las opiniones que tienes sobre éste. Más adelante te daré muchas recomendaciones para que sepas cómo exponerlo con naturalidad y acordarte de todo lo que tienes que decir. De momento, ten presente que si no sacas a tu audiencia del estado psicoemocional de desconocimiento, lo único que lograrás es que se sienta defraudada porque no obtuvo nada nuevo.

ETAPA 2:

AUDIENCIA	
ESTADO PSICOEMOCIONAL	Desconocimiento
CONDUCTA	Disposición
NECESIDAD	Saber
PRESENTADOR	
OBJETIVO	Instruir
ESTRATEGIA	Informar
TÁCTICA	Transmitir conocimientos y opiniones
CONSECUENCIA POR FALLAR	Defraudar

ETAPA 3

Estado psicoemocional: escepticismo

Nunca podremos precisar con exactitud en qué momento se llega a este estado psicoemocional. De hecho, lo que nosotros procuraremos como oradores es perseguir la difícil tarea de que la audiencia nunca llegue a él; pero si llega, juegue a nuestro favor, porque tendremos todas las herramientas para sacarlo de este estado y reforzar nuestros puntos.

A la audiencia le llega el momento de dudar acerca de la verdad o eficacia de lo que le estamos diciendo, por lo que esté en su cabeza o de manera explícita, presentará sus dudas ante lo que no le quedó claro y sus objeciones sobre lo que no está de acuerdo. La audiencia escéptica tendrá una gran necesidad de que le resuelvan sus inquietudes, así que como oradores, deberemos aclarar sus dudas y convencer sobre sus objeciones. Tendremos que comprobarle, con argumentos sólidos, que lo que le decimos es verdadero y benéfico. Si te das cuenta, son las partes que en el *Ad Herennium* se llamaban división, prueba y refutación.

¿Qué hacer frente al escepticismo?

Nosotros decimos algo y la audiencia piensa... "¿A poco?" Por lo tanto, ¡tenemos que comprobar lo que estamos diciendo!

¿Cómo hacer para comprobar lo que estamos diciendo?

Para esto nos reservamos lo que sentimos y lo que hemos vivido. Recuerda que sobre tu tema sacaste todas las emociones y experiencias relacionadas con él, las cuales te otorgarán mucha credibilidad. También acuérdate de que al dirigirte al corazón siempre convencerás, y como hemos visto y seguiremos viendo, al despertar pasiones en las audiencias nublaremos un poco su razón, por lo que no dudarán de lo que estamos diciendo. Las experiencias serán testimoniales. Al contar relatos reales sobre nuestro tema, las opiniones quedan en un segundo plano porque las traducimos en hechos. ¡Por eso el abuso de testimoniales (o falsos testimoniales) en los infomerciales!, porque permiten superar el escepticismo de sus compradores potenciales.

Si fallamos en esta etapa, la audiencia desconfiará de nosotros y de lo que le decimos, por lo que será imposible lograr nuestros objetivos.

ETAPA 3:

AUDIENCIA	
ESTADO PSICOEMOCIONAL	Escepticismo
CONDUCTA	Duda
NECESIDAD	Aclarar
PRESENTADOR	
OBJETIVO	Resolver
ESTRATEGIA	Comprobar
TÁCTICA	Transmitir sentimientos y experiencias
CONSECUENCIA POR FALLAR	Desconfianza

ETAPA 4 Estado psicoemocional: satisfacción

Una vez que transitó por los tres primeros estados psicoemocionales, la audiencia entrará en una fase de confianza y tendrá seguridad de ánimo acerca del orador y de lo que éste le propone. Ahora, lo único que necesita es un empujoncito final para dejarla totalmente contenta, motivada y con un agradable sabor de boca.

Lo que deseamos lograr es que, cuando termine la presentación, los miembros de la audiencia expresen -hacia sus adentros o a los cuatro vientos- frases como: "¡Qué buena estuvo!" "¡Me encantó!" "¡Wow!"... Y una audiencia satisfecha es una audiencia mucho más proclive a hacer o pensar a favor de lo que le expusimos. Así logramos nuestro objetivo. Además, los miembros de esa audiencia se convertirán en nuestros "embajadores de marca", pues hablarán bien de nosotros y nos recomendarán.

Cuando audito a mis clientes en los terrenos de la imagen verbal y estamos en el marco de una conferencia formal, al terminar sus presentaciones, lo primero que hago es revisar lo que se está diciendo sobre ellos en las redes sociales, como también reviso si hubo algún incremento en el número de seguidores durante el transcurso de la conferencia. Si no hay movimientos, mala señal. Si hay movimientos negativos, pésima señal. Pero cuando hay felicitaciones, buenos comentarios, citas a lo que mencionó y un incremento en su número de seguidores, podemos estar seguros de que la audiencia se quedó satisfecha. Inclusive, tengo un cliente que cuando da conferencias, por protocolo, al terminar manda a su asistente al baño para escuchar lo que se dice sobre él. Si la gente no está comentando algo de su participación, siente que fracasó. Por fortuna nunca le pasa.

¿Qué hacer para lograr la satisfacción?

La respuesta a esta pregunta la buscan los Rolling Stones desde hace más de medio siglo. Por suerte, para lograr la satisfacción de la audiencia sí existe una respuesta: ¡cerrar fuerte!

Hay que ponerle el broche de oro a nuestro discurso para animar al público y lograr las palmas sin tener que pedirlas. La táctica será construir un argumento verbal fuerte, incitante, que refuerce lo que deseamos lograr con nuestra presentación y motive a la audiencia. Es lo que en el *Ad Herennium* denominaban como peroración: la apoteosis final, el ensalzamiento del mensaje y la ornamentación del orador que nos va llevando de la mano hacia una conclusión glorificada. El cierre deberá ser tan fuerte y contundente que hará que la audiencia entienda que ya terminamos, logrando (en los casos que se merece) que la audiencia se ponga de pie y aplauda.

¿Cómo hacer para cerrar fuerte?

Con más mañas, con otras técnicas, a manera de fórmulas de cierre, que te enseñaré en el capítulo final dedicado a la última A de este Método H.A.B.L.A. De momento, te aviso que equivocarse en esta etapa puede ser fatal para la presentación. Dejar insatisfecha a la audiencia equivaldría a haber asistido al *show* de comedia y no haberte reído; haber visto la película de terror y no haber brincado de tu asiento, o haber asistido al curso de redes sociales y salir sin saber que es un *like*. ¡Decepción total!

ETAPA 4:

AUDIENCIA	
ESTADO PSICOEMOCIONAL	Satisfacción
CONDUCTA	Confianza
NECESIDAD	Motivación
PRESENTADOR	
OBJETIVO	Convencer
ESTRATEGIA	Animar
TÁCTICA	Cerrar Fuerte
CONSECUENCIA POR FALLAR	Decepcionar

Para cerrar este tema, sólo me resta mostrarte el cuadro general del modelo psicoemocional de estructura.

CUADRO GENERAL DEL MODELO PSICOEMOCIONAL DE ESTRUCTURA:

AUDIENCIA	Etapa 1	Etapa 2	Etapa 3	Etapa 4
ESTADO PSICOEMOCIONAL	Expectación	Desconocimiento	Escepticismo	Satisfacción
CONDUCTA	Indiferencia	Disposición	Duda	Confianza
NECESIDAD	Atracción	Saber	Aclarar	Motivación
PRESENTADOR				
OBJETIVO	Interesar	Instruir	Resolver	Convencer
ESTRATEGIA	Llamar la Atención	Informar	Comprobar	Animar
TÁCTICA	Abrir Fuerte	Transmitir conocimientos y opiniones	Transmitir sentimientos y experiencias	Cerrar fuerte
CONSECUENCIA POR FALLAR	Desinterés	Defraudar	Desconfianza	Decepcionar

Audiencia

Implícitamente, desde el tema pasado hemos hablado acerca de la audiencia, ahora es momento de profundizar en ella y mostrarte el **ABC de la CBA**.

Al año doy un promedio de 60 conferencias, lo que quiere decir que es más de una a la semana. 90% de las veces es la misma conferencia, ¡pero nunca es igual! La audiencia me obliga aterrizarla a su mundo, a sus necesidades, a sus pasiones e intereses. Por ejemplo, a pesar de que cuando dicto una conferencia hablo acerca de imagen pública, un médico desea aprender cómo ser bien percibido por sus pacientes, pues sabe que su venta se da por recomendación, y quiere detalles como si la bata debe usarse en consulta o no; mientras que un recién egresado lo que quiere saber es cómo presentarse en una entrevista de trabajo o generar estrategias de imagen para escalar más rápido en su primer empleo. A todo esto le llamo Comunicación Basada en la Audiencia, o CBA.

Debemos buscar la satisfacción del público y no la de nuestro ego. Hay que tener muy presente que aunque nosotros somos los que estamos parados al frente, los protagonistas son los receptores, pues nos estamos dirigiendo a una audiencia y no a nosotros. Siempre digo que cuando pescas, pones como carnada la comida que le gusta al pez, no la que te gusta a ti. Lo que significa que debemos ir hasta la profundidad de nuestra audiencia y bucear por sus características principales, para elegir el *alimento* que más les gusta y atraparlos en nuestras redes persuasivas.

Entonces, ¿qué debemos saber sobre nuestros receptores para tener una eficiente CBA? La respuesta es eterna, por lo que prefiero decirte: ¡debes saber lo más posible sobre ellos! Debes conocer todas aquellas cosas, grandes y pequeñas, que aporten a su conocimiento. Por ejemplo: si será una audiencia homogénea o heterogénea; el promedio de edad, sexo, profesiones; nivel sociocultural, nivel socioeconómico; qué esperan y qué desean, por qué nos escuchan... ¡y un infinito etcétera! Cualquier conocimiento que tengamos sobre la audiencia podremos utilizarlo para enganchar al auditorio.

Y tal vez te preguntes: ¿Y a mí de qué me sirve saber el nivel socioeconómico de mi audiencia? Se me hace hasta discriminatorio. Pues para no caer en eso, te sirve conocer el nivel de ingresos de tu audiencia y todo lo demás... ¡para no discriminar!, entendiendo la discriminación como cualquier acción que haga sentir a alguien excluido.

Imagínate que estás hablando de inseguridad y te echas un comentario del tipo: "Y la verdad es muy desgastante vivir con miedo, no es posible que, al manejar, en cada semáforo tengamos que estar alerta porque vemos a todos los que están en la calle con ganas de asaltarnos", ¡pero resulta que los miembros de tu audiencia no tienen coche y son los que están parados en la calle! O a la inversa: "No es posible que tengamos que vivir con el miedo de que se suban unos asaltantes al transporte público y que nos quiten el dinero que tanto trabajo nos costó ganar", pero le estás hablando a ejecutivos *top* que ganan 300 000 dólares al año.

Toda audiencia desea sentirse incluida; desea saber que la conoces y que estás jugando de local. Cuando viajo a dar conferencias, aprovecho los tiempos muertos y las charlas informales para analizar a la audiencia sin que ella sepa que la estoy examinando. Hace poco, una sociedad universitaria me invitó a participar en su congreso académico anual. Durante el traslado del aeropuerto y mientras cenábamos, los jóvenes organizadores me contaron de todo: desde que estaba detenido el proyecto de la alberca del campus por un problema sindical, hasta que me extendían la invitación para asistir la siguiente noche a su fiesta de clausura en el *Blush*, el antro de moda. Al día siguiente me perdí la fiesta pues tenía que volar a otra conferencia, durante mi ponencia saqué a relucir el problema de la alberca, y aproveché para decirles: "¿Están cuidando su imagen? Respóndanmelo mañana cuando vayan saliendo del *Blush*", con lo que logré la risa y empatía de la joven audiencia.

Y es que debemos adecuar nuestras formas a las características de los receptores. Según a quién nos dirijamos y qué deseamos conseguir, usaremos los códigos de comunicación más oportunos. La forma debe de ser una ayuda para la comprensión del fondo, por eso nunca olvides que nuestra comunicación siempre debe ser una CBA.

Para lograr esto, existe un acrónimo que considero muy útil para analizar a nuestro público y que ocupo cada vez que voy a hablar. Basta con seguir las letras de la palabra AUDIENCE (Laskowsky, 2001):

Análisis. ¿En el marco de qué evento estás hablando y por qué estás hablando tú?
Understanding (Comprensión). ¿Cuál es el nivel de conocimiento que la audiencia posee sobre tu tema?
Demográficos. ¿Cuál es la nacionalidad, el lugar de residencia, la edad, el sexo, el nivel socioeconómico de la audiencia?
Interés. ¿Qué los motivó a asistir?, ¿pagaron, los obligaron, los invitaron, etcétera?
Environment (Ambiente). ¿Cómo es el lugar donde trabajas, cuánta gente habrá, usarás micrófono, te estarán transmitiendo por *streaming* en otro lugar?
Necesidades. ¿Qué necesita la audiencia de ti o qué necesitas tú de ella? Es todo lo que hablamos en la definición de objetivos.
Customized (Personalizado). ¿Sobre qué temas puedes hablar o qué dinámicas puedes hacer para conectar mejor con la audiencia? Ejemplos, casos, aplicaciones, noticias, objetivos particulares del evento, etcétera.
Expectativas. Todo lo relacionado a la expectación de la que hablamos en el modelo psicoemocional.

Otra cosa que debes tener muy presente es que el público no es un ente abstracto, está formado por personas con determinadas vivencias y asuntos que pueden provocarles y provocarte distracción (Mata, 2004). Provocarles distracción, porque por más homogéneo que sea el grupo, todas las personas somos diferentes y será imposible darles gusto a todos y engancharlos en cada momento, aunque debemos esforzarnos al máximo para lograrlo. Por ejemplo: si estás hablando sobre "El secuestro y cómo prevenirlo" y recomiendas: "Díganle a sus hijos que cuiden mucho lo que publican en sus redes sociales", las personas de la audiencia que no tengan hijos no se engancharán, y si hubiera una persona que no puede tener hijos o que acaba de perder un bebé, ese comentario hará que se distraiga muchísimo con sus recuerdos y emociones. Por eso sería mejor decir: "Díganle a sus hijos, a sus sobrinos, a los hijos de sus amigos y a los niños y jóvenes en general, que cuiden mucho lo que publican en sus redes sociales", así tendrás más rango de atracción.

Decía que esto puede distraerte porque todas las personas, al ser diferentes, reaccionamos de manera diferente y vivimos diferentes situaciones. Hay personas que son de risa fácil y otros que, aunque estén contentos, no sonríen; están los que por más buena que esté la conferencia tienen que salir al baño, o el papá primerizo que se queda dormido porque su bebé le dio mala noche. Que estas situaciones no te distraigan ni te preocupen como orador; no pienses que tu chiste fue malo o que estás siendo aburrido. En cambio, preocúpate y mucho, si ves que naaaaadie se rio de tu chiste, que la mitad del auditorio ya se salió o que toda la fila de enfrente está dormida.

Si bien decimos que las audiencias no son un ente abstracto, éstas sí se condicionan a sí mismas y se comportan como masa, por lo que la actitud de la mayoría imperará aunque se trate de un grupo heterogéneo. Para Izuma (2013), a esto se le conoce como conformidad social: la risa provocará más risa, el silencio generará un silencio mayor y el llanto generará más llanto. O como en México que, en un acto de pésimo gusto, antes de que empiece un evento alguien empieza a chiflar para, según esto, acelerar el arranque, y no tarda el que en el lado opuesto del recinto empieza a hacer lo mismo, provocando que al minuto todo el auditorio esté chiflando (o la versión buena vibra, que es con aplausos).

Este contagio de acciones podemos utilizarlo a nuestro favor. Una vez trabajando para una campaña política, habíamos creado el lema "Sosa es otra cosa", pues así se apellidaba el candidato (cambio nombres y ejecuciones por contrato de confidencialidad) y propuse que para lanzarlo hiciéramos un discurso con el candidato, en el cual, sembrando unos pocos paleros en la audiencia, estos empezaran a gritar el lema durante una pausa específica en las palabras del candidato, para de ahí, retomarlo en su discurso y usarlo como mensaje final.

Cuando se dio el discurso en una plaza municipal repleta, en el momento acordado, los infiltrados empezaron a vitorear: "¡Sosa es otra cosa, Sosa es otra cosa, Sosa es otra cosa!" Y a los casi treinta segundos teníamos a toda la plaza gritando "¡Sosa es otra cosa!" De ahí en adelante, el candidato se dedicó a decir: "Y sí, Sosa es otra cosa porque...", uniendo esa frase a cada una de sus propuestas de campaña, para cerrar puntualizando: "Acabo de decidir que hoy ustedes han creado mi lema de campaña. ¡Sosa es otra cosa, señores!, y así como hoy, siempre seguiré escuchándolos, porque Sosa es otra cosa y otra cosa también será este municipio." Al día siguiente, los titulares de los diarios locales publicaron: "Sosa es otra cosa."

Y sí, ya sé que mi anécdota política contada así suena asquerosa, pero eso es a lo que me dedico. Utiliza esta recomendación como más te convenga. Por último, te reitero que sólo conociendo a tu audiencia podrás preparar todo para dejarla satisfecha. Por lo tanto, siempre sigue **el ABC de la CBA**.

Nota: al principio de este apartado dijimos que el objetivo primordial que tiene cualquier comunicación es transmitir, y te prometí que en el siguiente capítulo (vaya que he alargado esa promesa) te iba a hablar exclusivamente de la definición del mensaje y la transmisión de éste; pero antes teníamos que ver cuatro puntos relacionados con la preparación. Esos cuatro puntos fueron: **objetivo**, **tema**, **estructura** y **audiencia**.

Pero, ¿qué crees?... Ahora tengo que pedirte un favor: que me permitas seguir pateando el bote de las recomendaciones para el mensaje con un apartado más... ¿Sí?

¡Muchas gracias! Es fundamental que antes de que veamos todos los *tips* para la transmisión de mensajes, sepamos una serie de requisitos que toda presentación debe cumplir para garantizar la transmisión de los mismos. Además, estos requisitos están relacionados con los cuatro puntos que acabamos de aprender. Verás que el favor que me acabas de hacer será recompensado.

Más vale callar y pasar por tonto,
que abrir la boca y demostrarlo.
NOEL CLARASÓ (1899-1985)

Los requisitos que debe cumplir toda presentación, y si faltara uno sería mejor no pararse a hablar, son: sencillez, conocimiento, brevedad, orden y convicción.

Sencillez

"Piensa como sabio pero habla como el vulgo" es un consejo que nos dejó Aristóteles. Muchas veces lo encontramos como: "Piensa como sabio, mas habla como la gente sencilla", porque el concepto de vulgo en estos tiempos no es tan popular, pero, ¿quién es el vulgo o cómo es la gente sencilla?

La RAE nos dice que *vulgo* es lo común o el conjunto de la gente popular. Y nos aclara también que *popular* es lo relativo al pueblo. Lo que nos motiva a buscar *pueblo* y encontrar que es el conjunto de personas de un lugar y también que es la gente común. O sea, podemos interpretar que el vulgo es la gente "común y corriente" y que así es la gente "sencilla". A título personal, puedo concluir que el vulgo es la gente "normal" y que, por lo tanto, Aristóteles dijo: Piensa como sabio, pero habla como la gente "normal".

Si te diste cuenta, entrecomillé todos estos adjetivos calificativos, pues podríamos discutir sobre qué es lo "común" y sobre cómo es la gente "normal". La realidad es que a los ojos de la semántica no es necesario debatir sobre qué es lo normal. La misma RAE nos dice que *normal* es lo que sirve de norma. Es un parámetro. Y en el tema que nos atañe, ese parámetro es nuestra audiencia. Piensa como maestro, pero habla como tus alumnos. Piensa como político, pero habla como los ciudadanos. Piensa como médico, pero habla como tus pacientes. ¿Acaso el doctor nunca te ha dicho algo que no entiendes? Imagínate al papá primerizo en la sala de espera y al ginecólogo muy serio diciéndole: "Señor, le informo que el neonato presentó un cuadro de cefalohematoma con características Caput Succedaneum." "¡Quéeee!, ¿¿¿¡Está bien mi hijo!???", "Sí, sólo es un moretoncito en la cabeza muy común por el trabajo de parto, en un par de días se le quita", "¡Pues dígamelo así desde un principio!"

No existe nada más contradictorio que querer transmitir algo y hacerlo de la manera más difícil posible. A los políticos muchas veces les pasa, porque confunden la importancia del momento con el tener que usar un falso lenguaje culto y elevado que no utilizan en su día a día; lo único que logran es que se nos cierren los oídos y que nadie entienda nada. ¡Que a ti no te pase! Tú puedes ser serio y formal y seguir siendo sencillo, porque sencillo no significa informal, simplista o infantil; sino claro, simple, entendible y memorable.

Piensa como sabio, pero habla como tu audiencia. Ésta es nuestra máxima.

Conocimiento

"[...] no existe algo más desagradable que escuchar a alguien que no sabe acerca de lo que está hablando", (Gordoa, 1999: 165). Vimos que la clave maestra para hablar de casi todo es referirnos a lo que sabemos, lo que pensamos, lo que sentimos y lo que hemos vivido. Si no sabes, piensas, sientes o has vivido algo acerca del tema, ¡cállate!

Brevedad

La audiencia sólo presta atención durante diez minutos, es lo que afirma John Medina (2008), director del Brain Center de la Seattle Pacific University. En otros estudios, esta cifra la he encontrado en siete minutos, inclusive he llegado a leer libros que exponen tiempos más radicales de quince o treinta segundos y que, a mi parecer, en sus investigaciones se hicieron bolas entre el tiempo de atención y el tiempo de retención de la información en la memoria a corto plazo. No importa si son diez, siete, ocho, trece o los minutos que el nuevo investigador diga, lo que es una realidad es que las personas estamos dispuestas a prestar atención por un tiempo limitado.

No te confundas. Con esto no estoy diciendo que nuestros discursos deban durar menos de diez minutos. Quiero decir que la audiencia está dispuesta a prestar atención a algo por diez minutos, y si ese algo no vuelve a captar su atención, se la prestará a lo que sí lo haga. ¡Tus presentaciones deberán durar lo que deban durar! No es lo mismo impartir un *workshop* de seis horas, que cinco minutos de palabras de bienvenida en un coctel. No importa cuál sea el caso, tu presentación debe ser breve.

El tiempo es muy relativo y podemos verlo de dos formas. La primera, de manera cronométrica: un minuto, una hora, un día, etcétera; la segunda, como un sentimiento que adjetivamos: corto, largo, justo, rápido, lento, etcétera. En esta última categoría es donde entra la brevedad.

La brevedad es la sensación del tiempo cuando disfrutamos. Cuando apenas estás saliendo de vacaciones y en un parpadeo ya estás de regreso. Cuando en una comida la charla de sobremesa se convierte en cena. O cuando una novela te hace pasar la noche en vela. Puedes ir al cine a ver una película de más de tres horas y al terminar expresar: "Está buenísima" o "está larguísima"; en el primer caso habrá reinado la brevedad y la película ganaría en imagen. En el segundo, habrá pesado más el sentimiento negativo del tiempo, convirtiéndose éste en el verdugo de la reputación.

¡La gente no tiene que enterarse ni debe importarle cuánto duró tu presentación!, simplemente debe disfrutarla. Hace un rato decíamos que la gran mayoría de los asistentes se daba por satisfecha si al menos la conferencia los entretuvo y no le dio ganas de salirse. Por lo tanto, si la audiencia sólo puede prestarte atención durante diez minutos, más te vale que hagas algo en ese lapso para captar su atención y vuelva a darte otros diez minutos, y después otros diez y así sucesivamente. Pero por favor, no seas extremista y te presentes con cronómetro en mano para revisar cuántos minutos te quedan. ¡Capta su atención todo el tiempo posible!

Piensa que si nada capta su atención, otra cosa lo hará: desde el escote de la edecán hasta la mosca que revolotea; por lo que tú estarás al frente hablando pero no transmitiendo, pues el distraído te estará escuchando como Charlie Brown a su maestra (si no eres fan de *Peanuts*, averígualo y verás por qué).

Por esto en mis conferencias pido que no existan distractores. Me ha tocado trabajar en eventos en los que te ponen una pantalla en el escenario con los logotipos animados de los patrocinadores, y en otros cuya escenografía tiene juegos de iluminación que van cambiando de colores.

Otra cosa que también puede captar la atención de la audiencia es su diálogo interno. Ejemplo: estás en una conferencia aburrida y una mosca captó tu atención. La mosca se para en el pelo de la señora de enfrente, lo que te hace pensar que no se lo lavó, y te recuerda que el viernes tienes una boda fuera de la ciudad y no sabes quién te va a peinar. Recuerdas que en esa boda va a estar tu expareja y va a ser muy incómodo el momento cuando se saluden, por lo que empiezas a tramar una estrategia para saber cómo debes reaccionar, mientras sacas tu celular para preguntarle a tu mejor amiga quién la va a peinar, pero ves que tienes una notificación en Instagram y ¡adiós para siempre!

Mantén a tu audiencia alerta. Hemos visto recursos como la CBA para captar su atención y veremos muchísimos más: cambios de volumen al hablar, desplazamientos en el escenario, ademanes, fórmulas de inicio y un sinfín de trucos para engancharlos y que no se vayan. De momento. recuerda que don Baltasar Gracián decía: "Lo bueno, cuando breve, es dos veces bueno."

Ahora bien, el tiempo a nivel cronométrico también es importante. Aunque tengo más que comprobado que tres minutos son suficientes para transmitir un mensaje completo, la realidad es que la gran mayoría de las ponencias dura mucho más. Lo más común, y a lo que nos hemos acostumbrado, es que las conferencias duran una hora. ¿Por qué?, ¡quién sabe!, creo que es porque nadie pagaría un boleto por escuchar hablar a alguien diez minutos, o tal vez porque no valdría la pena trasladarte, estacionarte, hacer cola en una mesa de registro y buscar un lugar en una sala llena, para únicamente escuchar tres minutos de palabras.

Hay veces que el tiempo no depende de ti, pues te contrataron para dar una conferencia de hora y media y ni modo que a los veinte minutos digas que ya acabaste. O te invitaron a dar una *Ted Talk*, y a los dieciocho minutos les dices que no estás de acuerdo con sus reglas y que quieres dieciocho minutos más. En esos casos, debes ser breve y además exacto, por lo que deberás planear que tu presentación no dure ni más ni menos. Más adelante te daré unos consejos simples para medir tus tiempos; pero si de ti depende, no te extiendas de manera innecesaria: "Yo no sé por qué la mayoría de los oradores públicos, desde conferencistas hasta políticos, creen que entre más *rollo* nos tiren, mejores y más importantes vamos a pensar que son. La verdad es que esto funciona totalmente al revés", (Gordoa, 1999: 165).

Piensa que el público busca un significado a las palabras que escucha y muestra desinterés ante las intervenciones que se alargan con palabras huecas y frases sin contenido. El ingenioso dramaturgo francés Sacha Guitry decía que los discursos deben ser como vestidos de mujer: suficientemente cortos para llamar la atención, pero suficientemente largos como para cubrirla. Piensa que en comunicación lo menos es más, al componer un mensaje lo más difícil será saber qué quitar y no qué poner, y para hacer un mensaje inmortal, no necesitas hacerlo eterno.

Orden

El orden no es otra cosa más que primero lo primero, segundo lo segundo, tercero lo tercero y al último lo del final. "Y es que existen oradores que empiezan hablando acerca de un tema y terminan hablando de otro, presentan planteamientos que no concluyen o sacan conclusiones carentes de antecedente dentro de la misma alocución", explica Gordoa, (1999: 166). De qué te sirve tener conocimientos, sencillez y brevedad, si nadie es capaz de seguir nuestra exposición. ¡Pero no te confundas! Al decir que primero va lo primero y al último lo del final, no estoy diciendo que tengamos que ser lineales en la manera de presentar.

¿Cuántas películas has visto que empiezan por el final y después van desarrollando la trama hasta que entendemos por qué se llegó ahí? O cuántas otras recurren al *flashback* para entender mejor una historia; inclusive existen películas en las que la genialidad y la complejidad de la edición las llevan a convertirse en verdaderas obras de arte, como *Pulp Fiction* (1994), de Quentin Tarantino, o *Amores Perros* (2000), de Alejandro González Iñárritu.

Para Laskowsky (2001), el orden consiste en llevar una secuencia lógica, que puede ser contada de diferentes maneras: ***cronológicamente***, en donde la temporalidad de los hechos dictará el orden, utilizando el recurso presente-pasado-futuro, con todas sus combinaciones posibles. ***Por categorías***: de la A a la B y después a la C y así sucesivamente. ***Problema-solución***: cuando la exposición plantea un dilema o una dificultad y se pretende dar una solución. ***Comparativo***: haciendo un contraste de elementos y encontrando diferencias y similitudes entre ellos. ***Teoría-práctica***: primero se explican los conceptos y después se demuestra su aplicación. Y cualquier otra forma que se te pueda ocurrir, pues finalmente todas estas maneras de ordenar la información conviven a la perfección con el modelo psicoemocional de estructura que ya conoces.

El orden también es estar bien organizado, por lo que abramos un apartado especial para hablar de este punto.

Organización

Si no te ves organizado, la audiencia pensará que no estás preparado, pues al presentador al que no le sirve su equipo, le falla el micrófono, se acomoda la ropa o se salta láminas por no calcular bien el tiempo; nunca lo vas a percibir bien. La audiencia considera la desorganización como una falta de respeto y, además, pone en tela de juicio la capacidad intelectual del orador.

Para no caer en estos errores, Koegel (2007) tiene la regla del 60/20 que recomiendo ampliamente. Piensa que tu presentación es una hora antes de lo que en realidad es, de esta forma, te vacunarás contra cualquier imprevisto de tráfico, olvidos y malos funcionamientos. Así, si se te ponchó una llanta, se te olvidó algún material o se le ocurre a la computadora actualizarse, ese tiempo de previsión te salvará.

Ahora bien, si no te ocurre ningún imprevisto, llegarás una hora antes al lugar, ¡y qué bueno! Pues usarás los primeros cuarenta minutos para preparar todo: el recinto, los lugares, el equipo, la presentación, harás pruebas de micrófonos y ensayarás. Y usarás los últimos veinte minutos para saludar, detectar necesidades de la audiencia y crear empatía, ¡puedes sacar información muy valiosa en ese tiempo!

Si por tu agenda te es imposible seguir esta regla, mínimo conviértela en un 30/10. Lo que sí es un hecho es que cuando llega la audiencia, no es momento de jalar mesas, hacer pruebas de sonido o ajustar el proyector.

Hace un momento que hablábamos de la atención, te contaba que he trabajado en eventos donde la tecnología se convierte en un distractor. En esos casos, poco podía hacer, pues era el deseo de quienes me habían contratado. Nosotros también utilizaremos tecnología y otros materiales de apoyo que son fundamentales para comunicar organización, por lo que aprovecho para hacerte algunas recomendaciones al respecto:

Lo primero que debes saber es que la tecnología no tiene palabra. ¡A Bill Gates se le apagó la computadora cuando presentó en público el Windows 98!, y si le pasó a Bill Gates, probablemente te pueda pasar también a ti.

Sin duda, y desde la invención del Power Point, se ha transformado vertiginosamente la manera de hacer presentaciones por la gran cantidad de recursos tecnológicos con los que hoy contamos. Y si bien la tecnología nos ha facilitado el trabajo, también ha incrementado de manera drástica los riesgos de tener fallas técnicas. Por lo tanto, acuérdate de que en comunicación menos es más y pregúntate: ¿Este recurso tecnológico está haciendo mejor mi presentación?, si la respuesta es sí, vale la pena el riesgo. Al Gore se subía a una grúa frente a un gráfico gigante, la cual se levantaba metros arriba de su pantalla, para mostrar cómo la curva de crecimiento del efecto invernadero se salía de todo parámetro para el 2100 (Guggenheim, 2006). Muchas cosas podían fallarle en esa presentación, ¡pero vaya si valía la pena el riesgo, pues la hizo memorable! Y si consideras que no pasa nada si prescindes de algún recurso tecnológico, entonces evítalo. Los malos presentadores sustituyen sus carencias con tecnología. Piensa que tú eres la estrella y debes sobresalir, no tus herramientas y materiales de apoyo. Dicho esto, veamos algunos consejos útiles para disminuir al máximo el grado de error:

> Revisa con anticipación el equipo que vas a manejar para verificar su funcionamiento y posibles actualizaciones. Averigua si tu equipo es compatible y amigable con los sistemas de proyección que se utilizarán. Si tu presentación lleva audio o video, avísalo con tiempo. Lleva tu propio equipo, pues es en el que más puedes confiar, además de que al pasar tu presentación a otro equipo, la diferencia de sistemas y pro-

gramas puede hacer que se desconfigure, que no cargue tipografías o que no corra animaciones y videos, siendo una víctima más del eterno conflicto entre PC y Mac.

Lleva respaldos de tu presentación. Además de cargada en tu equipo, llévala en un USB, súbela a la nube y mándatela por *mail.* De esta forma, si tu equipo fallara, contarás con una copia para presentar.

Procura tener tu equipo lo más cercano posible por si algo fallara o necesitaras correr algo de manera manual. En eventos grandes, solicita que tu equipo esté conectado en el escenario y no en las cabinas de control. Piensa que los mejores controles remotos tienen un rango aproximado de quince metros, por lo que mientras más lejos esté tu equipo, peor será la señal.

Invierte en el diseño de la presentación, ya sea con dinero –contratando a un diseñador– o con tiempo, para sacarle todo el jugo a los programas. ¡Pero ojo! No abuses del diseño y de las animaciones. Mantén una misma plantilla y línea de animación de diapositivas. Si contratas a un diseñador experto, cerciórate de que use un programa que tú puedas modificar, pues muchas veces querrás actualizar información, reducir contenidos o hacer cambios de último momento. Mi recomendación es que no experimentes, no por nada Power Point y Keynote son los reyes del mercado.

Cerciórate de que tu texto se pueda leer desde cualquier lugar. Si bien dependes de la amplitud y calidad de proyección, así como de la cantidad y disposición de pantallas, preocúpate de que las fuentes tipográficas sean de al menos 40 puntos y de que la elección de colores entre fondos y textos sea contrastante.

No ahorres en diapositivas. No satures tus láminas de información como si te las cobraran. Usa las que sean necesarias. Una regla interesante (pero no exacta) que a mí me funciona muy bien, es que al final el número de diapositivas que tengas será el número de minutos que te tardarás en exponerlas. Si bien en unas te llevarás mucho más de un minuto y en otras unos cuantos segundos, el promedio de minuto por lámina es muy acertado. Contempla un 10% menos de láminas del número de minutos que tienes, pues las presentaciones formales y cierres protocolarios nos quitan tiempo.

Si traes varios conceptos en una diapositiva, no reveles toda la información de golpe, pues tu audiencia se distraerá leyendo y pensando en lo que sigue, restándole atención a lo que estás exponiendo.

Ten el control de pase de diapositivas y de la secuencia de aparición de conceptos. El *timing* en el que revelas la información debe ser preciso y ayuda mucho a despertar emociones, recalcar conceptos o incluso decir cosas sin palabras. Tener que decirle a alguien: "La que sigue por favor", rompe con todo el *mood* que habías creado. Para lograrlo, usa un control remoto profesional (porque el que te regalan con las Mac es malísimo y con muy poco rango) que tenga las funciones básicas de avanzar y retrasar, pues también existen modelos con temporizador que vibran diez minutos antes de que se te acabe el tiempo o hasta con pequeñas pantallas para ver tu presentación. También hay funciones para que desde tu *tablet* o teléfono corras presentaciones, sin embargo, estos dispositivos son demasiado grandes y por lo general debes usar ambas manos para deslizar los conceptos. En los eventos producidos casi siempre contarán con un control remoto, aunque aun así, yo prefiero trabajar con el mío.

Si no tienes que señalar algo muy específico en la pantalla, no utilices láser. El láser sirve para guiar la vista de la audiencia hacia un punto específico de la pantalla, por lo que es muy útil en conferencias médicas o financieras en donde se muestran fotos con detalles o gráficas y tablas llenas de números. Piensa que de nada te sirve andar subrayando los conceptos que en una presentación son evidentes.

Las diapositivas no se leen, son un recurso para facilitarte la ilación de ideas y para recalcar los conceptos importantes a la audiencia. Utiliza palabras clave o frases cortas de los conceptos a manera de *bullets* y dale prioridad a las relacionadas con tu objetivo y mensaje.

Una recomendación tan básica que es un cliché es que nunca des la espalda al presentar. Tal vez lo que no sabías es que para no hacerlo debes utilizar un monitor de confianza, es decir, un monitor en el piso o en otro lugar frente al escenario, en donde puedas ver lo que se proyecta. Los programas de presentación te permiten programar que aparezcan las láminas en las pantallas de la audiencia, mientras que en el monitor de confianza se reproduzca la lámina actual, la que le sigue, para que te vayas preparando; y hasta anotaciones, recordatorios y relojes que midan el tiempo. En eventos producidos, casi siempre encontrarás monitores de confianza, pero cuando no existan, haz que tu computadora cumpla estas funciones, colocándola en una pequeña mesa frente al escenario.

Si por alguna razón llevaras un discurso impreso (soy enemigo de ellos, ya verás por qué), dale dignidad engargolándolo. Esto te salvará de que se traspapele.

Cuando no exista retroproyección (los proyectores se colocan detrás de las pantallas y no al frente), ten mucho cuidado de no colocarte frente a la proyección. Tu ropa y tu cara no son un buen lienzo para tus láminas.

Y hablando de ropa, es evidente que tu apariencia personal también es importantísima para dar una buena imagen y, aunque no lo creas, se liga con la organización.

El expresidente de México, Vicente Fox, se presentó a inaugurar la 69 Convención Bancaria en Acapulco, ¡vestido de traje oscuro y corbata! (*La Jornada*, 2006). Por supuesto que fue la comidilla de la alta banca mexicana y de los medios de comunicación. Argumentó que no le había dado tiempo de cambiarse (connotación: no llevo bien mi agenda y estoy desorganizado), que después tenía otro evento (connotación: este evento no es importante, no sé qué hago aquí) y hasta que tenía un poco de tos y que por eso se había ido más tapadito (connotación: soy un niño de cinco años y ahí está mi mamá Martita, quien fue la que me vistió). Por Dios, ¡eres el presidente!, ponerte ropa tropical formal en el avión presidencial te tomaba unos cuantos minutos. ¿Qué dijo ese día?, nadie se acuerda. Pero vaya que otras cosas son inolvidables.

Acepto que aquí me tengo que morder la lengua porque si me suelto a hablar de imagen física no acabaría y desvirtuaría el objetivo de este libro, por lo que puntualizaré algunas cosas.

¿Qué pasaría si estás por ver a la directora comercial de una empresa presentar la estrategia de ventas del próximo año y llegara enfundada en su exclusivo traje sastre, con un enorme penacho azteca en la cabeza? Lo primero que pensarías es: "¿Qué onda con ese penacho, no viene al caso?", después no quitarías la vista de encima durante toda la presentación y estarás pensando en él.

Recuerda que lo importante es la palabra, por lo que no deben existir puntos focales que distraigan la atención. Ese penacho bien podría ser un peinado (o un mal peinado), un escote, unas pulseras que hacen ruido, una bragueta abierta o cualquier otra cosa que le reste atención al mensaje. Por lo tanto:

> Revisa tu apariencia personal antes de hablar en público. Trata de hacer una escala en el baño y cerciórate de que todo esté en su lugar: que estés bien fajado, no estés despeinado, no tengas nada en la nariz

y dientes, y que botones y *zippers* estén cerrados para que nada llame la atención, más que tu palabra.

Sácate de las bolsas carteras, teléfonos, papeles, plumas y demás cosas que sólo abultan e incomodan.

No te subas cargando materiales, discursos impresos, botellas de agua o bolsas y portafolios. Deja con anticipación esos elementos en el escenario o solicítale a los organizadores que así lo hagan, y pídele a alguien de confianza que resguarde tus objetos de valor.

Un buen detalle es adecuar elementos de tu vestuario a los colores de la presentación, del evento en el que participas, o de la empresa que representas. Con una corbata o mascada será suficiente. Si bien esto no es regla, puede ser lucidor.

Procura que tu vestuario sea coherente con el lugar, la hora, el clima y el tipo de audiencia. Para esto, sigue la semiótica del vestuario.

Semiótica del vestuario

Desde antes de empezar a hablar, ya hemos hablado en un lenguaje mucho más antiguo y universal: el lenguaje de los signos. Ha hablado nuestro sexo, edad, clase social y, sobre todo, ha hablado todo lo que llevamos puesto: el estilo, los colores, las texturas, los patrones, el diseño, el peinado, los accesorios, los adornos corporales y el aliño personal; todos estos elementos mandan mensajes que dicen mucho de nosotros. Hemos dado información sobre nuestros gustos, profesión, estado de ánimo y hasta sobre nuestra personalidad y autoestima.

La semiótica es la ciencia que se encarga del estudio de los signos. En particular, la semiótica del vestuario consiste en tener presente que todo lo que nos ponemos encima comunica. Por ejemplo: un individuo de pelo largo, entrecano y recogido en una trenza, vestido con ropa holgada blanca con bordados indigenistas, huaraches, lentes pequeños y una barba tipo cabra, manda mensajes muy diferentes a un individuo con la cabeza rasurada, que visite un traje negro de raya de gis, camisa blanca con mancuernillas de oro, corbata de seda roja y que fuma un gran habano.

Al arreglarse, el presentador debe estar consciente de que la manera en que se produzca físicamente estará reflejando quién es. Por ello, debe preguntarse: ¿Todos los elementos de mi apariencia física son coherentes?, ¿están enviando el mismo mensaje y ese mensaje es el que quiero transmitir? Si la respuesta es positiva, adelante, póntelo; si es negativa, piénsalo dos veces antes de salir a comunicarte con los demás.

La recomendación más puntual que puedo darte sobre la semiótica del vestuario es que a partir de hoy, cuando te pares frente a un espejo, nunca más preguntes: ¿Cómo me veo?, mejor pregúntate: **¿QUÉ MENSAJES ESTOY ENVIANDO?**

Existirán momentos en los que desearás generar respeto, comunicar mucha autoridad y hasta cerrar un poco los canales de comunicación; y existirán otros en los que desearás lucir accesible, abordable y empático, para generar confianza con tus audiencias. Ninguna será mejor que la otra. Piensa, si tuvieras que hablarles de anticoncepción a los relajientos hombres de una preparatoria, ¿qué códigos de comunicación elegirías?, ¿los de autoridad o los de accesibilidad? Son preguntas capciosas, porque la respuesta es: ¡depende lo que quiera lograr! Podrías elegir el camino de cerrar los canales de comunicación, vistiendo de traje y generando respeto y hasta miedo; o podrías elegir el de vestir de *jeans*, para verte más cercano e igualarte un poco con tu audiencia.

Nadie mejor que tú sabrá qué es lo que quieres y debes comunicar, pero aquí te digo cómo hacerle para comunicar autoridad o accesibilidad con tu vestuario:

Si tu objetivo es comunicar autoridad, mando y poder, elige:

Vestir de traje o traje sastre de falda o pantalón.

Colores oscuros como el gris Oxford o azul marino. El negro es muy severo, de preferencia debe usarse después de las seis de la tarde.

Telas delgadas, lisas y sin patrones.

Camisa o blusa blanca.

Corbata lisa y en colores sólidos o una mascada de seda.

Peinado estructurado.

Rasurado perfecto y maquillaje básico y minimalista.

Combinar en negro con zapato de agujeta o de tacón cerrado no mayor a diez centímetros.

Ahora que si tu objetivo es comunicar accesibilidad, confianza y calidez, elige:

Combinaciones *sport*.

Colores claros y mezcla de colores.

Telas gruesas. Pueden ser lisas o con patrones.

Camisas o blusas de colores. Pueden ser lisas o con patrones.

Sin corbata o con corbatas con diseños y colores llamativos.

Peinado suelto y con volumen.

Barba de tres días. Maquillaje o muy natural o cargado.

Combinar con mocasines, *flats* y calzado casual.

Finalmente, mezcla los códigos de comunicación y podrás tener una infinidad de mensajes intermedios de media autoridad o accesibilidad.

Ya ves, te dije que me tenía que morder la lengua. Mejor aquí dejo el tema de la apariencia personal, diciéndote que la clave está en la discreción y la sencillez. Recuerda que vas a hablar en público, no al baile de graduación.

Por último, fíjate muy bien y ten mucho cuidado con los escalones, accesos al escenario, cables, escenografías y cualquier otro obstáculo que pueda hacerte pasar un mal rato al momento de subirte al escenario o desplazarte por él. Aparte del ridículo que puedes hacer, el simple hecho de no saber por dónde subirte al escenario o enredarte con un cable, te harán lucir como poco preparado.

Todo esto que acabamos de ver implica que tu presentación tenga orden y que tú luzcas organizado. Ya sé que piensas que se me olvidó hablar sobre el micrófono, un tema que te genera muchas dudas. No te preocupes, sobre él hablaremos en el apartado dedicado a la B de este Método H.A.B.L.A.

Llegamos al punto final de los requisitos que debe cumplir toda presentación y sin duda es uno muy importante.

Convicción

Si el presentador no luce ni suena apasionado, ¿por qué los demás habrían de estarlo? Ya he citado a La Rochefoucauld cuando hablé de que las pasiones siempre convencen, más adelante veremos que las pasiones además de convencer también se contagian. Asimismo, te dije que a mis clientes les digo que deben dirigirse al corazón y no al cerebro.

Todo eso va relacionado con la ejecución de la presentación y no con la preparación de ésta. La ejecución es importantísima para comunicar pasión, por eso veremos a profundidad más adelante el lenguaje corporal y las características vocales, entre muchas otras cosas. Regreso a lo anterior, vernos y escucharnos apasionados es una cosa, sentirnos apasionados es algo muy diferente:

> Motivar la acción de una audiencia vendría a ser prácticamente imposible si careciéramos del convencimiento de lo que estamos diciendo. Cuando hablamos acerca de algo en lo que no creemos o que no nos gusta, nuestra actitud corporal, tono de voz y sentimientos nos delatan y nuestro público lo detecta de inmediato, es por ello necesario que al aceptar una presentación no solamente sepamos acerca del tema sino que además creamos que lo que decimos es cierto, esa será la única manera de transmitir sinceridad y entusiasmo auténticos [...] (Gordoa, 1999: 166-167).

Por lo tanto, no sólo hay que hablarle al corazón, además, aunque suene cursi, también hay que hablar con el corazón y desde el corazón. Si en el fondo no te apasiona a ti, difícilmente podrás levantar pasiones en los demás.

¡Ahora sí! Llegamos a nuestro tan esperado apartado dedicado al mensaje.

MENSAJE: TE LO DIGO, TE LO REPITO Y TE LO VUELVO A REPETIR

Repetir es persuadir con más detalle.
DUQUE DE LEVIS (1755-1830)

Desde Aristóteles y Demóstenes, Cicerón y san Agustín, Dale Carnegie y Joseph Goebbels, hasta todos los autores de libros para hablar en público que he consultado en mi vida, todos han dicho que la recomendación más importante en la oratoria es tener bien definido tu mensaje. Y no sólo eso. Todos ellos dicen que no se trata de definirlo únicamente, sino que el mensaje tiene que llegar a nuestra audiencia de tal forma que no se le olvide.

Por supuesto, todos lo han expresado con diferentes palabras, han bautizado el término *mensaje* con diferentes nombres y han dado múltiples recomendaciones para lograr que éste impacte, pero al final todos los consejos llevan a lo mismo: **Elige un solo mensaje, ponlo en palabras cortas y simples, y repítelo hasta el cansancio.**

Y como yo no soy la excepción, te digo lo mismo. Es más, ponle comillas a la oración de arriba y ya puedes citarme. Como todos los que nos hemos dedicado a esto queremos pensar que hemos encontrado el hilo negro, también bauticé el mensaje y desde hace mucho me refiero a él como la "frase mágica".

Sobre esta frase mágica otros autores han hecho aseveraciones como: "Se necesita un mensaje como un nuevo producto necesita un eslogan" (Booher, 2011). "En un conciso y poderoso argumento, capturas la esencia de tu presentación para que se convierta memorable" (Leech, 1982). "Mantenlo corto. Mantenlo enfocado. Mantenlo relevante" (Koegel, 2007: 33) y "Reduce tu argumento a pocas palabras y repítelo una y otra vez" (Dolan, 1992). También me he encontrado a autores que no sé si se plagian o que, al ser tan común el tema, han llegado a conceptos muy similares, como Walters (1993) y Laskowski (2001), pues ambos dicen que uses el acrónimo kiss: *Keep It Short and Simple* o *Keep It Sweet and Simple* (mantenlo corto y simple o mantenlo dulce y simple), según a quién leas. Y por supuesto, entre los principios de propaganda de Goebbels, principalmente en el de orquestación, encontramos frases como: "Se debe adoptar una única idea... Se debe etiquetar con frases o eslóganes distintivos... que evoquen respuestas ya conocidas por la audiencia... deben ser de fácil aprendizaje... y su utilización reiterativa... repetirlas incansablemente" (Doob, 1950: 435-437), que si ves no es otra cosa más que: "Elige un solo mensaje, ponlo en palabras cortas y simples, y repítelo hasta el cansancio" (Gordoa, dos párrafos más arriba 😀).

¿Pero cuántas veces tengo que repetir mi mensaje?

¡Las que sean!, **al menos** repite tu frase mágica tres veces durante la presentación: al inicio, a la mitad y al final. Y como viste subrayé las palabras **al menos**. Ya que si lo decimos cuatro, cinco, seis, veinte o las veces que consideres suficientes, mejor. ¿Y no pareceré disco rayado?

¡No! La primera vez que lo digas pasará inadvertido, la segunda captará la atención, y hasta la tercera será cuando empiece el reforzamiento. Se estima que un adulto recibe cada día en promedio ochocientos mensajes; en todo momento estamos siendo bombardeados con mensajes mediáticos, publicitarios, profesionales, sociales y familiares, que nos piden hacer esto o el otro, comprar, votar, asistir, y si les pusiéramos atención a todos y tratáramos de recordarlos, ¡nos volveríamos locos!

Por esta razón nuestro cerebro desarrolló el escudo mental del que hablábamos cuando explicamos la memoria a corto plazo. El blindaje que hacía que rebotara todo aquello que no nos interesa y al que describimos como una especie de teflón, que hacía que no se nos pegara toda la basura informativa y que se resbalara lo que considerábamos inútil.

Imagínate el reto para lograr que la audiencia recuerde nuestro mensaje. Por esta razón habíamos recomendado fijar un solo objetivo por presentación, y en consecuencia, ahora también decimos que debe elegirse un solo mensaje por presentación y repetirlo. Winston Churchill decía: "Si tienes un buen argumento, no trates de ser sutil o ingenioso. Utiliza un martillo pilón. Dale una vez. Luego vuelve y golpea de nuevo. Luego, una tercera vez", (Maraboto, 2014), y así hasta que quedara claro.

Para fijar un mensaje eficientemente contesta la pregunta: **¿QUÉ QUIERO QUE RECUERDEN?**, y después pregúntate: ¿y si recuerdan lo que digo estoy logrando mi objetivo?, si la respuesta es sí, ya tienes tu frase mágica.

Y por favor, ¡no se trata de jugarle al publicista! No estamos en el negocio de la creación de frases complejas o muy ingeniosas. Esas frases luego terminan pareciendo demasiado estudiadas, cursis o barrocas; aunque también hay que aceptar que sí deben tener cierta cadencia que endulce el oído. Debemos buscar la difícil belleza de lo sencillo. El "I have a dream" de Luther King o el "Yes we can" de Barack Obama (que, por cierto, se tomó del mexicanísimo "¡Sí se puede, sí se puede!"). Pregúntate: ¿Si sólo tuviera diez segundos para subirme al escenario, qué tendría que decirles para lograr mi objetivo?

Si tu objetivo es fomentar el turismo en el estado de Tabasco en la próxima Semana Santa, simplemente di: "Esta Semana Santa visiten Tabasco, no se van a arrepentir." Si el objetivo es motivar la conformación de una fundación que proteja a la mariposa monarca, repite con frecuencia: "Juntémonos YA y cuidemos a la mariposa monarca." O si lo que quieres es decir que eres un político diferente, súbete y grita (o que te griten): "Sosa es otra cosa."

Ya te regalé dos. Ahora dime cuál sería tu frase mágica para los otros objetivos que nos habíamos planteado:

Objetivo 1: Crear conciencia y preocupar a la audiencia de cómo, sin saber y sin querer, estamos dando información mediante nuestros dispositivos electrónicos y redes sociales para que seamos susceptibles a un secuestro.

Objetivo 2: Persuadir a la gente para que cuando se enjabone y se ponga *shampoo* en la regadera le cierre a la llave.

Objetivo 3: Sembrar el deseo en los graduados para que sigan estudiando y felicitarlos por haber culminado el programa académico.

¿Qué tal? ¿Es más complejo y es un gran reto creativo, no? He aquí mis propuestas de posibles mensajes para estos objetivos:

Objetivo 1: Cuida hoy tu información digital o paga por tu vida mañana.
Objetivo 2: El agua es para quitarte el jabón, no para ponértelo, ¡ciérrale!
Objetivo 3: Felicidades porque hoy no estamos acabando, estamos empezando nuevamente.

Entonces teniendo tu mensaje definido, exponer no se va a tratar más que de hablar de tu tema mientras repites tu frase mágica. Ejemplo:

Estimados amigos:

Juntémonos **YA** y cuidemos a la mariposa monarca. Sí. Debemos juntarnos **YA** y empezar a cuidar a la mariposa monarca. ¿Por qué empiezo mi presentación así de directa? "Buenos días mínimo", muchos de ustedes estarán pensando, perdón, buenos días (mientras les sonríes). Pero no podemos esperar más. Es una tristeza que cada año, blah, blah, blah... blah, blah, blah..., por eso soy tan directo al decir: juntémonos **YA** y cuidemos a la mariposa monarca. Miren esta estadística: blah, blah, blah... blah, blah, blah... y no es sólo eso, sino que blah, blah, blah... blah, blah, blah..., si esto no nos hace reflexionar sobre que debemos juntarnos **YA** y cuidar a la mariposa monarca, no sé qué otra cosa lo hará. La primera vez que fui a visitar a la mariposa monarca blah, blah, blah... blah, blah, blah... blah, blah, blah... y ojalá pudiera viajar veinte años en el tiempo para gritarles a todos: ¡JUNTÉMONOS YA, CUIDEMOS A LA MARIPOSA MONARCA! Señores, no podemos dejar correr más tiempo, propongo blah, blah, blah... blah, blah, blah... y si así lo hacemos, blah, blah, blah... blah, blah, blah..., por lo tanto, así como abrí esta intervención de directo, también así de directo quiero cerrar, pues el tiempo apremia y tenemos que actuar rápido. Queridos amigos, juntémonos **YA** y ¡CUIDEMOS A LA MARIPOSA MONARCA! (Aplausos).

Al terminar la presentación si alguien preguntara: "¿De qué habló?", responderían que de la mariposa monarca. Y ante la pregunta: "¿Y qué te dijo?", pongo las manos al fuego de que la mayoría respondería algo similar a: "Que tenemos que juntarnos para cuidar a la mariposa monarca", habiendo logrado nuestro objetivo.

Y como bien te diste cuenta, en este ejemplo, en el que me tomé la licencia de sustituir la carnita por el "blah, blah, blah" (finalmente es el 98% que la gente olvidará), al inicio y en otras partes del discurso cambié la forma exacta como habíamos formulado la frase mágica. No te preocupes por ello pues es natural, siempre y cuando el sentido sea el mismo y la variación de palabras mínima. El chiste es que al final la frase mágica se formule de igual manera en el cerebro de tu interlocutor y cumpla con el objetivo.

Aquí no acaban los beneficios del mensaje. La frase mágica además se convierte en un **ancla** y en un **gancho**, tanto para el orador como para la audiencia, que la convierten en un puerto seguro. Mira por qué hago esta analogía náutica:

Ancla para el orador: la frase mágica te servirá de base para saber a dónde tienes que regresar. Cualquier temática que expongas siempre tendrá que volver a tu mensaje, convirtiendo la frase mágica en el puerto de destino de toda la carnita. De hecho, si algún día se te pone la mente en blanco y no sabes qué decir, el tener tu frase mágica te va a salvar, porque basta con mencionarla para acabar con el silencio incómodo y para que tu cerebro recuerde de qué estás hablando.

Ancla para la audiencia: en psicología informal, decir que algo lo tenemos anclado significa que no nos lo podemos quitar de la cabeza, como esa canción pegajosa que termina desesperándote y quieres que tu cerebro deje de cantar. La frase mágica generará ese mismo efecto. Se quedará tatuada en el cerebro de quien te escuchó y seguirá en su mente aunque no quiera.

Pero en psicología formal también existe el término *anclaje*. Lo acuñó la reputada psicóloga estadounidense Virgina Satir para un modelo de terapia familiar, y después Bandler y Grinder, creadores de la PNL (programación neurolingüística), lo retomaron con su autorización para crear su propio modelo. De manera muy resumida, Bandler y Grinder (1975) explican que un anclaje es un objeto, acción o pensamiento, que da acceso a otro pensamiento y que desencadena recuerdos y emociones. Como cuando escuchas una canción y te acuerdas de un viaje o hueles un perfume y te acuerdas de tu ex, funciona de forma similar al estimulo-respuesta del perrito de Pavlov. Entonces, la frase mágica se le quedará grabada a tu audiencia, cada vez que la recuerden, se acordarán de ti y, por lo tanto, de tu presentación y de tu temática. A partir de la frase mágica, se le despertarán recuerdos que servirán de puerto de partida para reconstruir la temática y se regenerarán las emociones que en su momento le causó, es decir, seguirá siendo persuasiva mucho tiempo después.

Gancho para el orador: si bien elegí la palabra *gancho*, la analogía náutica también hubiera funcionado con las palabras *amarre* o *cabo*, pues la frase mágica te servirá de nudo para amarrar toda la carnita y hará las funciones de hilo conductor en la estructura. Cada vez que termines de dar un punto o de hablar de un tema, dirás tu frase mágica o harás referencia a ella para abordar la siguiente temática, enganchando así los contenidos que de otra forma no tendrían secuencia. Además, este punto es el que hace que no parezcas disco rayado repitiendo una frase sin sentido, sino que lo convierte en un recurso estilístico que se percibe inteligente y agradable.

Gancho para la audiencia: en la música y, sobre todo en el rock y el pop, un *hook* o gancho es un elemento que le pones a la canción para captar la atención del oyente y hacerla más *catchy* (pegadiza) (Covach, 2005). Puede ser cualquier cosa: un *riff*, un pasaje, una instrumentación y, por supuesto, una frase. Para que lo entiendas mejor, *hooks* famosos son: "She loves you yeah, yeah, yeah!", de los Beatles, el "Ah ah ah ah, stayin' alive, stayin' alive", de los Bee Gees, o "Sweet Caroline", de Neil Diamond con todo y su "Pa pa paaa" incluido. Así de pegajosa será tu frase mágica. ¿Ya dejaste de cantar para continuar?

Dicho todo esto, podemos entender por qué el mensaje siempre ha sido la recomendación más importante a lo largo de la historia, cuando de hablar en público se trata. Ayuda a lograr el objetivo, a la memoria del orador y a captar la atención de la audiencia; como también ayuda a darle continuidad a la presentación, secuencia a la exposición y una larga vida en la memoria del oyente.

Y hablando de memoria, como no es recomendable hacerle como yo hace un momento y sustituir nuestro tema por "blah, blah, blah", mejor veamos cómo ayudar a nuestra ilación de ideas para que no olvidemos lo que tenemos que decir.

OLVÍDATE DE TU MALA MEMORIA Y ACUÉRDATE DE TODO

Ser natural es la más difícil de las poses.
OSCAR WILDE (1854-1900)

En épocas anteriores al *teleprompter*, Power Point, los acetatos, los carruseles de diapositivas, los rotafolios y hasta las tarjetas o cualquier implemento para llevar notas, la memoria era indispensable, pues era el único recurso con el que se contaba para recordar lo que se tenía que decir, por lo que los recursos nemotécnicos se fomentaban y se enseñaban en todas las escuelas del habla.

La memoria era una de las cinco partes de la *Retórica* de Aristóteles, también en el *Ad Herennium* vienen muchas técnicas para fomentarla, inclusive Quintiliano se refirió a la memoria como "el tesoro de la elocuencia" (Leith, 2012: 171); pero desafortunadamente esta gran habilidad para hablar en público se ha perdido, por eso impresiona tanto cuando vemos a alguien hablar sin notas por un largo tiempo. Aún sigue impresionando, aunque la persona traiga un Power Point o similar, pues como audiencia nos damos cuenta cuando éste solo es un complemento al buen dominio del orador, o si simplemente está leyendo un texto en voz alta.

Debemos aspirar a lo que en los albores del Renacimiento se le conocía como la *sprezzatura*, que se entendía como una actitud de despreocupación con el fin de ocultar toda técnica, para que lo que hiciéramos y dijéramos pareciera natural y sin esfuerzo (Castiglione, 2002). ¡Y esto es imposible lograrlo leyendo un guion o discurso!

El buen presentador es natural, y al ser natural aparenta confianza. La próxima vez que escuches a un buen presentador, date cuenta de que tal vez una de las principales causas por la que lo consideras bueno es porque habla de manera casual y natural, haciéndote sentir que se dirige a ti como en una charla de café entre amigos. A esto se le llama ser **conversacional**.

Aprovecho para decir que ser conversacional también es hablar de manera "normal", y no como presentador de programa de concursos, político de vieja escuela o falso predicador religioso que saca espíritus malignos. Pues si bien, como veremos en los temas relacionados con la voz y el lenguaje corporal, al hablar en público tendremos que ser un poco más teatrales y apasionados; no hay que confundir esto con ser dramáticos en exceso o sobreactuados.

Una cosa es la oratoria y otra muy diferente es la declamación. Cada vez que escucho a políticos, líderes sindicales y maestros de ceremonia baratos que hablan de manera exagerada, me pregunto: ¿Acaso cuando se bajan del escenario y van a sus casas siguen hablando de esa forma? "¡Oh, amado hijo!" (en volumen alto, con un sonsonete que alarga las vocales y con ademanes por arriba de sus hombros), "coadyúveme y hágame el honroso favor de acercarme esa suculenta salsa entomatada que su madre adquirió y a la que nuestros hermanos estadounidenses le llaman *Ketchup*...". ¡No!, de seguro sólo dicen: "Pásame la cátsup porfa...", entonces ¡¿Por qué diablos hablan así?!

François de La Rochefoucauld decía que nada impide tanto ser natural como el deseo de parecerlo, por lo que el buen orador no actúa ni pretende ser alguien más, sino que tiene su propio estilo potenciando su esencia.

Hasta ahora ya he dicho hasta el cansancio que soy enemigo de leer discursos. No obstante, su lectura puede justificarse en tres circunstancias: 1) Cuando las palabras van a reproducirse textualmente en otros medios y no puede haber margen de malinterpretación, como, por ejemplo, en un boletín de prensa. 2) Cuando el orador está repitiendo las palabras de alguien más; ejemplo: la lectura de un texto sagrado en una celebración religiosa. 3) Cuando eres el presidente (o similar) y tu cargo tiene tales ocupaciones que no puedes darte el tiempo de prepararlo, y para ello viajarás con *teleprompter* a todos lados. Si no es tu caso, ¡evita leer discursos!

Hay varias razones para no recomendártelo. La primera es porque nos mata la naturalidad. Koegel (2007: 121) dice: "[...] nunca serás excepcional si luces estudiado o rígido", y los discursos nos dan esta percepción de falsos, pues la palabra escrita no fluye tan natural como la espontanea palabra oral. Atkinson (2005) dice que cuando nos sentamos en una computadora a escribir, nos ponemos en "modo formal", lo que nos lleva a ser hipercorrectos, a pecar de usar muchas palabras domingueras que no son parte de nuestro día a día, y a limitarnos en el uso de expresiones acortadas (*pus*, en lugar de pues) o jerga que son comunes y naturales.

Además, el discurso leído es enemigo del lenguaje corporal, pues nos hace tener que estar agachando la cabeza, nos limita a estar todo el tiempo detrás de un atril y nos obliga a perder el contacto visual con el público. ¡Leer discursos cierra los canales de comunicación por donde lo veas!

Por último, siempre que vemos a un orador leer, dudamos si es el autor de las palabras o si alguien más las escribió por él, reforzando la falsedad de la que hablábamos. Por todo esto ve diciéndole adiós a leer discursos. Cada vez que veo a alguien hacerlo pienso: "Si te vas a dedicar a leer todo el tiempo, ¡mejor mándame la presentación por *mail* y te escribo si tengo dudas!"

¿Pero cómo le voy a hacer para acordarme exactamente de todo si no puedo llevar un discurso? Esa pregunta es imposible de responder, pues la palabra *exactamente* sale sobrando. Dale Carnegie escribió en su *Public Speaking for Success* que un buen orador al terminar su presentación debe quedarse con la sensación de que hubo varias versiones de su discurso: la que preparó, la que dijo y la que camino a casa le hubiera gustado dar. Lo que quiere decir que nuestro discurso tendrá variaciones, desvíos y errores imperceptibles que sólo nosotros percibiremos; esto generará una autocrítica final que va a darnos ideas sobre lo que pudo ser mejor. ¡Esto es muy bueno!

Así que la pregunta debería ser: "¿Cómo le hago para ser natural y acordarme de lo que tengo que decir?" Y la respuesta a esta pregunta es: con **ma-**

pas mentales y con **nemotecnia**. Ambos recursos fungen como las principales maneras de fomentar la memoria del presentador y lograr ser conversacionales.

Hablar de memoria en oratoria no se trata nada más de memorizar palabra por palabra, pues si bien esto es posible, también es muy complicado y hasta inútil. Usar la memoria como presentador se trata de arraigar en nuestra mente los elementos del discurso, de manera que cuando empecemos a decirlos, fluyan de manera espontánea y secuencial sin mayor esfuerzo.

Los mapas mentales son la visualización de la presentación en imágenes mentales que crean un mapa o esquema general de la misma. Su objetivo es ayudar a la memoria del orador dándole un "mapa" con los tópicos que vamos a decir. De hecho, la palabra *tópico* para los griegos (*topoi*) significaba *lugar*. El mapa mental nos va llevando de lugar en lugar para que no nos perdamos y responde a la naturaleza de cómo está diseñado nuestro cerebro para funcionar.

¿Te ha pasado que al presentar un examen, tratando de recordar una respuesta, te acuerdas perfecto que el concepto estaba escrito en las primeras hojas de tus apuntes, en la parte de arriba a la derecha, con cierto tipo de letra, color de tinta y hasta lo subrayaste con un marcador amarillo? ¡P ero no puedes acordarte de lo que decía! Pues así funciona nuestra mente.

Al parecer, la memoria reside en la misma parte del cerebro relacionada con la conciencia espacial: el hipocampo (Leight, 2012), por lo que nuestro cerebro transforma las relaciones verbales en imágenes mentales de carácter gráfico y espacial para recordarlas mejor. Por ejemplo, si yo te digo: "Un delfín rosa andando en patineta en el fondo del mar", a tu mente se viene la acción descrita en una sola imagen y no las letras y palabras: un-delfín-rosa-etcétera.

Por lo tanto, divide tú discurso en bloques temáticos y ponle un título breve a cada uno de ellos, luego transforma esos títulos en imágenes mentales de carácter gráfico. Por ejemplo: si en el discurso de Tabasco en una parte vamos a hablar del turismo arqueológico, sólo debemos imaginar una pirámide o una gran cabeza olmeca; y si otra parte la destinamos a la gastronomía, imaginaremos un pejelagarto asado con unos platanitos rellenos.

Una vez que tienes tu contenido temático de esta forma, piensa: "¿Si tuviera que desplegar mi presentación como un juego de mesa, qué aspecto tendría?" (Hoff, 1999: 37), y así, unirás con flechas todos tus dibujos partiendo de un inicio y llegando a una meta. De hecho, los mapas mentales deben trasladarse a papel, dándoles una especie de encanto infantil, pues al mirarlos nos ubicaremos en el mapa y nunca nos sentiremos perdidos.

Para explicártelo mejor, hice el mapa mental del tema dedicado al turismo en Tabasco; así me quedó:

Como te diste cuenta, yo no sé dibujar, por lo que tal vez no entiendas que lo segundo es una cabeza Olmeca, como tal vez sí captas que lo cuarto es una playa; pero eso no importa, ¡lo relevante es que yo sí sé qué es cada una de esas cosas!

Una vez tuve que enseñarle esto de emergencia a una CEO, considerada por la revista *Expansión* como una de las cinco mujeres más poderosas de México, a la que no le había gustado el discurso que su equipo le había preparado para un gran evento con mujeres emprendedoras al día siguiente. Después de ayudarle a definir su frase mágica, lo primero que hice fue solicitar que trajeran un rotafolios y plumones, le pregunté: "¿De qué quieres hablar primero mañana?" "Del ejemplo de esfuerzo y superación que me dio mi madre." Me contó una larga historia de cómo su mamá, a causa de su divorcio, tuvo que ponerse a trabajar: "Tuvo que colgar el delantal para ponerse un traje sastre." Al terminar de narrar este punto inicial, le solicité que dibujara en el rotafolios a su mamá quitándose un delantal, a lo que accedió extrañada. Entonces yo dibujé una pequeña flecha al lado de su dibujo y le pregunté: "¿Qué sigue?" Y así nos fuimos recorriendo su temática mientras dibujaba a su exjefe acosador, a la mujer indígena sin oportunidades y muchos otros garabatos más, hasta cerrar con un dibujo de varias mujeres arriba de una escalera.

Al terminar, la subí al escenario, puse en primera fila sus dibujos y le pedí que dijera de manera natural su discurso repitiendo la frase mágica cada vez que llegara a una flecha. ¡A la primera dio un discurso de media hora sin tener que leer!

Después, nada más le di unos cuantos consejos de cambio de volumen, lenguaje corporal, fórmulas de inicio y cierre y demás cerezas del pastel, dejándola segura y satisfecha de lo que tenía que decir al siguiente día. Al terminar, su equipo de trabajo que había videograbado todo le dijo: "Ok, jefa, nos vamos ahorita a transcribir el discurso para tenérselo listo para mañana." Ella, un poco molesta, dijo: "¿Qué parte de estas recomendaciones que me acaban de dar no entendieron? Por favor, mañana me ponen ESTE MISMO rotafolios frente al escenario ¡y nada más!" Y así fue, se llevó una gran ovación y excelentes comentarios al otro día.

Cuando trabajamos con mapas mentales, durante el proceso de creación estamos dibujando en nuestro cerebro imágenes que duran muchísimo más que las palabras, lo que nos permite evocar casi sin esfuerzo nuestra presentación. También esto nos obliga a trabajar en una superficie donde se puede ver todo el "problema" de una sola vez, quitándonos el peso psicológico de tener muchísimos papeles de complicadas letras que debemos decir. Además, como ya lo dije en el ejemplo, cada una de las flechas o la transición entre imágenes servirá para recordar que tenemos que decir nuestra frase mágica, asegurando su repetición y su transmisión.

Esta técnica también nos ayuda mucho al momento de practicar. En su momento, Quintiliano argumentó que: "Será conveniente aprenderlo por partes pues la memoria se fatiga con mucha carga", (Leith, 2012: 179). Así podremos practicar a profundidad cada una de las partes de la presentación por separado y no tener que recorrerla de principio a fin, pues sucede que lo que más hemos ensayado y repetido son los primeros minutos del discurso. De esta forma podríamos decir nuestra presentación a la inversa o ensayar la parte media, si así lo deseáramos.

Ok, ya tienes tu mapa mental, pero... ¿qué pasa si lo pierdes o lo olvidas? Por eso, lo ideal es grabártelo para siempre en la memoria como le hacían los antiguos griegos y romanos.

Nemotecnia

Hace muchos años, cuando yo empezaba a manejar, tuve una discusión con una novia que era exageradamente celosa; después de caer en un bache, le dije: "Qué guapa se veía Marisol el otro día." ¡Uyyy! ¡Me arrepentí de inmediato!, ya sabía lo que me esperaba: "¿Y me puedes decir tú qué haces pensando en Marisol?", fue la inevitable pregunta.

Para no hacerles el cuento largo, la discusión llegó a tal grado que acabó en dos horas de llanto y gritos (de su parte) afuera de su casa. "Y es que además no te importa, ni siquiera estás escuchando lo que te estoy diciendo", recuerdo que me dijo mi cuerda futura exnovia ¡Y claro que no me importaba! Acababa de descubrir por qué yo estaba pensando en Marisol y por qué mi novia no dejaba de echarme en cara cosas del pasado. ¡Vaya memoria tenía! Para mí, ese día fue el fin de una relación y el inicio de otra: el de las relaciones cerebrales.

En ese entonces no sabía qué era la nemotecnia, ni mucho menos cómo funcionaba nuestro cerebro, pero descubrí empíricamente que nuestra mente va pasando de una idea a otra de forma aparentemente arbitraria, pero que en realidad todo tiene una razón de ser. Caer en el bache me hizo recordar que un mes antes había ponchado una llanta, lo que trajo a mi memoria las palabras de mi padre, diciéndome que si ponchaba otra, la tendría que pagar yo. Esa amenaza a su vez me hizo recordar una charla con Pablo, quien me dijo que él conseguía llantas usadas en buen estado y muy baratas. Ojalá no tuviera que recurrir a él. Pero no tenía el teléfono de Pablo, aunque recordé que tuve esa charla con él en la despedida de su prima Fernanda, quien podría darme su teléfono si la contactaba antes de que se fuera de intercambio a Londres la siguiente semana con la hermana de Marisol, quien, por cierto, ¡qué guapa se veía ese día!

Así funciona nuestro cerebro. Por eso mi exnovia también pudo sacar a relucir todos los trapos sucios de la relación tan rápido. La discusión inicial no era fuerte, pero una cosa llevó a la otra, y nos aplastó como bola de nieve. Mi descubrimiento me hizo sentir como genio, quería aplicarlo, ¿cómo podía usar esto en un examen o para recordar un teléfono? (sí, en mi época teníamos que recordar teléfonos y muchas otras cosas más). Pero el sentimiento de genio me duró poco, pues un día un matailusiones me dijo que a todo eso se le llamaba nemotecnia y que se estudiaba desde la antigua Grecia, por lo que no era yo tan ingenioso.

Después de consolar mis penas con Marisol, me puse a estudiar sobre el tema y lo primero que encontré fue un curso con un argentino que me cambió la vida, pues a partir de ahí me enganché con el tema, lo estudié desde sus orígenes y desarrollé el hábito de cultivar la memoria. Mismo hábito que hoy te enseño en este libro.

La nemotecnia (también escrita como mnemotecnia, del griego μ μ, *mnéemee*, memoria, y *téchnee*, arte) es una serie de técnicas que consisten en asociar los contenidos y las estructuras que quieren retenerse (Sebastián, 2007). Confía en el principio de que el ser humano tiene el inconveniente de almacenar muchos datos y los recuerda más fácil cuando estos se encuentran conectados. Consiste en algunos métodos con los que se pretende aumentar la capacidad de retención de la memoria, mediante ciertas combinaciones o artificios. Son procedimientos de asociación de ideas, esquemas, ejercicios sistemáticos y demás mañas para facilitar el recuerdo de algo.

Existen muchísimas técnicas recomendadas para diferentes necesidades: para recordar números largos, para recordar fechas, nombres, procesos y muchas cosas más. Aquí te recomendaré las tres que considero que sirven para hablar en público y asegurarte una buena ilación de ideas. Haré hincapié en cuál es mi favorita y, por lo tanto, la que más te recomiendo, aunque tú serás libre de elegir, crear tus propias mañas mentales y alimentar esta habilidad con la gran cantidad de libros y cursos sobre la materia. Como te comenté, a mí me cambió la vida.

Desafortunadamente no recuerdo el nombre del argentino con el que tuve mi primer acercamiento al desarrollo de la memoria (vaya paradoja), ni tengo un solo apunte de su curso. Aunque aún recuerdo a la perfección la serie de palabras que nos teníamos que aprender en una dinámica de su taller. Quiero ponerte a prueba para ver cuántas de esas palabras puedes recordar. Échale un ojo a esta lista **una sola vez** y luego, **sin trampas**, deja pasar un par de minutos y escríbela nuevamente. ¿Listo?

robot, helicóptero, dinosaurio, ballet, fuego, libertad, carretera, sillón, payaso, plátano

¿Cómo te fue?, ¿te acordaste de cuatro, cinco, dos?, ¿respetaste el orden? Sea cuál sea tu resultado, te aseguro que dentro de muy poco no podrás quitarte estas palabras de la cabeza.

En su *De Memoria Artificiali* (1335), Thomas Bradwardine afirma:

> Supongamos que alguien debe memorizar los doce signos del zodiaco: es decir el carnero, el toro, etc. [...] Ha de imaginar en primer lugar un carnero muy blanco [...] De la misma forma, a la derecha del carnero se coloca un toro rojo [...] entonces el carnero, erguido, golpea con su pata derecha los grandes e hinchados testículos del toro [...] por medio de los testículos recordaremos que no es un buey castrado o una vaca.

Éste es el **método de asociación en cadena**, que consiste en asociar una primera idea con otra, para luego desaparecer la primera idea transformando la segunda en primera; y asociarla con una nueva segunda idea, y así sucesivamente. El chiste es que en tu cerebro únicamente tengas dos conceptos asociados en una sola imagen. Pongámosla en práctica:

Imagínate un robot.

Ahora liga a ese robot con un helicóptero. Usa tu imaginación con libertad: puede ser un robot piloteando un helicóptero, un robot que se transforma en helicóptero o un robot con un pequeño helicóptero en la mano. Lo importante es que estén ligados. No pongas al robot al lado del helicóptero. ¡Intégralos!

Después elimina al robot y deja al helicóptero solo.

Ahora liga al helicóptero con un dinosaurio. Tómate tu tiempo. En mi mente, por ejemplo, está el dinosaurio peleando con el helicóptero, como en película de *Godzilla*. ¡Pero ojo!, debo cerciorarme de no mezclar conceptos y tener presente que es un dinosaurio y no un monstruo. Entonces: dinosaurio peleando con helicóptero.

Elimina al helicóptero y deja solo al dinosaurio.

Sigue la palabra *ballet*. ¿Un dinosaurio con tutú te parece buena idea? Un poco ridículo ¡así funciona mejor!

Ahora deja solo el traje de ballet y lígalo con la palabra *fuego*. Una bailarina de ballet en llamas puede ser una imagen tan impactante como para que nunca se te olvide.

Toca el turno de unir *fuego* con *libertad*. Ésta es más difícil, pues cuando se trata de conceptos abstractos debemos esforzarnos en materializarlos. En este caso puedes usar a la Estatua de la Libertad incendiándose, o tal vez conoces a alguien que se llame Libertad y puedes ligarla de alguna forma con el fuego. Cada mente es diferente.

Deja *libertad* sola. Ahora te dejo continuar por tu cuenta: faltan *carretera*, *sillón*, *payaso* y *plátano*. Tómatelo con calma.

¿Terminaste? Muy bien, consigue una pluma para anotar la lista, pues lo único que tendrás que hacer es pensar en el robot y lo demás saldrá solo:

Robot, ______________________________

____

____

____

¡Impresionante!

Sin ver de nuevo las palabras, responde: ¿cuál está antes de *payaso*?, ¿cuál está después de *dinosaurio*?, ¿podrías decirlas a la inversa, empezando con *plátano*?

¡Más impresionante aún!

Esta técnica es muy buena, pues, además de servir para hablar en público, también te será útil para recordar la lista del supermercado y muchas otras cosas. Sin embargo, no es ésta la técnica que utilizo para hablar en público. ¿Cuál es mi crítica?, que si me preguntaras cuál es el sexto concepto de la lista tendría que hacer toda la secuencia desde el inicio. Veremos que hay mejores.

Si bien esta secuencia de palabras que acabas de aprender no tiene sentido, puedes ir suponiendo que el chiste es que los conceptos que recuerdes sean las imágenes mentales de los títulos que le pusiste a tus bloques de temas. Ejemplo: cabeza olmeca (para hablar de arqueología), plátano relleno (para gastronomía) o mamá con delantal, jefe acosador, etcétera.

Pasemos a la segunda técnica. Hace un rato dijimos que para los griegos los tópicos eran lugares, ya que su método de nemotecnia favorito era el de los ***loci***, también conocido como "el palacio de la memoria", (Leith, 2012).

Según Cicerón, esta técnica surgió cuando un noble de Tesalia llamado Escopas le encargó al poeta Simónides recitar unos versos en un banquete. Al terminar, le pagó la mitad de lo convenido, alegando que, puesto que el poema era en honor de los dioses Cástor y Pólux, éstos tendrían que ser los que le pagaran la otra mitad. En eso avisan a Simónides que dos jóvenes de aspecto radiante estaban preguntando por él. En ese momento, mientras salía a ver de quién se trataba, sin encontrar a nadie, se derrumbó el edificio y sepultó a todos excepto a él, que estaba afuera. ¡Los dioses le habían pagado su mitad! Por desgracia, los asistentes al banquete quedaron tan destrozados bajo los escombros que no fue posible saber quién era quién; entonces Simónides, que había asociado el rostro y nombre de cada invitado a su lugar en la mesa, fue diciendo quién era cada cual según su posición (Sebastián, 2007).

Loci significa *lugar* en latín. La técnica consiste en relacionar los conceptos a recordar con lugares que sean familiares para ti: tu casa, tu habitación, las calles de tu vecindario, etcétera. Después da un paseo mental por el lugar, mientras te vas topando con los conceptos que quieres recordar: "Las personas que desean educar la memoria han de seleccionar lugares, después generar imágenes mentales de lo que desean recordar y finalmente almacenar esas imágenes en los lugares", (Cicerón, 2001: 353-354).

Por ejemplo, en este momento estoy en mi oficina, y si miro a la derecha me encuentro la puerta de acceso cerrada, ahí hay un gancho para colgar mi saco. Colgado en ese gancho me debería imaginar al robot. Después seguiría el recorrido de derecha a izquierda, colocando el helicóptero en el librero, al dinosaurio sobre mi escritorio y a la bailarina de ballet metida en el bote de basura; seguir con otros lugares de referencia hasta llegar a la puerta del baño y por último colocar un plátano sobre el picaporte.

No sé dónde estés en este momento, pero mira a tu alrededor y utiliza el método de *loci* para memorizar esta corta lista de palabras:

cangrejo, jeringa, porrista, bomba, lupa.

¿Tiene su encanto, no?

A mí se me complica el método de *loci*, pues me distraigo con las cosas que hay en los lugares; pero sé que era el favorito de los clásicos griegos y romanos, que muchos oradores contemporáneos lo siguen usando y que, incluso, personajes como Sherlock Holmes, Hannibal Lecter y el personaje de la serie *El Mentalista* son fans de este método.

Puedo recomendar este método cuando no son más de cinco conceptos los que debemos recordar y cuando podemos anclarlos al lugar donde vamos a presentar. Por ejemplo, se me hace muy útil cuando, en un auditorio vacío, puedo fusionar mi primer concepto a recordar con algo que esté en la pared izquierda del escenario. Lo segundo con la pared de fondo, lo tercero con la de la derecha, lo cuarto sobre el mismo escenario, y cerrar con algo que coloco en medio del público. Si no es el caso, difícilmente lo utilizaré.

Es importante mencionar que los lugares a asociar y recorrer también pueden ser otras cosas, como, por ejemplo, las partes de tu cuerpo. Así, empezando de arriba abajo, te imaginarías que tienes un robot parado en la cabeza, que en la nariz te revolotea un minihelicóptero al puro estilo de una mosca molesta, que en el pecho tienes tatuado a un dinosaurio y que en el ombligo te da vueltas una bailarina de ballet que te hace cosquillas. Sé que ya lo entendiste, por eso no continuaré bajando por tu cuerpo, pues sigue el fuego y puede ser muy doloroso.

Ahora sí, llegamos a mi técnica favorita, la que uso en casi todos los discursos que doy. Es el **método de asociación numérica**, que al principio puede sonarte confuso, pero, créeme, una vez que lo haces tuyo difícilmente lo dejas ir.

Esta técnica viene en el *Ars Memoriae: The Art of Memory Made Plain*, de mediados del siglo XVII, en donde a su autor, Henry Herdson, se le ocurrió utilizar números como una alternativa al método *loci* (Sebastián, 2007). Consiste en transformar cada número del 1 al 10 en un objeto que lo represente, ya sea por sus formas o por lo que a ti te recuerde ese dígito. Por ejemplo, el 1 puede ser una columna u otra cosa de forma vertical, también puede ser un trofeo de campeón o el mazo de barajas del juego UNO. ¡Esta acción es personal y al único que le tiene que dar sentido es a ti!

En mi caso, por ejemplo, el número 2 es un cisne y el 3 el diablo. ¿Por qué el diablo es el 3?, pues porque me lo imagino como el diablo de la lotería mexicana con su trinche. Para ti puede ser la Santísima Trinidad, Tritón o Tres Patines de *La Tremenda Corte*, da igual. El chiste es que ese concepto esté muy arraigado en tu cerebro y que una vez elegido no lo cambies.

Está comprobado que desde pequeños todos le hemos dado este tipo de asociaciones a los dígitos de manera consciente o inconsciente. Si para mí el 2 es un cisne, es porque recuerdo que me ponían a dibujarlos durante mi educación preescolar; hay otros números, como, por ejemplo, el 8, que no fue sino hasta que ya de adulto hice por primera vez este ejercicio de imaginación, que me di cuenta de que el 8 es un chango. Sí, muy extraño. Y es que toda mi infancia la ventana de mi cuarto daba hacia una miscelánea que tenía este número de domicilio, pero que algún vándalo le hizo un grafiti *amateur* poniéndole extremidades, orejas y cola, y lo convirtió en un peculiar primate.

No quiero seguir diciéndote mis números para no sesgarte, pues repito que es un ejercicio personal. Mejor te pido que te tomes tu tiempo para elegir los tuyos.

1	2	3	4	5
6	7	8	9	0

Te dejo esta tabla para que dibujes tus representaciones. Te darás cuenta de que en lugar del 10 puse el 0, así será más fácil que lo relaciones con algo. Luego de darle vida a nuestros números, debes casarte con esos conceptos para siempre y no cambiarlos para evitar confusiones. Así empezarás con el proceso de memorización, que será tan sencillo como relacionar los "números" con el objeto a recordar.

Ejemplo: si en la primera lista que hicimos, el octavo concepto era *sillón*, me debo imaginar a un chango sentado en un sillón, ¿y tú? De esta manera, si a mí me preguntan cuál es el octavo concepto, no pienso en *ocho* sino en *chango*, viniéndose de inmediato a mi memoria la palabra *sillón*. Y si me preguntaran a la inversa qué número es *sillón*, pensaría en el chango sentado, por lo que digo *ocho*.

Recuerda otra vez tus conceptos de números y usa esta técnica para memorizar la siguiente lista de palabras:

zapato, tumba, reloj, licuadora, nube, saltar, pimienta, desodorante, futbolista, dientes.

¿Ves cómo este método es el más fácil una vez que tienes muy claros tus números?

Al hablar en público, el método de la asociación numérica tiene muchísimas ventajas: nos ayuda a medir nuestros tiempos sabiendo cuántos conceptos nos faltan decir; nos facilita practicar la presentación por bloques y no toda de corrido; si quieres practicar la parte media, recurres a hablar del número 5 y 6 solamente; y si en algún momento tu presentación tuvo que interrumpirse para reanudarse tiempo después, te sentirás más ubicado sabiendo de qué ya hablaste y sobre qué te falta hablar.

Una vez que domines la técnica, diviértete sorprendiendo y apostando con tus familiares, amigos y compañeros de trabajo, pidiéndoles que te digan diez palabras (que un testigo las vaya apuntando, tú simplemente grábalas en tu memoria) para que después te pongan a prueba. ¿Qué pregunta quieres que te hagan?: ¿Cuál era la 5?, ¿qué número es X palabra?, ¿qué palabra está antes de esa?, dime sólo las pares, dilas de atrás hacia adelante, ¡y nunca fallarás!

Difícilmente tendrás que recordar más de diez conceptos temáticos por presentación, pues por lo general son entre cinco y diez por una hora de conferencia. Pero si se diera el caso de que tuvieras que hablar por dos horas y media, lo que haces es mezclar las técnicas, usando tal vez la asociación numérica para la primera hora, la asociación en cadena para la segunda y los *locis* para la media hora final.

Una vez que hayamos visto de esta forma nuestras presentaciones, reaccionaremos de manera diferente ante ellas. Cuando nos levantemos a hablar en público, estaremos muy familiarizados y seguros de lo que tenemos que decir, sabiendo que nunca se nos pondrá la mente en blanco. Haremos que cualquier apunte, presentación, tarjeta o hasta el mismo dibujo del mapa mental se conviertan en herramientas para darnos seguridad, pues el mapa ya lo traeremos grabado en la cabeza, como cuando por tranquilidad al manejar ponemos el GPS, aunque conozcamos la ruta.

De esta forma llegamos al final del capítulo dedicado a los hábitos. Cualquier discurso bien preparado está pronunciado casi en su totalidad, decía Dale Carnegie (2005). Que prepararte y hablar en público sea algo habitual en ti. Prepara y prepárate mucho. Practica en cualquier momento. Piensa que la única forma de aprender a hablar en público es hablando y simplemente... ¡H.A.B.L.A.!

2. ABRE FUERTE

LA PRIMERA IMPRESIÓN ES LA QUE CUENTA

Quien da pronto da dos veces.
SÉNECA (2 A. C.-65)

Desde el siglo XIX, William James en sus *Principios de Psicología* decía: "Una primera impresión, cuando es emocionalmente excitante, puede dejar una cicatriz en el tejido cerebral", (1890: 670). Como consultor en imagen pública, siempre que me preguntan si es cierta la tan sobada frase: "La primera impresión es la que cuenta", ya me acostumbré a responder vagamente que sí, sin dar mayores explicaciones, pues explicarla desde el punto de vista de la imagología, sería tener que elevarla a su carácter científico y meterme a los interesantes y profundos temas de la psicología de la imagen; que es la materia que aborda la neurociencia social para ponerla al servicio de la reputación. Pero considero que aquí sí es prudente escarbar un poco más en la frase de "la primera impresión" y, quizá, sea más prudente empezar aclarando qué es eso de la neurociencia social.

La neurociencia social es la unión de las neurociencias con la psicología social. De la Hera la define como: "[...] la disciplina que estudia el modo en que los sistemas nerviosos (central y periférico), endócrino e inmunológico, se encuentran implicados en los procesos socioculturales" (2008: 193); o lo que es lo mismo, cómo lo que pasa en nuestro cerebro influye en nuestra vida social y cómo lo que pasa en nuestra vida social influye en nuestro cerebro. Cuando hablamos de los primeros minutos de la presentación, lo que pasa en nuestro cerebro y en el de nuestra audiencia es fundamental para dar una buena primera impresión como oradores, pues el proceso cerebral que decodifica los estímulos toma unos cuantos segundos.

¿Cuántos segundos? Los científicos no se ponen de acuerdo. Para Bargh, Burrows y Chen (1996) de la Universidad de Yale, son dos décimas de segundo, pero me he encontrado libros que aseguran que son cinco segundos y otros que consideran hasta doce. Da igual los segundos o minutos exactos que sean, lo importante es que son los primeros momentos del discurso los que constituyen el prejuicio que sentará las bases de lo que será el resto de la percepción. Después de haber pronunciado sus primeras palabras, se categorizará al orador como bueno o malo, interesante o aburrido, etcétera. Y la actitud de la audiencia habrá quedado predispuesta a aceptar o rechazar lo que se le propone.

¡Por eso el comienzo es tan significativo! Ahí se logra la empatía con la audiencia y ahí la enganchamos al superar sus expectativas. Si bien los primeros minutos son los más relevantes, debo decirte que sin duda también son de los más difíciles, pues es cuando más ansiosos nos ponemos.

Por lo tanto, ¿cómo le hacemos para abrir fuerte? Principalmente haciendo tres cosas: controlando la ansiedad inicial, logrando empatía con la audiencia y utilizando fórmulas de inicio.

Para hablar de fórmulas de inicio y control de la ansiedad tendremos apartados completos. Si bien sobre el tema de empatía ya hemos hablado, a continuación veremos un tema interesante para engancharla aún más desde el inicio, pues en los primeros segundos de la presentación pasan cosas que ante los ojos de quienes no somos neurocientíficos parecen magia.

"Dirígete al corazón, no al cerebro" es una frase que, les comentaba, repito con frecuencia a mis clientes. Después de entrevistar al doctor Eduardo Calixto, jefe del Departamento de Neurobiología del Instituto Nacional de Psiquiatría Ramón de la Fuente Muñiz, creo que debo de cambiarla a: "Dirígete a la amígdala, no a la corteza prefrontal". De esa entrevista retomo la mayoría de las afirmaciones de este apartado y el siguiente.

La amígdala, cuerpo amigdalino, complejo amigdalino o amígdala cerebral, es un conjunto de núcleos de neuronas, cuyo papel principal es el procesamiento y almacenamiento de reacciones emocionales. Después de procesar las emociones, la amígdala interactúa con el sistema endocrino y el sistema nervioso periférico para producir reacciones en nuestro organismo. Yo la defino de una manera más profesional, científica y académica como: "Una madre en forma de almendra que tenemos en el cerebro y que guarda nuestro instinto animal, culpable de hacernos sentir fregón, pero también basura, y promotora de nuestras más bajas pasiones." Creo que mejor dejo las definiciones al doctor Calixto, ¿no crees?

La amígdala es muy importante porque nuestra mente decide mayoritariamente, basada en sentimientos. Los doctores David Sobel y Robert Ornstein, neurólogos del Centro Médico de la Universidad de California, sobre esto apuntan: "Desearíamos que un componente racional y juicioso del cerebro humano controlara esta gama de talentos, desafortunadamente para los que piensan de esta manera, y afortunadamente para la supervivencia del organismo, el sistema operativo mental de control y mando está más íntimamente ligado con las emociones [...]", (Gordoa, 1999: 41-42).

Cuando en los primeros segundos la audiencia percibe al orador, no hace un juicio racional sobre él, sino que únicamente siente, haciendo que la amígdala procese esas emociones como agradables o desagradables y segregue una serie de hormonas y demás neurotransmisores que ponen en acción al organismo; predisponiendo a la audiencia a aceptar o rechazar lo que ahí sucederá y dejándola en un *mood* (estado anímico) para el resto de la presentación. Esto es la base de la empatía. Es como cuando conoces a alguien y desde que los saludas sabes que vas a hacer *click* o, por el contrario, te da mala espina.

En este plano de empatía las cartas están a nuestro favor como oradores, pues biológicamente, los seres humanos estamos diseñados para entendernos aunque no queramos. Sin importar qué tan diferentes seamos, ni las barreras culturales que nos separen, los seres humanos compartimos los mismos impulsos, necesidades e intereses, que nos dan la capacidad de sentir empatía por los demás (Mosterín, 2006). Esta capacidad de entendernos y sentir empatía se refuerza cuando estamos en una audiencia, pues, como vimos, la conformidad social hace que nuestra actitud se iguale a la de la mayoría del grupo. Todo esto sucede gracias a lo que para algunos científicos es uno de los descubrimientos más importantes de las neurociencias: las fascinantes neuronas espejo.

Cuando percibimos una emoción ajena, en nuestra corteza cerebral se activan las mismas zonas de la persona que sintió la emoción (Grande-García, 2009). Las neuronas espejo son las que nos hacen llorar al ver una película o las que hacen que celebremos un gol como si nosotros lo hubiéramos anotado. Nuestras neuronas "reflejan" la acción de otro, por eso el nombre de neuronas "espejo". Estas acciones pueden imitarse, como el inevitable bostezo cuando ves a otros bostezar (es más, te reto a que no bosteces en este momento mientras repito la palabra bostezar y te imagines que yoooo... en essste momento esssstoooоy bostezaaaando), o simplemente pueden sentirse, como cuando ves en la tele al deportista que aparatosamente se rompe la pierna y sientes que no puedes ver porque, literalmente, te duele. Es la empatía en su sentido más biológico.

Sobre las neuronas espejo, su descubridor, Giacomo Rizzolatti, comenta: "Somos criaturas sociales. Nuestra supervivencia depende de entender las acciones, intenciones y emociones de los demás. Las neuronas espejo nos permiten entender la mente de los demás, no sólo a través de un razonamiento conceptual sino mediante la simulación directa. Sintiendo, no pensando", (Rizzolatti, Fogassi y Gallese, 2001: 661).

Si bien son importantes en todas las actividades de la vida, al hablar en público las neuronas espejo pueden ser unas grandes aliadas, pues los seres humanos copiamos lo más significativo a nivel emocional de quien captura nuestra atención y pueden poner a la audiencia en el *mood* que tú quieras (Rizzolatti y Sinigaglia, 2006). Al pararte frente a un auditorio te conviertes, aunque no lo quieras, en el protagonista del momento, por lo que la atención está garantizada. ¿Qué quieres que copien de ti?

En suma, las neuronas espejo se activan mucho más con las expresiones faciales, con los ademanes y con los movimientos del cuerpo en general (te pido que este tema lo tengas muy presente en el capítulo dedicado al "Lenguaje corporal"). Si al inicio la audiencia ve a un individuo agachado, que no sonríe, que evita el contacto visual, que luce dubitativo o que hasta tiembla, suda y se frota las manos todo el tiempo, sentirá esas mismas dudas, inquietudes y ganas de escape que tiene el orador. Para que no te pase, veamos el tan esperado tema de control de la ansiedad.

99% de la población tiene miedo a hablar en público, el 1% restante no tiene nada interesante que decir.
JAROD KINTZ (2011)

Cuando alguien pide consejos para controlar el miedo a hablar en público, tarde o temprano va a salir la recomendación de imaginarte a tu público desnudo. Este consejo ha aparecido en programas de televisión como *The Brady Bunch* o *Cheers* y hasta es el título de un libro para hacer presentaciones (*Puedo verlo desnudo*, de Ron Hoff). Si bien es la más popular de las sugerencias para controlar los nervios, a menos que estés hablando en la convención de "las angelitas" de Victoria's Secret, ¡no te la recomiendo!, pues la experiencia no será muy agradable.

Cuando hacemos presentaciones queremos estar tranquilos y concentrados, por lo que imaginar a nuestra audiencia desnuda nos pondrá más nerviosos y, en muchos casos, como el del gordo acalorado que llegó tarde o el de la viejita comiendo pistaches que está sentada en primera fila, ¡hasta pavor nos dará!

Y aunque en términos coloquiales le llamamos "miedo a hablar en público", la realidad es que existen diferencias entre miedo y ansiedad. Por un lado, el miedo es la reacción inmediata ante una amenaza explícita, cuya fuente tenemos muy bien ubicada y evitamos a toda costa; como cuando te sale un perro agresivo y te empieza a gruñir. En este caso, ubicas la fuente: el perro, detectamos sin problemas la amenaza: me puede atacar, y reaccionamos prudentemente al respecto: corremos o nos protegemos.

La ansiedad, por otro lado, es más un estado de inquietud y agitación un poco más duradero, cuya fuente o amenaza no tenemos clara, pues es más generalizada, y ante la cual no tenemos una reacción precisa, sino que continuamos con nuestras funciones de manera más o menos regular. Un ejemplo sería la forma en que actúa un papá en la sala de espera durante el parto, lo que sientes cuando estás apostando, o la angustiante espera de los resultados de un estudiante ante su examen profesional o de admisión a la universidad. Bernston, Cacioppo y Sarter (1998) mencionan que en estos casos sabemos que algo va a pasar, bueno o malo, pero nada más no podemos estar tranquilos.

Algo interesante, como pudiste ver, es que, a diferencia del miedo, cuando estamos ansiosos la amígdala no sabe procesar ni identificar con claridad si esas emociones las estamos sintiendo por algo positivo o por algo negativo. En su libro *Brain Rules*, el doctor John Medina (2008) dice que los mismos mecanismos que hacen que nos hagamos pequeños ante un depredador, son los mismos que usamos al tener sexo o comer pavo; o sea, que al parecer para nuestro cerebro son similares un tigre siberiano, un orgasmo y el *gravy*.

Explicadas entonces las diferencias entre miedo y ansiedad, puedo decirte que la aplastante mayoría de los seres humanos lo que tenemos al hablar en público es ansiedad, aunque no sabemos si lo que esperamos son cosas buenas o malas. Aunque, cuando estamos ansiosos, los seres humanos tendemos a ser fatalistas, pues pensamos mucho más en lo que puede salir mal que en lo que puede salir bien, por lo que como oradores pensamos en que haremos el ridículo, que la gente nos criticará, que nos equivocaremos y todos los peores escenarios posibles ante los ojos de nuestra audiencia.

Debo aclarar que sí hay personas que sienten miedo a hablar en público, tal cual. Se les clasifica como *glosofóbicos*, y si bien, la gran mayoría puede superar su fobia de manera personal, existen casos más graves en los que se deberá acudir a terapia.

El origen del miedo o la ansiedad al hablar en público es diferente en cada caso, pero generalmente las causas pueden ser atribuidas a experiencias negativas vividas con el uso de la palabra desde la infancia (Rothwell, 2004), como haber hecho el ridículo, cometido una equivocación o habernos sentido vulnerables ante los ojos de los demás.

Muchos padres y maestros cometen errores sin querer, justificados en diversión o educación, que pueden generar traumas relacionados con el uso de la palabra. Al bebé de dos años que en la intimidad del hogar baila y hace otras gracias, puede intimidarlo cuando lo suben a la mesa de la comida multitudinaria y le piden que haga la misma acción; o al estudiante que lo hacen pasar al frente del aula para demostrar ante todos que no sabe, se le puede generar el sentimiento de que es malo y que no tiene nada bueno que decir ante los demás.

Otra causa de la ansiedad puede ser lo que llamo tener "telarañas en la boca". Si evitas hablar en público bajo cualquier pretexto, la lenta y progresiva acumulación de negativas y evasiones acaba por convertirse en inexperiencia e inseguridad; haciendo que cuando llegue el inevitable momento de pararse a hablar en público, los síntomas de la ansiedad sean mayores o incluso se transformen en glosofobia. En *The Art of Public Speaking* (1915), Dale Carnegie hace una analogía con los caballos que se asustan y relinchan con los trenes y coches y cómo actúan sus dueños. Cuenta que cuando esto pasa, los dueños no encierran a sus caballos en un establo hermético a la mitad de la nada, sino que los sacan a pasear y a alimentarse cerca de las carreteras y las máquinas para que se acostumbren a ellas. Las primeras veces opondrán un poco de resistencia, pero a la semana su comportamiento será normal. Igual tú, mientras más hables menos ansiedad sentirás.

Sea cual sea la causa, cuando el cuerpo tiene miedo o se siente ansioso, se produce una sobrexcitación de la amígdala, que para salir adelante genera "drogas". Mismas que generamos cuando nos viene persiguiendo un perro, cuando apostamos o con el "taca taca taca..." de la lenta subida en la montaña rusa. Y estas drogas son muy útiles pues, si nos viene persiguiendo un perro, nos ayudan a correr más rápido o a no sentir el dolor si nos muerde.

¿Cuáles son estas drogas? El **cortisol** y la **adrenalina**.

El cortisol es una hormona que se libera en respuesta al estrés. Su función es mantener estables algunas partes internas del cuerpo, compensando los cambios en su entorno, mediante el intercambio regulado de materia y energía con el exterior. O sea que cuando hay estrés y el cuerpo no nos funciona bien, el cortisol ayuda a regularlo. Por su parte, podríamos explicar la adrenalina como un *shot* de hormonas y neurotransmisores que nos pone en ventaja y control durante el efecto huida o los momentos de dolor y lucha. ¿Nada mala la mezcla de cortisol y adrenalina, no? Pero qué crees... ¡que para hablar en público no nos sirven de nada!

No vayas a creer que, así como cuando viene persiguiéndonos un perro, la adrenalina hace que casi casi nos salgan alas para subirnos a un árbol, al hablar en público nos va a transformar en Churchill u Obama. ¡No! Como toda droga, el cortisol y la adrenalina tienen efectos secundarios. Lo que nos va a pasar es que vamos a sufrir sus desagradables consecuencias: sofocación, hipertensión, temblores, contracción de los vasos sanguíneos, elevación exagerada de azúcar en la sangre, náuseas, ganas de ir al baño, ruborización, rigidez, incremento de la frecuencia cardíaca con sus correspondientes taquicardias y arritmias, cefaleas, síndrome del avestruz (evitar contacto visual y deseos de escape), dilatación de los conductos de aire, sudoración, voz débil, carraspeos, sed, falta de lucidez, movimientos involuntarios como balanceo de cadera, desplazamientos repetitivos, movimiento constante de una pierna, bailoteos, entre otras bellezas relacionadas con el sistema nervioso parasimpático, ¡que de simpático no tiene nada! Pues pareciera que lo hace por molestar, diciéndonos de manera sarcástica: "Ahhh... ¿estás nervioso?, ¡pues ahí te van estos regalitos!"

El cortisol es más duradero y lo sentimos desde el momento que nos avisan que tenemos que hablar en público, y se va incrementando mientras más se acerca la presentación. La adrenalina, por el contrario, es como un subidón, que llega al momento en que nos ceden la palabra o dicen: "Y recibamos con un fuerte aplauso a..." El adrenalinazo te durará alrededor de diez segundos y después irá disminuyendo; mientras que el cortisol disminuirá a medida que vayas aclimatándote y agarrando ritmo. Por eso te digo que los primeros minutos son los más difíciles, pues además de preocuparte por dar una buena primera impresión, lograr empatía y acordarte de lo que tienes que decir, debes lidiar con este par de invitados incómodos que nos hacen malas jugadas.

El problema de los efectos secundarios del cortisol y la adrenalina relacionados con las primeras impresiones es todavía más catastrófico. Lo digo por cuatro razones. La primera es por las percepciones que genera: si sudas, te pones rojo, se te olvidan las ideas o te tiembla la voz; la gente va a pensar que estás nervioso, inseguro y que no te preparaste.

La segunda es porque se convierte en un círculo vicioso. Piensa, cuando algo te da vergüenza y te pones rojo, ¿qué pasa si alguien te lo hace notar con un burlón: "Te pusiste rojo"? ¡¡¡Pues te pones morado!!! Es lo mismo, si el cortisol y la adrenalina provocan que, por ejemplo, te empiece a temblar la voz o las manos, tu cerebro piensa: "Ups, estoy temblando", y manda una señal de alerta porque necesitas ayuda, metiéndote otro *shot* de adrenalina y aumentando el cortisol, por lo que empiezas a temblar más fuerte, pero ahora a sudar y así sucesivamente.

La tercera razón, que sin duda es la más grave de todas y el origen de todo el problema, es que estas drogas ponen a trabajar los motores del cuerpo a *full*, aumentando la ingesta de oxígeno. Un motor necesita combustible, y el combustible de la máquina perfecta que la naturaleza nos dio es el oxígeno.

Para que un coche funcione necesita gasolina; cuando la gasolina se está acabando, el coche te avisa con anticipación. Si aun con el aviso no cargas y dejas que el indicador llegue hasta el límite, tendrás la reserva de gasolina que te permitirá seguir avanzando un poco más.

¿Por qué te explico esto?, porque los seres humanos vivimos en la reserva todo el tiempo. Es como si a un coche le echaras un chorrito de gasolina para avanzar unos metros y luego tuvieras que echarle otro poquito para caminar otro poco y así sucesivamente, hasta el momento en que el coche se hiciera viejo y muriera o tuviera un accidente de pérdida total. Si a ese coche que sobrevive de chorritos de combustible, llegara un ladrón a robarle un poco de su gasolina o le diéramos un acelerón a fondo que consumiera más de lo posible, dejaría de funcionar bien, se ahogaría, perdería potencia, le saldría humo y se apagaría.

El cortisol es ese ladrón y la adrenalina el acelerón. Un cuerpo desoxigenado es un cuerpo que no piensa bien, que no actúa bien y que somatiza todos los desagradables efectos que mencionamos. Es un problema de falta de gasolina y de conseguirla desesperadamente. Ocurre una broncodilatación que nos obliga a respirar más rápido para ayudar al corazón a bombear a un ritmo mayor y distribuir el oxígeno hacia todos los lados donde hace falta. Fíjate cómo cuando te asustan, tienes un accidente, te asaltan, te peleas o te sometes a cualquier situación que te altere y te ponga alerta, lo primero que pasa es que el corazón se te acelera y tu respiración se agita.

Y la cuarta y última razón que voy a decirte para que comprendas por qué el escenario es catastrófico, es que hay una estrecha relación entre respiración y voz. Al faltar respiración, la voz se debilita comunicando timidez, y si queremos subir el volumen, salen los famosos "gallos". Como veremos en el capítulo de "Buena voz", nuestras exhalaciones son el vehículo del sonido que emitimos, y si apenas podemos meter aire, imagínate poder sacarlo con fuerza.

Híjole, con razón a la gran mayoría de las personas no les gusta hablar en público o hasta existen estudios que definen esta actividad como el miedo número uno de la humanidad. Y te tengo una mala noticia... ¡la ansiedad a hablar en público no se quita!

"Muéstrame a alguien que diga: 'Yo nunca me pongo nervioso al hablar en público' y yo te mostraré a alguien que no merece confianza", (Hoff, 1999: 76). El día que dejes de sentir ese nerviecito antes de hablar, ese día le perdiste el respeto al gran compromiso que es abrir la boca enfrente de los demás, y seguro fallarás. Pero si bien la ansiedad de hablar en público no se quita, sí se controla y se canaliza a nuestro favor, disminuyendo a niveles no sólo tolerables, sino hasta disfrutables. ¡Tú puedes controlar la ansiedad antes de que ésta te controle a ti!

Evidentemente el grado de ansiedad variará según la importancia del momento y el tipo de auditorio al que nos dirijamos. No es lo mismo actuar ante una audiencia que te conoce y con la que hablas regularmente, que hablar en un debate político televisado ante millones de personas. Pero sea cuál sea el grado de ansiedad, debes aprender a convivir con ella y, sobre todo, a vacunarte para disminuirla y no perder el control. Para lograrlo, quiero centrarme en los que considero los antídotos psicológicos y físicos contra la ansiedad.

Antídotos psicológicos

Los antídotos psicológicos contra la ansiedad son la preparación mental, la empatía con la audiencia y la facilidad en la ilación de ideas. Sobre la empatía ya hablamos lo suficiente y para la ilación de ideas cuentas con los mapas mentales y la nemotecnia. Por lo que nos centraremos en el importante tema de la preparación mental.

Alejandro Dumas (1803-1870) declaró que los peligros desconocidos son los que inspiran más temor. Ahí es donde radica, por ejemplo, el éxito de las casas de los sustos y las películas de terror, pues no sabes en qué momento te espantarán ni qué lo hará, porque te agarran desprevenido. Yo soy un amante del buceo y siempre he sentido una atracción hacia los tiburones. Así que decidí ir un mes al Pacífico Sur para tener avistamientos. Me hospedé en una pequeñísima isla desierta llamada Sauvage, cerca del atolón de Rangiroa; ahí, todos los días al despertar veía las aletas de al menos una docena de tiburones dándo vueltas a la isla (sí, como en caricatura de náufrago). Mi rutina era ponerme un visor y esnórquel para nadar hasta las otras islas cercanas, mientras dos o tres escualos me seguían. Extraño todos los días la sensación de tranquilidad y relajación de esos momentos.

"¿Pero estás loco?", has de preguntar. "¡Qué manera de arriesgarte, no seas tonto!", un par de amigos me comentaron. Y no, ni loco, ni tonto, ni arriesgado; de hecho, todo lo contrario. Estaba totalmente preparado para cualquier eventualidad, que, además, sabía que si sucedía, no tendría nada que ver con los tiburones, pues mi arma más poderosa era el conocimiento. Conocía a la especie, su tamaño máximo, su hábitat, la sobrealimentación que tenían, la estadística de cero ataques y tenía toda la capacitación de lo que debía y no debía hacer. Si no hubiera conocido al espécimen a profundidad y me hubiera metido al agua, eso sí hubiera sido una locura y un gran riesgo. Y si no supiera nadar o me metiera al agua con un *sashimi* de atún en la bolsa, claro que sería una gran estupidez.

Los principales antídotos psicológicos contra la ansiedad al hablar en público son la preparación y el conocimiento. Cuando dominas algo, dominas el cortisol y la adrenalina, pues sientes que tienes el control. ¡Tú ya conoces a tu espécimen y tienes todo lo necesario para echarte al agua con seguridad! De eso se trató el capítulo anterior. Pero hay otras recomendaciones de preparación mental que debes saber:

Calla al crítico y despierta al sabio: ¿has escuchado una voz interna que te juzga y tiene pésimos comentarios sobre ti? Ése es nuestro diálogo interno jugando en nuestra contra. El crítico tiene buenas intenciones, cree que nos ayuda, pero en realidad nos protege, pues siente que somos vulnerables al fracaso. Y así como tenemos al crítico, también dentro de nosotros hay un sabio. El sabio hace que en este momento respiremos, bombeemos sangre, renovemos células o hagamos muchas cosas en automático. Si pudiéramos delegar estas funciones al crítico, probablemente moriríamos o nos volveríamos locos. Pero si delegáramos la función de hablar en público al sabio, ¡seríamos excepcionales! Tenemos que callar o cambiar nuestro diálogo interno, que nos hace menos y nos boicotea. Visualiza el éxito: Neil A. Rock dice que nuestra mente no reconoce la diferencia entre una presentación real y nuestra imaginación, por lo tanto, imagínate dando un buen discurso y las reacciones positivas de la audiencia. Piensa en los buenos comentarios que al final vas a recibir. Cree firmemente en que el público va a estar interesado en lo que les vas a contar y ten confianza de que vas a desarrollar la charla con éxito. ¡Démosle una lección al crítico, enseñándole que sí podemos!

No eres el único: recuerda que todas las personas se ponen nerviosas al hablar en público y es normal lo que estás sintiendo. He sido consultor en imagen pública de artistas, conductores y políticos, para los que estar en un escenario es parte de su rutina diaria. He presenciado cómo, sin importar que lo hagan a diario, algunos síntomas de la ansiedad siguen reluciendo. Mark Twain decía que había dos tipos de oradores: los que se ponían nerviosos y los mentirosos.

No veas al público como una amenaza: si están en esa audiencia es porque algo quieren y tú se los puedes dar. No los veas como una manada de leones que están al acecho de su presa, mejor velos como unos pajaritos que están dispuestos y agradecidos de comer de tu mano. Exalta un poco tu ego, si eres tú el que está hablando y no ellos, ¡alguna importancia debes de tener!

No eres tan importante como tú crees: una cosa es exaltar un poco tu ego y otra cosa es el egocentrismo. Aunque creamos que al hablar en público todo gira en torno a nosotros, la realidad es que no es así. Según Tito Livio (59-64 a. C.), "El miedo siempre está dispuesto a ver las cosas peor de lo que son";

al hablar en público, sentimos que las personas nos están criticando, están atentos a cada detalle de lo que hacemos y decimos, están comentando sobre nuestra ropa o voz con el de al lado, cuando en realidad les importamos poco. ¡No te tomes tan en serio! Lo que para ti parece ser el peor de los ridículos, para la audiencia será algo natural que no va a captar o no recordará.

Da por hecho que algo se te va a olvidar y réstale importancia: nos preparamos tanto que nos volvemos paranoicos de nuestros errores. A esto le llamo el "efecto bridezilla". Una *bridezilla*, de la unión de *bride* (novia) y Godzilla, es la novia paranoica, obsesiva y controladora con todos los detalles de la organización de su boda. Y si una *bridezilla* había solicitado que los arreglos de mesa debían llevar cuatro orquídeas orientadas hacia la derecha, pero el día de la boda detecta que en una mesa están viendo hacia la izquierda, se vuelve loca, se amarga y no disfruta el supuesto mejor día de su vida; cuando a los invitados ni les importa, ni se enteran, ni sabían cómo debía ser el montaje. Pues, bueno, al hablar en público es lo mismo. Si tienes pocas equivocaciones, se te olvida algo que querías decir o te paras a la izquierda del escenario cuando planeabas pararte a la derecha, a la audiencia no le importa y ni se entera, pues no sabían cómo habías preparado la presentación. Recuerda que las personas olvidarán 98% de lo que ahí pasó. ¡No seas una *bridezilla* de la palabra!

El sentirnos vistos saca lo mejor de nosotros: estudios científicos han comprobado que estamos tan preocupados de nuestra reputación, que al sentirnos observados manipulamos de manera inconsciente nuestro actuar para sacar la mejor versión de nosotros mismos e impresionar (Izuma, 2013). Inclusive tales estudios dicen que hacemos esto ante fotos, pinturas, muñecos y ante objetos que pareciera que tuvieran ojos. Así que déjate llevar, si te preparaste, al momento de la verdad aflorará todo tu talento.

Date premios: piensa en algo con lo que puedas recompensarte después de hablar en público. Una cena especial, una ida al *spa* o la compra de algún capricho. Nuestro cerebro está más dispuesto a hacer las cosas que no le gustan cuando sabe que al final hay algo que vale la pena, disminuyendo los niveles de cortisol y adrenalina, pues se enfoca en las emociones de ese futuro gratificante y no en las de la agobiante acción presente.

No te compares: compararte la mayoría de las veces termina por convencerte de que no eres bueno. No te compares con tus compañeros del trabajo, con tus familiares y mucho menos con oradores profesionales. Si te toca la situación de tener que hablar después de un orador que fue muy bueno y dejó muy satisfecha a la audiencia, no lo veas como algo negativo y mejor aprovecha el buen ánimo generado para ligarlo a tu presentación.

Practica hasta el cansancio tu fórmula de inicio y el primer bloque de tu mapa mental: y cuando digo practica es practica. Párate, imagínate a la audiencia enfrente y presenta en voz alta tal cual como lo piensas hacer. Practica mientras te bañas, practica mientras cocinas, practica mientras estás en el tráfico y practica en cualquier oportunidad que tengas. Así, cuando tengas los inevitables estragos de los primeros minutos, tu cerebro dirá en automático las primeras palabras que tantas veces practicaste.

F.F.F o triple F: así es como llamo a una técnica que viene en muchos libros, que dice que enfoques una cara amigable en la audiencia. *Find a Friendly Face* (encuentra una cara amigable), por eso el nombre de la técnica. Habrá gente entre la audiencia que desde el inicio te sonríe, que los ves con buena actitud o que tienen cara de buena gente. Ubícalos y haz contacto visual con ellos en los primeros segundos de la presentación, úsalos de anclaje en cualquier momento que te sientas nervioso. Imagínate que son las únicas personas en la sala y olvídate de los demás. Si entre la audiencia hay personas de confianza, amigos o gente que amas, mucho mejor.

Ten un anclaje: recuerda que un anclaje es un objeto, acción o pensamiento que desencadena un estado de ánimo determinado. El hacer algo o tener algún elemento que nos recuerde un estado de ánimo deseable, se puede convertir en un ritual que nos dé confianza, seguridad y entusiasmo; tal y como hacen los futbolistas antes de salir al campo. Puede ser decir una frase que te motive, frotar un amuleto o besar un símbolo religioso; hasta hacer una serie de movimientos, cantar una canción en tu mente o ver una fotografía de la gente que amas. Esto último, por cierto, es muy recomendable; más adelante verás por qué.

Revisa tu apariencia personal: esta recomendación ya la habíamos dado en el capítulo sobre hábitos; pero también es algo que te dará tranquilidad mental. En los primeros momentos de la presentación, al sentirnos observados, el pudor se activa y nos hace dudar: ¿Tendré la bragueta abierta?, ¿no se me verá el brasier entre los botones?, ¿estaré bien peinado?, ¿y si tengo un moco? Por eso, lo primero que hacemos al subir al escenario es acicalarnos, nos acomodamos la corbata, nos subimos los pantalones, nos fajamos, etcétera. Si revisas tu aspecto personal antes de hablar, tendrás la certeza de que estás bien.

Finalmente, piensa que los nervios desaparecerán por sí solos en el momento que empieces a hablar. Ahora veamos los antídotos físicos contra la ansiedad.

Antídotos físicos

Si ya comentamos que todos los síntomas de la ansiedad son producto de la desoxigenación, ¿cuál crees que sea el principal antídoto físico en contra de ella? ¡Pues obviamente la respiración! Si el oxígeno es la gasolina del cuerpo, hay que llegar con el tanque lleno.

Como respirar es tan vital para nuestra especie, damos por hecho que sabemos hacerlo y no siempre es así. Decir que hacer respiraciones profundas es una buena recomendación para relajarnos, es tan obvio que esta sugerencia nos entra por un oído y nos sale por el otro. Desde pequeños estamos acostumbrados a que nos digan: "Caaaalma, calma, respira conmigo para tranquilizarte, uno... dos... tres." A ese mismo nivel se queda tal recomendación en la mayoría de los libros sobre hablar en público; nunca nos dicen cómo debe ser una respiración profunda y cuál es la técnica para respirar así.

Antes de empezar, relajémonos y hagamos una respiración profunda. A la cuenta de tres, inhalarás lo más profundo que puedas y aguantarás la respiración. Si estás sentado, párate, y si es posible hazlo frente a un espejo para que te veas respirando. ¿Estás listo?, ok, empezamos: una, dos y tres. ¡Inhala fuerte!... Aguanta la respiración... y exhaaaaala.

¿Qué pasó? Bueno, si eres como la gran mayoría de las personas, lo que hiciste fue inflar el pecho, levantar los hombros, separar los brazos y hacer una respiración fuerte y sonora. ¡Y eso no es una respiración profunda!

A esa respiración se le conoce como respiración torácica o clavicular y es buena para algunas cosas, como en cierto tipo de deportes. Ésta es la respiración que nos enseñan en las clases de educación física en la primaria, pero no es buena para el control de la ansiedad, pues únicamente se está utilizando el tercio alto de nuestros pulmones desperdiciando más de la mitad de nuestra capacidad pulmonar, y lo que queremos es tener el tanque lleno.

La respiración profunda, médicamente llamada respiración costodiafragmática (Chávez, 2015) o respiración abdominal, es la respiración que hacemos con el tercio bajo de los pulmones. Es la respiración con la que nacemos o la que utilizamos todos los días al dormir, por lo que no tengo que enseñarte a usarla. ¿Has visto alguna vez respirar a un bebé, cómo mete y saca la pancita?, pues es esa misma, lo único es que, cuando empezamos a caminar, por conformistas (y porque así estamos diseñados pues no necesitamos más aire) activamos la respiración torácica. Por lo tanto, veamos cómo activar la respiración profunda para usarla antes de hablar en público siguiendo estos pasos:

Observa cómo funciona tu respiración cuando estás relajado y en posición horizontal. Acuéstate en la cama y date tiempo para ver cómo al inhalar estás sacando el abdomen y al exhalar lo retraes. Fíjate cómo esta acción es muy delicada y se realiza en automático.

Continúa con ese patrón de respiración tranquila, pero ahora hazlo sentado en la cama. Relaja los hombros, no los muevas, llévate las manos al abdomen y recuerda que al inhalar éste debe salir y al exhalar meterse.

Ponte de pie y sigue con el mismo ejercicio hasta que sientas que ya lo dominaste. Cuida mucho que el aire que entra a tus pulmones sea el que está empujando el abdomen hacia afuera, y no que vayas a estar sacando y metiendo la panza con los músculos abdominales.

Te pido que no hagas la respiración tan tranquila. Inhala más fuerte y llena a su máxima capacidad la parte baja de los pulmones, después exhala todo el aire. Practícalo varias veces.

Después de haber dominado el llenar a su máxima capacidad la parte baja de los pulmones, ahora, **sin exhalar**, trata de llenar la parte alta haciendo la respiración torácica (la de las clases de deportes). Hazlo en dos movimientos: primero llenas la parte de abajo, haces una pausa sin exhalar y luego llenas la parte superior. No te preocupes si en la segunda etapa levantas los brazos o inflas el pecho, de hecho, de eso se trata. Tampoco te preocupes si sientes que no tienes aire para la segunda parte o si te mareas, poco a poco irás aprendiendo a administrar tu aire y tendrás mayor capacidad pulmonar.

Ahora haz lo mismo en un solo movimiento, imagina que llenas un vaso de agua de abajo hacia arriba. Observarás que primero se irá abultando el abdomen y después el pecho. Esta vez hazlo en una sola inhalación.

Regresa a hacerlo de manera no tan violenta, pero sí en un solo movimiento. Ya no tienes que llenar tus pulmones a su máxima capacidad.

> Por último, practica esta respiración de manera consciente. Tendrás tiempo de sobra (de hecho, de doce a veinte veces por minuto para el resto de tu vida) (Gazitúa, 2014). Transcurrido el tiempo, te darás cuenta de que esta nueva forma de respirar se habrá convertido en un hábito y la realizarás en automático.

Esta respiración también es la que se utiliza en el yoga, en algunas artes marciales y en las técnicas de meditación. Inscribirte a una clase de estas disciplinas también te puede funcionar.

Ahora, lo único que tienes que hacer es respirar de esta forma en los minutos previos a tu presentación. Justo antes de empezar, deberás hacer tres respiraciones profundas a tu máxima capacidad y entrar al escenario con el tanque lleno y sonriendo. Verás que si la adrenalina y el cortisol quieren hacer sus jugarretas, los efectos serán significativamente menores.

Habrás notado que dije que también debes entrar sonriendo. Y es que el segundo antídoto físico contra la ansiedad, aunque te suene a frase trillada o a cliché, es el **poder de la sonrisa**. "La sonrisa es tu arma más poderosa", "La sonrisa cuesta menos que la electricidad y da más luz", "Sonríe y la fuerza estará contigo", todas estas también son frases trilladas que empalagan nada más de escucharlas. ¡Son trilladas porque son reales! Además, todas llevan ciencia detrás, pues, como verás, la sonrisa realmente es poderosa.

Múltiples estudios científicos han comprobado que al ver una oreja, nuestro cerebro no la procesa como información relevante y no genera ninguna emoción; pero cuando ve aunque sea la pequeñísima parte de una boca (y de un ojo también), esta imagen capta su atención y activa la amígdala, despertando emociones (Adolphs y Spezio, 2009).

La sonrisa es un gesto universal. Quiere decir que todas las personas en todas las partes del mundo la interpretan igual; rompe todas las barreras de raza, sexo, cultura, edad, religión, nivel socioeconómico y cultural. Al ver sonreír a alguien, todos lo decodificamos como empatía, amabilidad y seguridad. Estas palabras son lo que como oradores deseamos comunicar en las primeras impresiones, pero también es lo que toda audiencia desea captar.

Empatía: soy igual que tú, estamos al mismo nivel. **Amabilidad**: eres buena gente y estás de buenas. **Seguridad**: está seguro y me hace sentir seguro. Por lo tanto, te cuesta el mismo trabajo subirte a un escenario y no sonreír, que desde que te presentan, entablar contacto visual con la audiencia y sonreírle.

"Ok, Alvaro, estoy de acuerdo pero estamos en el apartado del control de la ansiedad y no en el capítulo de 'Lenguaje corporal'; entiendo que la audiencia me va a percibir muy bien pero, por mucho que sonría, ¡por dentro me seguiré muriendo de nervios!"

Aquí radica el verdadero poder de la sonrisa. Al hablar en público la sonrisa se convierte en un antídoto contra la ansiedad pues tiene un efecto doble: por un lado, genera empatía; y por el otro, engaña al cerebro disminuyendo la ansiedad. Al sonreír, el cuerpo también genera otras drogas: endorfinas, dopamina y oxitocina.

La oxitocina es una hormona que se segrega durante el parto para ayudar en las contracciones, en la lactancia para que salga la leche, en el enamoramiento para generar lazos más sólidos y durante el sexo para generar más unión (y porque se siente bien en general). Por eso, la oxitocina también es conocida como la hormona del amor y de la confianza (Kosfeld, 2005), y es la encargada de que nuestra especie pueda generar relaciones a largo plazo. Carter (2002), además, menciona que la oxitocina nos da seguridad y nos ayuda a sentir menos miedo ante determinadas situaciones, pues contribuye al tratamiento de todo tipo de trastornos relacionados con la ansiedad. La oxitocina se libera con los abrazos, con el contacto físico, con las miradas amables y, por supuesto, con la sonrisa. También se libera viendo fotos de la gente que amas

(¡por eso hacerlo era un antídoto psicológico!), que te gusta o viendo fotografías de personas que sonríen.

Por su parte, la dopamina y las endorfinas, conocidas como las hormonas del placer (ojo, dije hormonas, no hermanas, pues esas son las Kardashian), se encargan de procesar la motivación positiva que recibimos. La dopamina es un aminoácido que hace que se incremente la atención hacia las cosas y nos hace vulnerables a la aceptación. Generamos dopamina con cualquier cosa que nos gusta y nos da satisfacción. Entre más dopamina producimos, más emociones tenemos y, en consecuencia, somos menos racionales. Las endorfinas son péptidos opioides (¿a qué te sonó eso?) que nos relajan; las producimos cuando nos enamoramos, comemos chocolate, hacemos ejercicio, tenemos orgasmos o hacemos cualquier cosa que nos produzca placer.

Por eso al sonreír liberamos estas tres poderosísimas sustancias a nuestro organismo. El doctor Robert Zajonc, de la Universidad de Michigan, asegura que la sonrisa tiene un gran valor terapéutico ya que refresca la sangre en el hipotálamo; y que los efectos de las endorfinas, dopamina y oxitocina sirven como un analgésico en los enfermos (Hoff, 1999). ¡Pero hablar en público no es una enfermedad!, imagínate cuánto provecho les podemos sacar.

Los beneficios de sonreír al hablar en público no se quedan ahí. Debido a las neuronas espejo, la sonrisa se contagia como si se tratara de un virus. Un estudio dirigido por el doctor Nicholas Christakis (2008), sociólogo de la Facultad de Medicina de Harvard y Yale, comprobó que ver a alguien sonreír aumenta las posibilidades de que uno se sienta más feliz, y ese buen ánimo puede transmitirse a una segunda persona, la cual lo retransmitirá a una tercera y así sucesivamente. Asimismo se genera dopamina, oxitocina y endorfinas en los miembros de la audiencia, sustancias que los harán sentirse muy bien, ligando esos sentimientos a nuestra persona y a nuestra presentación, estableciendo vínculos emocionales positivos con ellos.

Por lo tanto, lo de engañar al cerebro funciona de la siguiente forma: el cerebro está ansioso y al vernos sonreír comenta: "Estás nervioso y sufriendo, por eso invité al cortisol y a la adrenalina... ¿me explicas por qué fregados te estás riendo?" Resulta que ahora llegaron de coladas la dopamina, la oxitocina y las endorfinas.

Estas coladas no creas que corren a los otros invitados o acaparan la atención, ¡conviven de maravilla entre ellos, se hacen amigos y los invitan a bailar a su ritmo! Hacen que el cortisol y la adrenalina se sorprendan porque no las esperaban, pero después digan: "¡Hey, qué hacen ustedes aquí!, según nosotros veníamos a un funeral, ¿esto es una fiesta, una orgía o qué están tramando? Siempre que llegan ustedes quieren pasarla bien. ¡Da igual, que empiece la gozadera!" Y a partir de ese momento la adrenalina se enrolla con la endorfina generando más endorfinitos, la dopamina y oxcitocina dejan exhausto al cortisol, y tú empiezas a disfrutar el momento de hablar en público. ¡Sonríe desde antes de empezar a hablar para invitar a estas amigas a la fiesta! Y hazlo en el momento que le des la cara a tu público.

Otras recomendaciones físicas en contra de la ansiedad son:

Duerme bien: no pases la noche en vela tratando de aprenderte el discurso, mejor ten tus ocho horas de sueño y te lo aprenderás mejor, pues la memoria se consolida en la etapa de sueño.

Haz ejercicio la mañana de tu presentación: además de aprovechar ese tiempo para practicar, está demostrado que una hora de ejercicio relajará tu cuerpo por más de dos horas (Koegel, 2007), además de que liberarás endorfinas y dopamina que se mantendrán durante el día.

Estírate y calienta: dudo que si fueras a correr un maratón no te darías tiempo suficiente para calentar. Para hablar en público también tienes que hacerlo. Busca el baño más cercano y estírate; abre la mandíbula lo más que puedas y muévela de un lado a otro, pues en ella suele acumularse la tensión de la ansiedad. Mueve también la lengua y vocaliza.

Libera la ansiedad: la adrenalina, cuando ve que no necesitas potencia para correr o esfuerzos físicos mayores para defenderte, empieza a buscar escapes. Da unos brincos, camina de un lado a otro, haz unas sentadillas o cómprate una pelota antiestrés para apretar. Recurre a esto para liberar tensión y después relájate mediante la respiración profunda.

Lleva algo al escenario en la mano para agarrarte, evita canalizadores de la ansiedad: como dijimos, la adrenalina busca escapes para canalizar la sobreestimulación, pero como en el escenario no podemos dar brincos o hacer sentadillas, por eso es que vienen los movimientos constantes como dar un pasito para adelante y atrás, darle vueltas a un anillo, acomodarnos la ropa o sacar y meter la punta de un bolígrafo automático. Si te subes con una pluma en la mano, un accesorio estorboso o unas tarjetas, se convertirán en tus principales juguetes antiestrés, así que evítalos. Por esta razón los atriles son bases seguras para agarrase fuertemente a ellos mientras sientes que se hunde el barco.

Entonces, sabiendo que hay que evitar estos canalizadores de la ansiedad, te digo que sí hay dos cosas que puedes llevar en la mano y usarlas como anclaje: el micrófono inalámbrico y tu control de diapositivas. En el capítulo "Lenguaje corporal" veremos un consejo para evitar los bailoteos nerviosos, y en el apartado "Buena voz" te daré recomendaciones acerca de micrófonos y del uso del atril.

Cuidado con lo que comes y bebes: si antes de tu presentación tienes hambre, generarás adrenalina; pero si estás muy lleno, estarás desoxigenado, pues el proceso digestivo requiere de mucha sangre. En ambos casos, la sudoración y la falta de lucidez será mayor. Es bueno comer proteínas, pues sin proteínas no hay memoria. Un *tip* que disfrutarás es comer un chocolatito antes de empezar a hablar, está comprobado que actúa como un liberador de endorfinas y dopamina. ¡Sólo aguas con los dientes negros! ¿Y si me echo un tequilita antes de hablar para calmar los nervios?

El tema de consumo de alcohol para disminuir la ansiedad es debatible; en lo personal, NO LO RECOMIENDO, aunque es innegable que el alcohol ayuda a disminuir la ansiedad, pues es un ansiolítico natural que además desinhibe.

Pero NO LO RECOMIENDO, pues al beber alcohol se inhibe la corteza cerebral, es decir, la parte racional del cerebro y ese Pepe Grillo que nos cuida para no sacar al Mr. Hyde que llevamos dentro.

Peeeeero, el alcohol tiene a su favor que, al callar a Pepe Grillo (que, aceptémoslo, a veces es bastante molesto), calla nuestro diálogo interno que nos dice que no somos buenos y que nos vamos a equivocar (¿te acuerdas del crítico?), dándonos el empujoncito que tal vez necesitamos.

Aun así, NO TE LO RECOMIENDO. Porque lo malo es que un tequilita lleva a dos y luego a tres, en este punto el diálogo interno nos dice que no hay problema, que nos tomemos otro más, pues somos unos fregones y no pasará nada. El resultado final será que nadie se acordará de lo que dijiste, pero todos se acordarán del borracho que se paró a hablar.

Dejando a la conciencia de Pinocho a un lado, desde la perspectiva científica el tema del alcohol es muy serio. Estudios realizados por *Alcohol Abuse and Alcoholism*, en Bethesda, Estados Unidos, a partir de resonancias magnéticas del cerebro, comprueban que después del consumo de alcohol, las áreas relacionadas con la detección de amenazas presentan una menor sensibilidad y las áreas relacionadas con la recompensa tienen mayor actividad. Durante la exposición al alcohol, la amígdala atenúa sus respuestas hacia los estímulos amenazadores y activa los circuitos relacionados con el sistema de recompensa del cerebro, siendo ésta la causa principal del alcoholismo (Gilman, Ramchandani, Davis, Bjork y Hommer, 2008).

Si a esto le sumas que el simple hecho de traer aliento alcohólico generaría una mala imagen, te repito una vez más que por eso yo NO LO RECOMIENDO. Al final, la decisión está en ti. ¡Salud!

Antes de terminar el tema de ansiedad, me encantaría poner sobre la mesa la idea de que debería haber libros y capacitaciones titulados: "Cómo ser una buena audiencia" o: "Yo soy un público excepcional", en donde se dieran recomendaciones del tipo: "Haz sentir bien al orador, sonríele, no te cuesta nada y él ganará muchísimo" o: "No distraigas al presentador haciendo cosas que lo saquen de onda, como pararte, cuchichear o dejar que suene tu celular." Cerrando fuerte con frases del tipo: "No hagas como audiencia lo que no te gustaría que te hicieran como orador." En fin, en lo que alguien se anima a escribirlos, tratemos de ser una buena audiencia.

Llegamos al final de este tema, te recuerdo que tu mayor herramienta contra la ansiedad es el conocimiento. Si al conocimiento le sumas los antídotos físicos y los psicológicos, la ansiedad disminuirá a niveles controlables y disfrutables; pues a mayor conocimiento menor ansiedad, y a menor ansiedad mejor ejecución y empatía con la audiencia. Como, a su vez, a mejor ejecución y empatía con la audiencia, mayor satisfacción personal, y a mayor satisfacción personal mayor seguridad. Por lo que cada vez que hables en público, te costará menos trabajo que la vez anterior y serás mejor.

Una vez que sigas estas recomendaciones, disfrutarás el momento de hablar en público por la adrenalina que sentirás al inicio y la dopamina, oxcitocina y endorfinas con las que te quedarás al final. Esto se hace adictivo. Es la misma sensación de peligro que disfrutan los paracaidistas, el rico dolor que experimentan los que se tatúan, o lo que hace a un drogadicto o a un ludópata no parar y querer más. ¡Ahora tú transfórmate en un *junkie* de la oratoria!

ABRE FUERTE

El que sube una escalera debe empezar por el primer peldaño.
WALTER SCOTT (1771-1832)

"Creo que esta conferencia va a moverme", es un chiste local que me hago al inicio de las conferencias cuando presiento que van a ser aburridas. "Creo que esta conferencia va a moverme... al baño, a revisar mis redes sociales o a donde tenga algo mejor que hacer."

Si te remontas al modelo psicoemocional de estructura, recordarás que el primer estado por el que atraviesa la audiencia es el de la expectación. Recuerda que la audiencia espera algo de nosotros, pero como estamos acostumbrados a que las conferencias sean aburridas, la audiencia llegará predispuesta a que la nuestra también lo será. Para acabar con este prejuicio, debemos abrir fuerte para sorprender y captar la atención de los espectadores.

Te prometí que para lograrlo, en este capítulo, veríamos unas mañas a manera de fórmula de inicio para atraer a la audiencia y sacarla de la indiferencia. Esa promesa será cumplida, pero antes revisemos algunas recomendaciones para dejar todo listo para cuando llegue ese momento estrella.

Presentaciones y saludo

Existe un momento en cada sala de cine, obra de teatro, sinfonía o conferencia, justo antes de empezar el *show*, en el que la audiencia se queda en silencio. Todas las personas toman su lugar y las charlas se suspenden ante lo que va a suceder. Es el momento en el que muchas personas diferentes se convierten en un solo ente, atento a lo que va a pasar al frente, en total disposición de recibir. En ese instante los asistentes dejan de ser personas y se convierten en audiencia. Hay muy pocas cosas en esta vida que puedan silenciar a un lugar repleto de personas. Entonces, algo rompe el silencio.

A menos que la audiencia nos conozca o sean presentaciones que hacemos con regularidad (como presentaciones en la oficina, cátedras, etcétera), lo más común es que quien rompa ese silencio sea alguien que funge como maestro de ceremonias o anfitrión del evento, la persona que nos presentará y nos cederá la palabra.

Que alguien nos presente es recomendable, pues ayuda a construir nuestra credibilidad, además de que es muy desagradable autopresentarnos, ya que el momento pasa de ser una semblanza a convertirse en una auto-oda, en la que tenemos que hablar bien de nosotros y presumir nuestros logros. Si bien lo más común es que una persona nos presente, puede darse el caso de que en eventos con mucha producción hagan videos con nuestra semblanza o, como me ha tocado, hasta participar en un truco de magia en el que aparezcas en el escenario. Sea cuál sea el caso, veamos algunas útiles recomendaciones ante el valioso protocolo de la presentación:

> Prepara un breve párrafo curricular que se centre en lo que haces y en los puntos por los que estás capacitado para hablar en público. Evita poner todo tu currículo y, peor aún, presentarlo como si fueras a pedir trabajo. Se trata de que en unas cuantas oraciones hagas una breve semblanza y dejes en claro quién eres, qué haces y qué te acredita para hablar de ese tema. Ejemplo: si un especialista fuera a hablar del tema de "El secuestro, cómo prevenirlo", quedaría algo así:
>
> > Ramiro Cervantes es consultor en seguridad personal, actividad que ejerce asesorando a personas e instituciones en las áreas de protección y prevención del delito. Es fundador de la empresa Protecta y ha cola-

borado por más de veinticinco años con agencias de seguridad nacional e internacional en proyectos donde la tranquilidad social ha estado en juego. Cuenta con una maestría en Seguridad Informática por el MIT y es autor del libro *Ahorcado en la red.*

Redacta tu párrafo con una tipografía y tamaño de letra fácil de leer, deja suficiente espacio entre líneas para facilitar su lectura. Si hay alguna palabra o nombre en otro idioma o con una pronunciación especial, escribe a su lado y entre paréntesis la versión fonética o adaptada al idioma. Ejemplo: "Rudi Völler (Feller) debutó como jugador en el TSV 1860 München (Múnich)."

Los organizadores normalmente te pedirán que mandes tu párrafo por adelantado, no obstante, lleva uno impreso como protección, porque con las prisas del día del evento puede darse el caso de que los organizadores estén pensando en todo menos en tu semblanza y la olviden. Hay veces que a los organizadores les da por ponerse creativos y hacen un guion del evento en donde alteran aspectos importantes de tu presentación o hacen ediciones, pues consideran que algo no es relevante. De manera que si llevas una copia impresa, con toda asertividad podrás solicitarles que lean el original, pues para ti es mejor.

Preséntate con la persona que leerá tu párrafo, averigua su nombre (lo usarás más adelante), cerciórate de que tenga bien tu semblanza y pregúntale si tiene alguna duda. Ayúdale con la correcta pronunciación de las palabras difíciles, de las siglas y de los términos en otros idiomas.

Si el presentador se equivoca en algo (en mi caso, sé que por más que los haya orientado hay altas probabilidades de que digan mal "Licenciatura en Imagología" o que se traben con la certificación de *Conversational Change Specialist*), no lo hagas saber ante el público, a menos que se trate de algo trascendental, porque quedarás como irrespetuoso por romper el protocolo básico de no corregir a alguien en público. Mientras leen tu párrafo curricular, puedes sentirte incómodo, como cuando te cantan "Las mañanitas" ("Feliz cumpleaños") y no sabes qué hacer o cómo reaccionar. La recomendación es que te sientes en la primera fila de la audiencia, dando la espalda o detrás del escenario, y que dejes que la atención se centre en el presentador. Si se diera el caso de que estás parado frente a la audiencia, limítate a mirar al presentador con una modesta sonrisa.

Al terminar la lectura de tu párrafo curricular, durante los aplausos (si es que los hay y si no, es lo mismo), ponte de pie y sube al escenario con calma y con mucha confianza, entabla contacto visual tanto con el presentador como con tu audiencia y regálales una amplia sonrisa, ¡que vean que estás seguro y disfrutando el momento! Estrecha la mano del presentador o dale un beso (según costumbres y cuando se puede, pues luego les da por desparecer del otro lado del escenario), después párate frente a la audiencia y recórrela con la mirada mientras les sonríes, acomodas tu micrófono y te familiarizas con el público y el escenario. Este pequeño espacio de silencio para ti puede sentirse eterno, pero darás una primera impresión muy poderosa y de dominio escénico.

Una vez que toda la atención está en ti, lo primero que tienes que decir es el saludo protocolario, con los siguientes pasos:

Agradece por su nombre al encargado de hacer tu presentación: "Muchas gracias, Juan, por tu amable presentación." Esto dará la sensación de que estamos jugando de local, conocemos a la audiencia y estamos familiarizados con el lugar y su gente; además quedamos como personas amables y agradecidas. Si no conoces el nombre del presentador, averígualo tal y como habíamos recomendado hace un momento. Tu sentido común y el tipo de evento te dirán qué tan formal tienes que ser, pues puedes ir del sobrio: "Doctor Liceaga, muy amable por sus palabras introductorias"; hasta el cálido y confianzudo: "Gracias, tío Chucho, se ve que me quieres mucho." Tú decides cuál forma es la adecuada. Ahora bien, si lo que te presentó es un video o una voz en *off*, agradece la presentación con: "Muchas gracias por tan amable presentación."

Después de agradecer al presentador por su nombre, si alguien preside o hay alguien dentro de la audiencia a quien haya que hacer alusión, menciónalo. Di únicamente su nombre o un brevísimo agradecimiento: "Doctor Liceaga, muy amable por sus palabras introductorias. Señor rector, muchas gracias por la invitación" o: "Gracias, tío Chucho, se ve que me quieres. Abuela..."

Si hay más personas reconocidas dentro de la audiencia, continúa en grado de importancia, ¡pero no más de dos adicionales! No caigas en las pésimas formas del aburrido discurso político que empieza: "Señor Presidente Constitucional de los Estados Unidos Mexicanos, licenciado Fulanito de Tal, señor secretario de Gobierno, licenciado Menganito Hernández, señor jefe de Gobierno...", y así se siguen con una lista interminable hasta llegar casi casi a: "Señora de intendencia, doña Eduviges Góngora..." Para que después del discurso, se levante el siguiente orador y ¡ahí te va de nuevo!: "Señor Presidente Constitucional de los Estados Unidos Mexicanos..." ¡Es desesperante! En esos casos, al iniciar, el maestro de ceremonias debe presentar a todos los miembros del presidium, para que después los oradores simplemente digan: "Muchas gracias, licenciado López, por su amable presentación. Señor presidente. Distinguidos miembros del presídium..."

> Por último, dirígete al público en general. Esto no significa hacer un saludo coloquial tipo: "Hola cómo están", ni nada por el estilo; debes mencionar una frase alusiva a la audiencia: "Muchas gracias, Juan, por tu amable presentación. Queridos amigos", "Doctor Liceaga, muy amable por sus palabras introductorias. Señor rector, muchas gracias por la invitación. Estimados miembros del Comité" o: "Gracias, tío Chucho, se ve que me quieres. Abuela. Amada familia."

Una vez terminado el saludo protocolario, haz una pausa dramática para captar nuevamente la atención de la audiencia mientras estableces contacto visual. El chiste es crear ese bello silencio inicial que el maestro de ceremonias rompió. Antes de empezar, este silencio, a mi parecer, es el momento más poderoso de la presentación y de los que más disfruto en lo personal. Tú eres dueño del balón y todas las miradas están atentas a ver qué haces con él. Es el mismo dramatismo que se siente en los partidos de futbol antes de que se cobre un penalti.

Aquí, tal vez ya no estás sonriendo pues quieres poner a tu audiencia en otro *mood*, estás dejando que las neuronas espejo hagan su labor y se viva una sana tensión en el ambiente que sólo tú puedes romper. La audiencia está en total expectativa y eres dueño de todas las miradas. ¡Sorpréndela! Saca un conejo del sombrero que ilusione a tu audiencia y le dé esperanzas de que la presentación valdrá la pena. ¡Detona una bomba y supera sus expectativas con una fórmula de inicio!

Tipos de fórmulas de inicio

¿Cuántas veces no tienes ganas de ver una película y le das oportunidad a una que se ve buena en Netflix, pero a los cinco minutos la quitas porque se te hace que va a estar aburridísima? Pero también, ¿cuántas veces no estás pasándole a los canales, haciendo tiempo porque tienes que salir a algún lugar en media hora, pero empiezas a ver una película que desde la primera secuencia te atrapó y ahora no te importa llegar tarde a donde ibas?

En las conferencias pasa igual. Las fórmulas de inicio son artilugios para enganchar a la audiencia desde el principio. Es la aparatosa secuencia de acción inicial en una película de James Bond, la elaborada y vistosa obertura de un musical de Broadway o la primera canción de la banda de rock que pone a toda la arena de pie. Recursos que hacen que el espectador piense (sienta, más bien): "¡Wow, esto va a estar bueno!"

En el cine, el teatro, la publicidad, el periodismo sensacionalista y el *show business* en general, a este recurso se le conoce como "eyecatchers" ("atrapaojos"); es el término referido a cualquier cosa que capta la atención del público. El publicista o el productor hicieron esa acción a propósito para su beneficio. Hablar en público es igual: como orador sabes que tienes diseñada una estrategia y sabes que detonarás una bomba que captará la atención de la audiencia. En cambio, para la audiencia será algo natural que los sorprenderá y cautivará de manera consciente o inconsciente. Veamos entonces cuáles son nuestros *eyecatchers* verbales, pero antes, aclaremos cómo no empezar.

Cómo No empezar

Saludando con las cortesías que hacemos individualmente: "Hola qué tal, cómo les va, ¿cómo están el día de hoy? Es un gusto y un orgullo estar con todos ustedes en este precioso día, en el que se siente fuerte el calorcito." Esta forma tan coloquial, que es la más común de todas, no es recomendable por la simple y sencilla razón de que no sorprende ni supera las expectativas de la audiencia. Como así empiezan la gran mayoría de las conferencias, el público piensa: "Ah, otro más." Recuerda que queremos separarnos de lo común y enganchar al auditorio con nuestras primeras palabras. Sobre empezar débilmente, Churchill una vez dijo: "*Opening amenities are opening inanities*", (Humes, 2002: 7), que podría traducirse como: "Las cortesías de apertura son abiertamente innecesarias."

Anunciando el tema: no es recomendable por dos razones. 1) Porque el público conoce el tema y no viene al caso recordárselo: si en la información de un evento dice: "Tercer Simposio de Seguridad Nacional. 11:00 a.m. Ramiro Cervantes, 'El secuestro, ¿cómo prevenirlo?'"; de qué sirve que a las 11:00 a.m se suba el tal Ramiro y lo primero que diga es: "Hola, soy Ramiro Cervantes y les vengo hablar del secuestro y cómo prevenirlo." La gente pensará: "Sí, ya lo sé, por eso estoy aquí sentado." La segunda razón es porque si el público no conoce el tema, puede perder interés sobre éste por generarse falsos prejuicios: "Hola, el día de hoy vengo a hablarles del ballet ruso." ¡Qué flojera! El chiste es cautivar a la audiencia para que cuando se dé cuenta, esté interesada en el ballet ruso y quiera saber más sobre él.

Volviéndonos a presentar: cuando un maestro de ceremonias nos presentó, tiene poco sentido empezar diciendo: "Hola, mi nombre es Alvaro Gordoa y soy consultor en imagen pública."

Haciéndonos menos y disculpándonos por cualquier cosa: cuando hablamos sobre los antídotos psicológicos contra la ansiedad, dijimos que al hablar en público mentalmente había que exaltar un poco nuestro ego. Si están dispuestos a escucharnos es porque algo interesante debemos tener, por lo que empezar con frases como: "Muchas gracias por la oportunidad que me dan de hablar" o: "Espero que les interese lo que les voy a decir", es mostrarnos agachados ante la audiencia cuando más fuertes tenemos que mostrarnos.

Tampoco reveles tus debilidades con comentarios del tipo: "Soy muy malo hablando en público." "Sé que mi voz es muy baja pero haré un esfuerzo para no aburrirlos." O informar a todos lo que nos pasa: "La verdad es que estoy un poco nervioso." Disculparnos no es recomendable, ya que si ofrecemos disculpas es porque algo está mal, y lo que menos queremos es empezar con algo negativo. Ya lo sabes: "Lo que mal empieza mal termina."

Las disculpas pueden ser explícitas o implícitas. Explícitas: cuando literalmente se pide perdón o se ofrecen disculpas con frases como: "Una disculpa por el retraso" o: "Antes que nada perdón, estoy un poco mal de la voz." Implícitas: en las que no se dicen de manera literal las palabras *perdón* o *disculpa*, pero que dan a entender que las cosas están mal con frases del tipo: "No soy la persona indicada para decirles esto" o: "Tuve poco tiempo para preparar la presentación." Si no eres la persona indicada o no estás preparado, ¡pues entonces bájate y que se suba la persona que sí lo es, o regresa cuando estés preparado!

Habrá momentos en los que sea necesario disculparse, pues si no quedaremos como mal educados, ¡pero no lo hagas al inicio! Una vez cautivada la audiencia, ya que te la echaste a la bolsa, puedes decir cosas como: "... y, por cierto, una disculpa por el retraso inicial, me dio mucha pena; pero, como les decía..."

Explicado todo esto, veamos por fin:

Cómo Sí empezar

La realidad es que no hay reglas exactas de cómo un discurso deba empezar, siempre y cuando con el inicio se logre el objetivo de captar la atención del público y nos separe del resto de los presentadores. Me ha tocado ver desde a Magnús Scheving, creador del programa infantil *Lazy Town*, entrar subiendo las escaleras parado de manos y dando marometas; hasta a la conferencista motivacional brasileña Leila Navarro bailando samba y seduciendo a los hombres de la audiencia. Por esta razón te voy a recomendar muchas fórmulas de inicio que sin duda te van a servir. Sin embargo, sé libre de inventar las propias y de mezclar las que veremos, para encontrar nuevas formas sorprendentes de captar la atención de la audiencia y abrir fuerte.

Nuestra fórmula de inicio puede ser:

Preguntando: "Muchas gracias, Juan, por tu amable presentación. Queridos amigos, ¿cuánto cuesta su vida?, ¿cuánto cuesta tu vida?, ¿cien, doscientos, mil, cien mil, un millón de pesos?, ¡cien millones de dólares! ¿Qué precio le pondrías el día de hoy a tu cabeza? ¿Difícil de responder, verdad? Entonces, ¿cómo le hacen para ponerle precio nuestros secuestradores?"

Vean qué diferencia empezar así que diciendo: "Hola, vengo a hablarles del secuestro y cómo prevenirlo." Si vuelves a leer la fórmula te darás cuenta de cuáles son las recomendaciones para que el inicio con preguntas sea poderoso. Primero, tienes que entrar de lleno con la pregunta y no decir: "Hola qué tal, el día de hoy quiero iniciar haciéndoles una pregunta y esa pregunta es: ¿cuánto cuesta su vida?" Segundo, es importante que hagas una pausa después de formular las preguntas para que la audiencia reflexione las respuestas en su mente. Tercero, lo siguiente es repetir la pregunta al menos otra vez para que tenga mayor fuerza, pudiendo en esta parte cambiarle elementos o reformularla. Y, por último, la pregunta debe ser retórica o imposible de responder para no motivar la respuesta del público. Olvídate de las dinámicas de interacción tipo payasito de fiesta: "¡¿Cómo están?! ¡Más fuerte! No los es-cuuuu-choooo."

Mencionando una cita: "Muchas gracias, Juan, por tu amable presentación. Queridos colaboradores. 'No preguntes qué puede hacer tu país por ti, pregunta qué puedes hacer tú por tu país.' Esta frase no es mía y de seguro muchos de ustedes ya la habían escuchado: 'No preguntes qué puede hacer tu país por ti, pregunta qué puedes hacer tú por tu país.' Esta frase la dijo John F. Kennedy en su discurso inaugural, y a mí me impactó muchísimo la primera vez que la escuché y, cómo no, si es de una gran profundidad y a su vez de una gran simpleza: 'No preguntes qué puede hacer tu país por ti, pregunta qué puedes hacer tú por tu país.' Saben qué, yo creo que esa frase de Kennedy puede adecuarse hoy a nuestra empresa: 'No preguntes qué puede hacer Mediplus por ti, pregunta qué puedes hacer tú por Mediplus.'"

Al igual que con la pregunta, debes entrar de lleno con la cita y no mencionar: "El día de hoy quiero empezar con una cita de Kennedy que dice..." Si quieres darle más fuerza, debes repetir la cita un par de veces y hacer sus debidas pausas después de decirla para motivar la reflexión. Si la cita tiene autor, debes mencionarlo, pues quedarías muy mal plagiando; si lo desconoces, al menos debes puntualizar: "Estas palabras las escuché alguna vez."

Con las citas es recomendable dar un contexto de cómo te enteraste de la frase para que no parezca que la sacaste de Google (aunque tal vez así será), pues siempre que empezamos con una cita, se nos da un halo de intelectualidad interesante que puede perderse si la cita se ve estudiada o poco natural. Por eso es bueno contextualizar dónde la escuchamos o leímos.

Existen muchísimas páginas de internet para encontrar frases célebres. Si tu tema es el agua, basta con buscar citas relacionadas con esta palabra en los buscadores para que te arrojen resultados del tipo: "El agua es el elemento y principio de las cosas", Tales de Mileto. Si no tienes ni idea de quién es el Tal ese de Mileto, bastará una rápida *googleada* para encontrar que fue un filósofo y matemático griego. Por lo que si empiezas diciendo: "Muchas gracias, Juan, por tu amable presentación. Queridos amigos. 'El agua es el elemento y principio de las cosas', vean por favor lo básico de esta frase: 'El agua es el elemento y principio de las cosas.' El otro día que estaba leyendo un artículo me topé con esta frase de Tales de Mileto, el gran filósofo y matemático griego, y tuve que hacer una pausa para subrayarla y reflexionar sobre ella: 'El agua es el elemento y principio de las cosas.'"

¡Órale! Sí sorprende, quedarás como alguien preparado, ¿no crees? Ahora bien, las citas no deben ser forzosamente de personajes elevados o grandes eruditos, puedes citar algo que leíste en el periódico, el diálogo de una película, una frase popular o un refrán, lo que te decía tu madre cuando eras pequeño o hasta una canción. Mira esta fórmula para nuestro tan usado ejemplo del turismo en Tabasco:

"Muchas gracias, Juan, por tu amable presentación. Queridos amigos. ¡Vamos a Tabasco que Tabasco es un edén.' Así dice la canción: 'Ven, ven, ven, vamos a Tabasco que Tabasco es un edén.' Y es cierto amigos, Tabasco es paradisiaco, por eso lo primero que les digo es que esta Semana Santa no se pierdan la oportunidad de visitar Tabasco, créanme, no se van a arrepentir. Y es que en Tabasco, blah, blah, blah."

Aprovecho ahora para decirte que las citas son muy poderosas y no te limites a usarlas únicamente al inicio. John F. Kennedy, considerado uno de los grandes oradores de la historia, en sus discursos de campaña de 1960, citó a más personas que el total de candidatos y presidentes en toda la historia de los Estados Unidos. Citó a líderes como Washington, Lincoln y Roosevelt, también recurrió a poetas y autores como Dante, Dickens y T.S. Eliot; a clásicos como Sócrates y Aristóteles. ¿Tan inteligente era JFK? ¡Sí!, inteligente por haber contratado a Ted Sorensen, quien hacía un gran trabajo de investigación cuando le redactaba sus discursos (Humes, 2002).

Con una estadística sorprendente: "Muchas gracias, Juan, por tu amable presentación. Queridos amigos. 34 675 litros de agua al año. Sí, escucharon bien, ¡treinta y cuatro MIL seiscientos setenta y cinco litros de agua! Esa cantidad de agua es la que estás desperdiciando si eres de los que no le cierran a la llave al enjabonarse. Según la ONU, a través de la Organización Mundial de la Salud."

Las estadísticas son de las formas más sencillas para obtener inmediata credibilidad. Tú suelta números impactantes e impactarás a la gente. Cuidado, la gente tiende a ser escéptica de las estadísticas si es que la fuente no es igual de poderosa que la cifra, por lo tanto, preocúpate de que tanto tu estadística sea impactante como la fuente que la emite.

Una forma muy buena de usar las estadísticas es involucrando a tu audiencia con ellas. Por ejemplo: "Muchas gracias, Juan, por tu amable presentación. Queridos amigos. Imagínense que para haber llegado hoy hasta aquí, hubieran tenido que recorrer el trayecto del hotel al Centro de Convenciones 158 veces. Ahora imagínense que, además, ustedes midieran tan sólo diez centímetros y hubieran tenido que hacer ese recorrido a pie. ¿Su trabajo y esfuerzo les hubiera costado llegar aquí, no creen? Eso no es todo. ¡Ahora imagínense que al llegar se hubieran topado con la *agradable* noticia de que este Centro de Convenciones está destruido, que no habrá evento y que para acabarla de fregar hay un grupo terrorista esperando para exterminarlos! Pues, bueno, eso es lo que siente la mariposa monarca cada año al llegar al país." ¡Pum! Estadística mortal.

Deleitando a la imaginación: aprovecho para hablar de esta fórmula de inicio pues, en el ejemplo pasado con la estadística de la mariposa monarca, también la utilicé. Deleitar a la imaginación es transportar la mente de tu audiencia a otro lugar en el que pueda vivir y sentir experiencias. Es como contarle un cuento a un niño, haciendo mucho hincapié en los pequeños detalles, momentos, colores y situaciones relacionados con el relato contado. Las anécdotas (propias o ajenas) y los pasajes históricos serán nuestras grandes aliadas en esta fórmula de inicio.

Si vas a hablar del desperdicio del agua, cuéntanos la historia de doña Josefina Sánchez, quien a sus 82 años todos los días tiene que caminar más de dos kilómetros al pozo para regresar con media cubeta de agua insalubre. Describe muy bien cómo es la anciana, cómo son sus pies, cómo es la casa de doña Josefina y a qué huele esa agua turbia y los múltiples usos que le tiene que dar; después transpórtanos a nuestra cómoda regadera llena de vapor mientras nos enjabonamos. Milton H. Erickson, el hipnoterapeuta más famoso de todos los tiempos, les llamaba a estas historias "cuentos didácticos", y los utilizaba en sus terapias para influir en sus pacientes de manera consciente e inconsciente (Rosen, 1987).

Aprovecharé un ejemplo personal en la siguiente fórmula de inicio, para ejemplificar en qué consiste deleitar a la imaginación y puedas ver cómo las fórmulas al mezclarse dan muy buenos resultados.

Sorprendiendo con palabras aparentemente absurdas o sin contexto: "Muchas gracias, Juan, por tu amable presentación. Queridos amigos. Pastel de merengue. Sí. Pastel de merengue y medio vaso con leche. Pastel de merengue y medio vaso con leche es lo que más me recuerda a mi abuela. Siempre que era Navidad o su cumpleaños, mi abuela preparaba un pastel de merengue (bastante seco, debo admitirlo), que por tradición y para prevenir el ahogamiento, acompañábamos con leche. De hecho, el pastel se sigue preparando, pues la receta y el ritual de preparación lo heredaron mi madre, mis tías, primas, hermanas, y ahora, cada Navidad o momento importante para la familia se prepara. Mi abuela murió hace ya cuánto, ¿tres años?, sí, el próximo mes se van a cumplir los cuatro, pero les digo que el ritual y la tradición continúan. Y le digo ritual porque comer el pastel es tan relevante como su preparación: mi abuela se reunía con las mujeres de la casa para comprar los ingredientes y preparar la base, después nos citaba a los demás para la decoración mediante la colocación del merengue. Para decorarlo, nos pedía que hiciéramos con una duya (que en realidad era una bolsa de supermercado amarrada y agujereada) las figuras caprichosas que hace el merengue al secarse sobre el pastel. Después, al momento de partirlo, el chiste era comerse la rebanada que cada quien había decorado o pelearse por la de alguien más. Me acuerdo muy bien que, en mi imaginación de niño, siempre intentaba hacer o un cisne o el peinado de Astroboy, el personaje de caricatura japonesa. No quiero hacerles el cuento largo. Les decía que el pastel era bastante seco y teníamos que pasarlo con leche, en lo personal siempre he tomado mucha leche, por lo que cuando mi abuela me servía medio vaso, argumentando que no me la iba a acabar, yo me quejaba y le decía: '¡Abuela, sírveme más!, todos los años haces lo mismo y siempre me la acabo.' Me acababa de mala gana mi medio vaso, le pedía más, y me volvía a servir oootro medio vaso con leche. '¡Abuela, que me sirvas más!' La pasada Navidad fue la última vez que lo comí. Mi mamá, mis hermanas, mis primas y tías se reunieron para comprar los ingredientes y preparar la base, después yo intenté una vez más hacer el peinado de Astroboy (aunque mi prima Susana se burló de mí porque más bien se parecía al copete de cierto presidente y decía que nadie lo iba a querer). Y al comerme mi porción de pastel, que por más que intenten mis tías nunca sabrá como el de la abuela, me serví en su honor: medio vaso con leche. Me gustaría decir que el pastel me supo a nostalgia o que me supo a mi abuela, pero la verdad me supo a tristeza y me dejó un sabor de boca bastante amargo. Como ya sabía que me iba a pasar, pues así me ha sabido desde hace casi cuatro años. Es que no recuerdo haberle dicho a mi abuela: 'Abuela, te amo y me encanta tu pastel de merengue.' Lo que sí recuerdo muy bien decirle en tono de queja era: '¡Abuela, sírveme más!' Nunca le dije lo mucho que la amaba, ni siquiera que la quería, o ya para mi consuelo mínimo haberle dicho que le agradecía por hacerme tan feliz y que me encantaba su pastel de merengue. ¡HAY QUE APROVECHAR LAS OPORTUNIDADES CUANDO SE NOS PRESENTAN!"

Y tal vez esta frase final era mi frase mágica. Todo lo anterior era una fórmula de inicio, con la cuál te transporté a la casa de mi abuela y en la que podías manipular el merengue y degustar sabores y emociones de felicidad y tristeza. Eso fue deleitar a la imaginación.

No te sientas mal por mí, mi abuela aún vive y yo soy intolerante a la lactosa. Date cuenta cómo empezó todo: ¡pastel de merengue! Al decir esta frase, la audiencia se hubiera quedado perpleja, sorprendida y llena de dudas por lo fuera de lugar que parecieran esas palabras, aunque después para la audiencia tendría sentido.

"Amo a George Harrison" o: "Si en febrero no ha *inscribido* a su hijo al periodo escolar, se quedará fuera", son algunas frases absurdas, erróneas o sin contexto que he usado recientemente.

Mostrando algo: mostrar algo es mostrar un objeto, un ademán, una gráfica, una fotografía o cualquier otra cosa que desvíe la atención de la audiencia hacia algo. El secreto está en dejar que el objeto sea el protagonista por unos cuantos segundos para que la gente se pregunte: "¿Qué es eso?, ¿por qué nos lo está mostrando?, ¿hacia dónde va con esto?"

Por ejemplo, la estadística de los 34 675 litros de agua al año puede ser aún más poderosa, si de inicio aparece una lámina con un contador que va subiendo hasta esa cifra, mientras una llave de agua corre al fondo. O imagínate esta otra poderosa escena: "Muchas gracias, Juan, por tu amable presentación. Queridos amigos (el orador se baja del escenario y toma el teléfono celular de un miembro del público sin su permiso, de nuevo regresa al estrado para, en silencio, observar reflexivamente el aparato. Finalmente lo muestra a toda la audiencia pasándoselo de una mano a otra y rompiendo el silencio). Tan pequeño y nos tiene esclavizados, tan pequeño y nos tiene totalmente localizables. Y no digo que esto sea del todo negativo, ¡al contrario!, por seguridad, qué bueno que nuestros seres queridos nos puedan encontrar y podamos localizarlos a ellos para saber cómo, dónde y con quién están. Por esta razón sé que ustedes en este momento tienen sus teléfonos sobre la mesa, y no porque vayan a estar checando WhatsApp o sus redes durante mi conferencia, ¿verdad? Aunque no lo crean, este pequeño aparato nos tiene localizables ante personas que no desean para nada nuestro bien, atentando contra nuestra seguridad. ¡Ocho de cada diez secuestros al día de hoy se dan por la información que revelamos sin querer con nuestros teléfonos! (el orador hace una pausa, baja del escenario y regresa el teléfono a su dueño) ¡Cuida tu información digital hoy o paga por tu vida mañana!" (y continúa con su discurso de seguridad digital).

Casualmente: esta fórmula es la más espontánea pues, de todas, es la que más parece que se nos acaba de ocurrir. A ella los estadounidenses le llaman "when I was on my way" (cuando venía de camino), por ser la forma más común de ejecutarla. Veamos: "Muchas gracias, Juan, por tu amable presentación. Queridos amigos. Hoy por la mañana mientras me estaba bañando, pensaba y ensayaba las primeras palabras que les tenía que decir en esta presentación. Me habían recomendado empezar con un chiste, pero no estaba convencido, pues la verdad no soy bueno contándolos, además el tema es demasiado serio como para bromear. Por lo que me arrepentí de iniciar así y ahora necesitaba nuevas palabras de inicio. No cabe duda de que la regadera es un buen lugar para reflexionar. En ese momento de arrepentimiento me dije: 'Alvaro, de verdad que eres estúpido e incoherente, quieres decirle a toda esta gente que cuide el agua y ¡tú andas dejándola correr con tus sueños de orador motivacional!'"

Si algo te sucede antes de empezar tu discurso, ves una película o lees algo interesante un día antes o el día de tu presentación utilízalo como fórmula de inicio. Darás una sensación de espontaneidad y gran seguridad si esa anécdota es real (y cuando no, también 😉).

Siendo brutalmente honestos: apelar a la verdad y a la honestidad siempre capta la atención, sobre todo si lo que estamos diciendo es una verdad que puede ser sensible para la audiencia o contraproducente en apariencia para el orador. "No sé por qué me invitaron a hablar el día de hoy. Ni yo, ni ustedes, ni las personas que represento tenemos razones para celebrar este día." Así empezó su discurso del 4 de julio de 1852 el activista negro Frederick Douglass (Humes, 2002). De seguro fue incómodo el momento, pero memorable al cien por ciento.

La gran mayoría de mis conferencias sobre imagen pública las empiezo diciendo: "Muchas gracias, Juan, por tu amable presentación. Queridos amigos. Les tengo una mala noticia. A todos aquellos que piensan que van a ver una conferencia sobre imagen pública y que voy a dedicarme a darles *tips* de belleza, recomendaciones de maquillaje o a enseñarles a hacerse el nudo de la corbata, les sugieron que abandonen la sala, pues los decepcionaré. ¡La imagen pública es mucho más de lo que se cree! La imagen pública es el mayor patrimonio que una persona o institución puede tener para lograr sus objetivos y ganar credibilidad, ¡IMAGEN ES PODER!"

Enojando a la audiencia: Sí, así de arriesgado como lo escuchas. Imagínate iniciar con estas palabras en un foro de mujeres ejecutivas: "Muchas gracias, Valeria, por tu amable presentación. Estimadas amigas. La verdad no sé qué hacen aquí. ¡Las mujeres no sirven para el trabajo de oficina! Las mujeres deben quedarse en casa cuidando hijos, cocinando, esperando al esposo y manteniendo en orden un hogar (hacer una pausa)." ¡Ahí te encargo los chiflidos y mentadas de madre que recibirías por parte del auditorio!

De eso se trata, de lograr esas reacciones viscerales en quien te escucha. El chiste es que después de aguantar la pausa y las respectivas mentadas, esas palabras ofensivas las pongas en labios de alguien más, quitándote la culpa y ganándote el aprecio de la audiencia.

Quedaría así: "Muchas gracias, Valeria, por tu amable presentación. Estimadas amigas. La verdad no sé qué hacen aquí. ¡Las mujeres no sirven para el trabajo de oficina! Las mujeres deben quedarse en casa cuidando hijos, cocinando, esperando al esposo y manteniendo en orden un hogar (pausa de disgustos y demás reclamos). Queridas amigas, ¡esas palabras me ofenden y me duelen nada más de tener que pronunciarlas! Es impresionante que en pleno siglo XXI, existan personas que sigan pensando de esta manera tan estúpida, y peor aún, ¡que existan mujeres que defiendan esa postura tan arcaica, cuando está comprobado que las mujeres son los pilares de la sociedad!, y como tales, son los pilares de cualquier estructura e institución incluyendo la laboral... (aplausos)."

Con humor: ya vimos que una buena carcajada es de lo que más dopamina, endorfinas y oxitocina genera, ¡imagínate su beneficio si logras producirla con tu fórmula de inicio! Por eso, comenzar con un chiste es una de las recomendaciones que más se repiten en los libros para hablar en público. ¡Pero cuidado! Esos libros pocas veces te dicen que si el chiste no es bueno, no viene al caso con tu tema, es inapropiado u ofensivo para la audiencia, es un chiste viejo o simplemente tú no sabes contar chistes o no causa gracia, ¡se convierte en la peor fórmula de inicio que puedas tener!

Por lo tanto, cuida que el chiste sea bueno, que tú sepas contar chistes, que sea novedoso, que sea adecuado para la audiencia y lo más importante de todo: que venga al caso con tu mensaje, para que sirva de pie para desarrollar tu tema.

En los famosos debates de Illinois, Lincoln fue atacado por su contrincante Douglas durante un discurso de campaña, en el que dijo que antes Abraham trabajaba en una tienda de abarrotes donde vendía whiskey a sus clientes, a lo que Lincoln respondió: "Es cierto lo que dice el señor Douglas, yo trabajaba antes en una tienda en donde además vendía whiskey, y recuerdo con aprecio esos tiempos. Pero también recuerdo que el señor Douglas era uno de mis mejores clientes. Recuerdo muchas veces haber estado parado de un lado del mostrador vendiéndole whiskey al señor Douglas, quien esperaba pacientemente del otro lado del mostrador. La diferencia es que hace mucho tiempo dejé mi lado del mostrador, mientras el señor Douglas sigue aferrado fuertemente al suyo" (Humes, 2002: 8), desatando las carcajadas del público.

Mi recomendación personal es que uses el humor no sólo al inicio, sino en cualquier momento de tu presentación, que lo consideres oportuno pues ¡no existirá mejor afrodisíaco! Mi recomendación final es que lo utilices si contar chistes y manejar el lenguaje con humor es parte de tu naturaleza diaria.

Con un *flashback* o una predicción: "Hace cien años, un gran americano bajo cuya sombra simbólica estamos parados hoy, firmó la proclamación de emancipación...", así empezó Martin Luther King su emblemático discurso en las escaleras del Lincoln Memorial en 1963. Ese fue un *flashback* emblemático y centenario, pero el *flashback* podría ser tan sencillo como empezar así: "La última vez que estuve con ustedes" o: "Se acordarán muy bien de que antes esta oficina era una bodega." El *flashback* debe hacer referencia directa a una situación vivida con anterioridad en ese lugar o con esa audiencia.

La predicción, al contrario, es hablar de una situación futura que se vivirá a consecuencia de escuchar el mensaje: "Muchas gracias, Juan, por tu amable presentación. Queridos amigos. Puedo asegurarles que al acabar esta presentación ustedes serán mejores oradores."

Con una referencia local: puede ser una cita, una anécdota, un chiste, un inicio casual o cualquier otra cosa, pero que sea muy localista y que el auditorio lo tome como una forma de identificación; el platillo típico de la región, la mascota del equipo de futbol escolar, el lema de la ciudad donde te presentas o un cliché sobre la profesión de tu audiencia. Ejemplo: "Muchas gracias, Juan, por tu amable presentación. Estimados Linces. Antes de venir al Franklin hice la escala obligada en El Agujero para echarme unos huevitos cazuela"; sabiendo que así se les dice a los miembros de esa universidad, que así se refieren a su auditorio, que por su arquitectura apodan a su cafetería "El Agujero" y que esos huevos son el platillo estrella para desayunar.

Con un video: los videos son captores inmediatos de la atención. Una vez que hayan presentado tu párrafo curricular, agradécele al presentador, haz alusión a tu audiencia, y sin decir nada más dale clic para que corra tu video. A su vez, el contenido de ese video puede tener una o varias fórmulas de inicio.

Con el mensaje: es la más fácil de todas y además estás aprovechando para que tu frase mágica empiece a permear. "Muchas gracias, Juan, por tu amable presentación. Queridos amigos. Esta Semana Santa visiten Tabasco, no se van a arrepentir." "Queridos amigos, ¡juntémonos YA y cuidemos a la mariposa monarca!" "Queridos amigos, cuiden su información digital hoy o paguen por su vida mañana." "Estimados graduados, felicidades porque hoy no estamos acabando, estamos empezando de nuevo." "Queridos amigos, el agua es para quitarte el jabón y no para ponértelo. ¡CIÉRRALE A LA LLAVE MIENTRAS TE ENJABONAS!"

Todas estas son formas para empezar tajantemente. La recomendación es repetir la frase mágica un par de veces con sus debidas pausas intermedias, después ligarla con algo como: "... por qué estoy diciendo esto de manera tan firme y contundente... (vuelves a repetir la frase) porque es lo que quiero que recuerden el día de hoy." ¡Más explícito con tu frase mágica no podrás ser!

Vistas las fórmulas de inicio, terminamos el capítulo de "Abre fuerte" en nuestro Método H.A.B.L.A., pero ¿y si empecé mal?

Me gustaría decirte que no te preocupes y que no pasa nada, pero la realidad es que si no abres fuerte te será mucho más difícil tener una presentación exitosa. Ahora bien, si por alguna extraña razón te llegara a pasar, no todo está perdido. Existe un axioma de la imagen pública que puede darte esperanza. Es el axioma #4, dice que la imagen es dinámica y se encuentra activa, en constante movimiento, por lo que una mala percepción inicial puede transformarse en buena y rescatarse para el cierre, el secreto estará en el cambio de los estímulos. Aunque también es innegable, y debo decírtelo, a su vez hay otro axioma que dice: siempre será más difícil reconstruir una imagen que construirla bien desde su origen.

Por lo tanto, abre fuerte y simplemente... ¡H.A.B.L.A.!

3. BUENA VOZ

NUESTRA OTRA HUELLA DIGITAL

Nada revela tan fiablemente el carácter de una persona como su voz.
BENJAMIN DISRAELI (1804-1881)

La gente asocia una voz firme y sonora con confianza, eficiencia y poder. No te confundas, cuando digo voz firme y sonora, no significa que tengamos que gritar o esforzarnos de más. Hago referencia a que tenemos que sacarle el mayor provecho al instrumento musical que la naturaleza nos dio.

"La voz de una persona debe ser clara, resistente, brillante, potente y hermosa", me decía la doctora Eugenia Chávez Calderón, directora general del Centro de Foniatría y Audiología, mientras yo veía las fotos que adornaban su consultorio. Expresidentes, artistas, conductores, comentaristas deportivos y cantantes de pop, rock, ranchero y ópera, aparecían a un lado de la doctora en ese mismo consultorio con cara de agradecimiento.

Al ver la fotografía en la que la doctora aparecía con uno de mis ídolos de la adolescencia, Saúl Hernández, el cantante de *Caifanes*, mi mente divagó hasta un lejano día de enero de 1995 en el que los *Rolling Stones* visitaron por primera vez México y en la que los Caifanes fueron sus teloneros. Al terminar el concierto y visitar el *backstage*, me topé con un Saúl extasiado que le rendía fiel tributo a su canción "Quisiera ser alcohol". Y yo, cual fan, me le pegué y por suerte le caí bien; me hizo su compañero de fiesta y hasta me abrazaba y daba besos como si fuéramos grandes conocidos, ¡yo estaba alucinado!

Mientras transcurría la noche y el dios Baco le mostraba a Saúl su cara más melancólica, me tomó del hombro y entre lágrimas me empezó a *netear* (así le decimos en México al hecho de ser muy francos con nuestros sentimientos y opiniones, y en la borrachera, "tirar las netas" es toda una tradición). Me contaba que la dinámica de su banda no era la mejor por lo que estaban pensando separarse y que a él, por unos pólipos que tenía en la garganta que se le habían transformado en tumores, los doctores no le permitían cantar. Me lo explicó con una analogía muy sencilla:

"Mira, Alvaro, es como si te rasparas y te saliera una costra, pero que una vez que se te está cicatrizando, te volvieras a raspar en ese mismo lugar, entonces se te hace la costra sobre la costra y la cicatriz sobre la cicatriz y así sucesivamente. Cada vez se te va haciendo más gorda la cicatriz hasta que se convierte en un pólipo, que te ensucia la voz y luego puede transformarse en cáncer."

Esta cita no es precisa, seguramente estaría cargada de muchas groserías y mentadas de madre, pero así es como se la conté a la doctora Chávez después de ver la foto, a lo que dijo con un tono de maestra cariñosa: "Ay, mi Saúl, pues te lo explicó bastante bien, eso es lo que pasa cuando no se entrena y se cuida la voz."

Ese año *Caifanes* se separó, después Saúl se sometió a más de cuarenta operaciones para retirarse los tumores de la garganta (*Informador*, 2013), tuvo que rehabilitar su voz y, por fortuna, sigue activo con reencuentros de *Caifanes* y proyectos como solista. Que, por favor, eso no te pase a ti.

Para este libro entrevisté a la doctora Chávez, para ayudarte a sacar el mayor provecho a tu voz y así puedas gozar los beneficios de tener un buen usufructo vocal. Este apartado es el resultado de esa entrevista.

BUENA VOZ

> La voz es un elemento de comunicación pero también nos identifica, por eso es importante para nuestra imagen pública. La voz es un sello personal y tener una buena voz es mucho más trascendente que tener una buena imagen física, ya que nos da personalidad y se le atribuyen un sinfín de características de cómo somos. Por las características vocales puedes suponer cómo es la persona. Es otra huella digital y va íntimamente ligada a lo que queremos lograr, desafortunadamente, la gente no le da la importancia que debe tener.

Así de contundente respondió la doctora Chávez a mi pregunta sobre cuál era la relación entre la voz y la imagen pública.

Por su parte, el doctor Morton Cooper (1984), foniatra de las estrellas de Hollywood, explica que cuando la voz es placentera y está bien colocada se convierte en un activo muy valioso, pues puede tener un efecto hipnótico muy poderoso en los oyentes. Y, por el contrario, cuando el sonido es desagradable o no está bien colocado, tiene un efecto perjudicial a nuestra imagen, pues genera prejuicios negativos en quien escucha.

¿Pero cómo es la voz placentera? La doctora nos dijo que debe ser clara, resistente, brillante, potente y hermosa; para lograr esto, la voz tiene que ser impostada y estar bien ubicada. La impostación y la ubicación no son otra cosa más que el aprovechamiento de nuestro cuerpo para tener una voz más potente, agradable, resistente y que no nos cansemos o la voz se nos ponga opaca. Para ello, debemos utilizar todo nuestro aparato fonador (o de fonación), que es el sistema encargado de que produzcamos sonidos, compuesto por varias partes de nuestro cuerpo.

El aparato fonador incluye muchísimos órganos, músculos y cavidades de nuestra anatomía, que están controlados por el sistema nervioso central. Más que darte clases de anatomía, quiero centrarme en que aprendas a usarlo de manera correcta y profesional para sacarle el mayor provecho.

Lo primero que debemos entender es cómo se produce el sonido. Imagínate que tu aparato fonador es como un megáfono que proyecta la voz y está dividido en tres áreas: la inferior, la media y la superior. La superior es el área de la nariz y boca, conocida como el área de la máscara (Cooper, 1984). La media es donde está la laringe y tus cuerdas vocales. Y la inferior la componen tus pulmones y el diafragma.

Para convertirse en sonido, el aire impulsado por el diafragma procedente de la espiración pulmonar debe provocar una vibración en la laringe y en su conjunto de cartílagos, ligamentos y membranas, que sostienen a las cuerdas vocales; que son unas bandas de tejido muscular cubiertas de mucosa que empiezan a ondularse con ese aire y a abrirse y a cerrarse; cuya tensión, elasticidad, altura, anchura, longitud y grosor dan lugar a diferentes efectos sonoros.

El sonido que producen las cuerdas vocales por sí solas es muy débil y opaco. La garganta, nariz, boca y cabeza en general actúan como caja de resonancia amplificando y modulando el sonido, como si fuera una guitarra. Si a una tabla de madera le tensas cuerdas de un lado a otro y las haces vibrar, el sonido que obtienes es muy débil y opaco, pero si en un extremo le colocas una caja de resonancia, el sonido se amplifica obteniendo el característico sonido de la guitarra.

La resonancia del sonido en nuestro aparato fonador medio y superior debe ser pareja y bien distribuida, ya que poner demasiado énfasis a una de las áreas, puede crear una voz mal ubicada. Por ejemplo: el exceso de resonancia en los senos paranasales produce una voz nasal, considerada como desagradable, tediosa y poco seria; como la de Fran Drescher en su personaje de The Nanny. El exceso de resonancia en la parte inferior de la garganta produce una voz gutural con un sonido seco y forzado, que también es desagradable y cansa al oyente, pues te dan ganas de pasarle una pastilla de menta o un vaso de agua. Sería como la voz de Marlon Brando en *El Padrino*, la voz de Chavela Vargas o de esas personas que parece que han fumado mucho durante su vida.

Si bien estas voces a algunos individuos pueden darles personalidad, no es lo más sano y mucho menos lo más recomendable para hablar en público. Para Cooper (1984), lo mejor es que la voz tenga un buen equilibrio en toda la zona de la máscara, pues hace que suene más rica, plena, vibrante y flexible.

Aunque hablar y producir sonidos es algo inherente en nuestra especie, los seres humanos aprendemos a utilizar la voz como el burro que tocó la flauta. Desde que nacemos, empezamos a emitir sonidos que poco a poco vamos regulando hasta que aprendemos a comunicarnos; no obstante, la gran mayoría de nosotros desarrollamos malos hábitos al producir sonidos, que son perjudiciales para nuestra salud y nuestra imagen verbal. Por eso cuando alguien sabe usar bien su voz, impacta tanto y se le percibe como superior.

Para entender los atributos que nos trae aprender a usar correctamente nuestra voz, imagínate qué pasaría si en lugar de hablar, hubiéramos nacido con una guitarrita pegada al cuerpo. Al principio, de bebés, nada más rasgaríamos y golpearíamos las cuerdas: ¡tran, tran, tran, tran!, después, poco a poco, aprenderíamos los acordes y generaríamos melodías para comunicarnos. Si en ese mundo de guitarristas natos de repente se apareciera un guitarrista del conservatorio, que ha dedicado mucho tiempo a estudiar su instrumento, en el momento que empezara a hacer lo que todos hacen, sorprendería mucho y le darían atributos de admiración y superioridad. La gente comentaría: "Está haciendo lo mismo que yo, tocar la guitarra, pero la manera como lo hace me cautiva."

Los beneficios de utilizar bien todo nuestro aparato fonador son inmensos, aquí los resumimos en tres:

No se desgasta el aparato fonador: podrás hablar durante diez horas seguidas si así lo deseas, ir a una fiesta en donde tengas que hablar más fuerte o cantar a todo pulmón en el concierto de tu artista favorito y no se te cansará la voz ni te quedarás disfónico (es decir, que se altere la calidad de la voz en cualquier grado) o afónico (pérdida total de la voz). Recuerdo muy bien a una maestra cuando yo era niño, que nos culpaba porque se le había "acabado la voz" y no podía hablar. Eso me impactaba mucho, pues pensaba que teníamos una reserva de voz que debíamos administrar. Hoy le diría: "No se confunda, maestra, no se le acabó la voz, le dio en la torre a su aparato fonético por no saberlo utilizar, que es distinto, por lo tanto: ¡deje de gritarnos! Existe una gran diferencia entre hablar fuerte y gritar."

La voz tiene más alcance y resonancia: como mencionamos, existe una gran diferencia entre hablar fuerte y gritar; también hay una gran diferencia entre hablar bajo y susurrar. La voz tiene que ser firme y sonora para que todas las personas puedan escucharnos y que nuestra voz viaje más lejos. Por eso es que, antes de los micrófonos, era tan importante que los actores de teatro y los oradores conocieran bien estas técnicas, pues el público al fondo del recinto no los escucharía o tendría que gritar. También era primordial la construcción acústica de los recintos, pues la manera como rebotaba el sonido en las paredes ayudaba a su amplificación y los oradores sabían hacia qué zona de los anfiteatros debían dirigir su voz, para que ésta tuviera más resonancia e impacto. Hoy tú podrías gozar de esos beneficios para hacer que tu voz se escuche más lejos y que rebote en las paredes y los techos de los recintos donde te presentas, logrando así un sonido más envolvente. La forma más sencilla de entender este beneficio es diciéndote que al usar bien todo tu aparato fonador empezarás a hablar en *surround.*

Mejora el color de tu voz: el color de la voz es el timbre, que como veremos, es el modo propio y característico de sonar de la voz de una persona, en el cual intervienen elementos genéticos y de uso. Si aprendes a usar todo tu aparato fonador, la voz se te escuchará más aterciopelada y seductora, produciendo un efecto encantador en quien te escucha. Es a lo que comúnmente le llamamos "voz de locutor", y es cuando los hombres se escuchan más varoniles y las mujeres más sexis.

¿Muchos beneficios, no lo crees? Ahora veamos cómo lograrlos y sacarle el mayor provecho a nuestro aparato fonador.

Lo ideal sería que fueras con un foniatra (médico del lenguaje humano) o con un logopeda (especialista no médico) para que te hiciera un examen de idoneidad de tu aparato fonador y te diera un diagnóstico y entrenamiento más preciso (o mínimo ir con un maestro de canto), aunque también existen una serie de métodos autodidactas con los que si te esmeras puedes desarrollar tu voz ideal.

Sin ser foniatra, logopeda o maestro de canto, yo he creado mi propia técnica en la que capacito a mis clientes en quince minutos, pues por su perfil, lo que menos tienen es tiempo. Al decir que los capacito en quince minutos, no me refiero a que en ese brevísimo tiempo les ayude a tener una voz impostada y les cambie la vida. Más bien, en quince minutos les enseño la técnica y les digo que es responsabilidad suya adquirir el hábito. Sé que la gran mayoría de mis clientes no lo harán, pero los que sí lo hacen me dan testimoniales de los grandes beneficios que esta técnica les produjo.

Al siguiente día del arranque de una campaña presidencial, nuestro candidato se quedó disfónico por la manera como forzó sus cuerdas vocales durante el discurso inaugural. ¡Imagínate un candidato a la presidencia que no puede hablar durante su campaña! Le tuvieron que poner unas inyecciones de cortisona para que pudiera hablar. Yo le enseñé la técnica que a continuación voy a revelarte. Nunca más se quedó sin voz y siguió hablando todo su mandato. Cierto día que me lo encontré ya siendo presidente, me dijo que desde esa vez en la que le enseñé la técnica se puso las pilas y ahora no sabía hablar de otra forma que no fuera la correcta. Siempre digo en tono de broma que con ese presidente me llevo de piquete de ombligo, pues enseñar la técnica requiere apretar la zona abdominal de mis clientes.

Al principio, la técnica te costará trabajo y pensarás que no te está saliendo bien o que impostar la voz no es para ti (¿recuerdas que hablamos de la competencia consciente de Maslow al inicio del libro?), créeme, si te dedicas dos meses a desarrollar el hábito, entrará en tu sistema, te cambiará la vida y serás competentemente inconsciente del buen uso de la voz.

Te pido que le dediques dos meses a desarrollar el hábito, las primeras cuatro semanas las usarás para adquirir la técnica, dejando el segundo mes a la práctica y concientización del proceso. Veamos, entonces, qué hacer en cada una de las cuatro primeras semanas:

La dedicarás a conocer tu diafragma y ver cómo se mueve. Para ello, tienes que saber qué es el diafragma y detectar su funcionamiento en relación con la respiración.

El diafragma es un músculo accesorio transversal que divide al tórax del abdomen, gracias a él estamos vivos. Los músculos accesorios son los que le dan funciones a varias partes del cuerpo y el diafragma es uno de ellos, pues interviene en el aparato reproductor, en el digestivo y en el respiratorio, entre otros. Si nos partieran por la mitad a la altura del esternón, verías que del diafragma para arriba tenemos el corazón y los pulmones y del diafragma para abajo el estómago, los intestinos y otras vísceras.

Para que comprendas algunas funciones del diafragma, piensa que es el que ayuda a ejercer presión durante el parto, el que te hace pujar al ir al baño, el que te obliga a estornudar o a toser aunque no quieras y es el responsable de hacerte reír. ¿Nunca te has reído tanto que te duele la panza?, pues bueno, lo que te duele no es la panza, es el diafragma. Y por supuesto, una de sus funciones más vitales es la de hacernos respirar.

A su vez, el diafragma es un músculo voluntario-involuntario que se expande y se contrae. Los músculos voluntarios son los que movemos a placer y los involuntarios son los que no podemos controlar, como el corazón. El diafragma es un músculo voluntario-involuntario, pues podemos moverlo a placer cuando queramos, pero a veces hace funciones sin que nos demos cuenta o sin controlarlo. Por ejemplo: si te pido que dejes de respirar o que lo hagas más rápido, lo puedes hacer; o si te digo que pujes o que finjas la tos, harías mover tu diafragma. Pero si te aguantas la respiración más tiempo, tarde o temprano tu diafragma te obligaría a respirar; al igual que por más que te aguantes las ganas de ir al baño, en algún momento pujarás. Otro ejemplo de sus movimientos involuntarios podemos encontrarlo en las contracciones espasmódicas que originan el molesto hipo.

Ya que sabes lo que es el diafragma, veamos cómo funciona el diafragma en la respiración:

Los pulmones por sí solos no se mueven, tienes que imaginártelos como dos simples bolsas de aire que inflamos y desinflamos. Cuando nosotros inhalamos, el diafragma se contrae desplazándose hacia abajo y haciendo que los músculos intercostales presionen las costillas hacia afuera. Esto hace que la cavidad torácica se expanda y que el aire entre por la tráquea para llenar los pulmones. Cuando el diafragma se relaja y adopta su posición normal, la presión que ejerce sobre los pulmones, aunada a la presión general por la reducción del volumen del tórax, hace que salga el aire y exhalemos.

Ese repiqueteo del diafragma es el que nos hace inhalar y exhalar. Ya hemos hablado de la estrecha relación que hay entre respiración y voz; mediante la exhalación, las cuerdas vocales se ondulan y se produce el sonido. Aún no es tiempo de que sepas cómo debe ser la forma correcta de producir los sonidos, eso lo dejaremos para la segunda semana. En la primera interesa que encuentres tu diafragma, veas cómo se mueve y puedas hacer ese repiqueteo de manera voluntaria y a la intensidad que quieras.

Para lograrlo, vamos a detectar tu diafragma mediante movimientos violentos e involuntarios de éste. Para ello, te pido que consigas un globo de látex de tamaño estándar, ésta es la forma más fácil de forzar el diafragma. Tratarás de inflar el globo con la pura espiración (exhalación). Hago hincapié en esto, pues es común que inflemos los globos haciendo recámara en los cachetes, ayudándonos de los mismos para hacer fuerza. El chiste es pensar que lo estamos inflando con el aíre que sale desde el fondo de nuestro interior, expulsándolo como lo hacemos cuando nos dan un golpe en la panza y nos sacan el aire.

De momento no lo podrás inflar, de hecho te recomiendo que todavía no lo intentes, mejor haz ligeros piquetitos constantes hasta que sientas la resistencia del látex. La mano que tengas libre colócala debajo del esternón justo a la altura de lo que llamamos boca del estómago; con los dedos índice y medio haz presión sobre esta área. Verás que cuando exhalas y tratas de inflar el globo, algo brinca y empuja tus dedos. Sigue haciendo piquetitos con el globo a diferentes intensidades mientras sientes cómo se mueve tu diafragma con cada uno de ellos.

Otra forma de sentir tu diafragma es fingiendo la tos o pujando. Fingiendo la risa, los estornudos y el hipo, no se puede, pues esos movimientos sí son involuntarios. Por eso es tan fácil distinguir una carcajada fingida a una real.

El siguiente paso es hacer del movimiento involuntario algo voluntario, sin tener que toser, pujar o exhalar. Simplemente sigue sintiendo las contracciones de tu diafragma y que éste empuje tus dedos. Se trata de mover el diafragma a placer. Al principio puedes ayudarte con el globo: empieza haciendo ligeros piquetitos con él y después retíratelo de la boca para continuar el mismo movimiento. Relaja tus hombros y cerciórate de que nada más muevas el diafragma, pues en esta parte solemos mover todos los músculos abdominales, hasta meter y sacar la panza. Te apuesto a que si te lo tomas en serio, desde el primer día conseguirás hacer este movimiento de manera voluntaria.

El resto de la semana lo dedicarás a hacer movimientos del diafragma en cada oportunidad que tengas y a diferente intensidad. Los harás mientras te bañas, vas en el coche o el transporte público, durante las juntas en la oficina y en las reuniones con amigos. Cada piquetito que hagas será como una abdominal para el diafragma. Haz series de diez seguidas y luego descansa; también déjalo apretado mucho tiempo para después relajarlo. En ocasiones, trata de hacer los piquetitos lo más débil que puedas y, en otras ocasiones, métele toda la fuerza que tu cuerpo te dé. Un gran *tip* es que durante esta semana lleves contigo el globo a todos lados y que pongas otros más en tu lugar de trabajo, regadera y vestidor. Lo usarás como recordatorio (ya no te apoyes en él), cada vez que lo veas te acordarás de ejercitar el diafragma. Poco a poco verás que no sólo se sienten los movimientos en la boca del estómago, sino que también empiezan a sentirse en los costados y en la espalda mediante la presión en las costillas.

Tienes que llegar al final de la primera semana conociendo tu diafragma y moviéndolo a tu voluntad. En esta primera etapa, es muy importante que practiques la respiración costodiafragmática que vimos durante el control de ansiedad, pues la usaremos de aquí en adelante para hablar.

Dedicarás la segunda semana a la emisión y regulación del aire, y de sonidos, por medio del diafragma. Para ello hay que saber datos sustanciales sobre el correcto funcionamiento del mismo en relación con la voz.

Si bien el aire que exhalamos es el que hace que las cuerdas vocales se ondulen y se produzcan sonidos, algo que no hemos dicho es que estas ondulaciones también pueden hacerse de manera forzada sin necesidad del aire. Imagínate las cuerdas vocales como si fueran un rehilete que girar de manera natural a causa del aire. Imagínate que este rehilete a su vez tiene un motor, que le permite seguir girando a falta de aire. Si usaras mucho ese motor, se desgastaría y presentaría fallas, ya que mientras más se usa un motor, menos vida tiene.

Ésta es la principal falla o el principal vicio de los seres humanos al hablar. Que las cuerdas vocales se manejen de manera forzada y no gentilmente. La aplastante mayoría de la población utiliza la fuerza muscular para hablar en lugar de la fuerza de exhalación. Esto conlleva algunos riesgos, el principal es que las cuerdas vocales se desgasten y se resequen, presentando fallas en la voz como disfonía o afonía. El quedarte ronco después de hablar en público o de acudir a un evento en donde tuviste que hablar fuerte, es un pésimo síntoma. También es mal síntoma sentir la necesidad de carraspear, de chupar una pastilla o de beber agua para lubricar y limpiar la voz.

Piensa que las cuerdas vocales son un músculo más que puede lastimarse. Si te tuerces un tobillo y se te inflaman sus músculos, tu propia naturaleza y sabiduría corporal te pedirá que no lo muevas hasta que se mejore, o inclusive si es más grave, el médico te lo inmovilizará y te obligará a no pisar. Una persona que no tiene la voz entrenada sólo podrá hablar un máximo de dos horas seguidas a un volumen medio sin que sus cuerdas vocales se inflamen; aunque tú pienses que no hablarás en público por períodos largos, el simple hecho de apretar las cuerdas vocales al hablar en nuestro día a día causa el mismo daño. Cuando las cuerdas vocales se inflaman, nuestra sabiduría corporal nos obliga a no moverlas, haciendo que dejemos de producir sonidos o que estos se debiliten o ensucien. Pero como somos necios y tenemos la necesidad de seguir hablando, las forzamos haciendo que se lastimen aún más y generen unas pequeñas úlceras que necesitan tiempo para cicatrizar. Si aun así seguimos hablando, no dejamos que esas úlceras cicatricen, volviéndolas a abrir, provocando que cada vez la cicatriz sea mayor y que se formen unas bolitas llamadas nódulos, parecidas a un callo. Los nódulos se transforman en quistes, los quistes en pólipos y éstos en tumores.

Es lo que me explicaba Saúl Hernández de *Caifanes.* Si bien queda el consuelo de que todos esos nódulos, quistes, pólipos y tumores son benignos, la consecuencia es que la voz tenga ronquera y sea áspera, que se entrecorte, que disminuya la escala tonal, que se sufran dolores internos de oreja a oreja, de cuello y de garganta. En general, que se tenga la molesta sensación crónica de tener algo atorado en la garganta. Además, se produciría una gran fatiga vocal y corporal, siendo la única solución la intervención quirúrgica. ¿Has visto a la gente cómo mientras más envejece más empieza a tener estas características en su voz? Son síntomas normales por el desgaste.

También encontramos casos como el de Tony Bennett, quien con más de 90 años, mantuvo la misma voz que tenía en los años 50. De las pocas personas que sí apoyan la voz en el diafragma, la gran mayoría lo hace porque se ha entrenado tomando clases, ya sea por su profesión de cantantes, actores u otras que lo ameriten. El resto nació con ello, aunque también aprendieron a tocar la flauta como lo hizo el burro, ¡de suerte lo aprendieron bien!

Ya que estamos hablando de los cantantes, estoy seguro de que ya habías escuchado esto de apoyar la voz en el diafragma. "Es que cantan con la panza", se dice. Y no, no cantan con la panza ni con el diafragma, como nosotros tampoco hablamos con él. Cantan y hablamos con las cuerdas vocales y sus resonancias, lo único es que el impulso del aire al espirar es lo que las hace ondularse. ¡Nunca más utilizaremos ni forzaremos el motor del rehilete!

Otro de los grandes beneficios de usar bien nuestro aparato fonador es que la voz tiene más alcance y resonancia, como si habláramos en *surround,* decíamos. Esto se logra porque al sacar el aire impulsado por el diafragma, ese aire y los sonidos que lleva se expulsan con más violencia, haciendo que el rebote en nuestro paladar y senos paranasales ocurra con mayor intensidad, obteniendo una resonancia superior.

Entendido todo esto, veamos la técnica para emitir y regular el aire y los sonidos por medio del diafragma.

Empezaremos por la emisión de aire. Como ya dominas los movimientos de tu diafragma y puedes hacer piquetitos con él a placer, ahora lo que debes lograr es que salga aire al hacer cada uno de esos piquetitos. Tal y como le hiciste al inicio de la primera semana con ayuda del globo, sólo que ahora debes exhalar sin él. Recuerda que esta espiración no tiene que venir de los cachetes sino de tu diafragma. Imagínate que es una exhalación más similar a la que haces cuando jadeas y no la que hacemos al apagar las velitas del pastel.

Ya que lograste que al "apretar" tu diafragma saliera aire (entrecomillé la palabra *apretar*, porque la realidad es que al hacer ese piquetito lo que está pasando es que el diafragma se está extendiendo y regresando a su estado original, aunque se siente como si se apretara. (En adelante me tomaré la libertad de usar la palabra *apretar* sin comillas, para referirme a este movimiento), seguimos con un ejercicio al que llamo "la llave de agua", que consiste en regular la intensidad y duración del flujo de aire.

Cuando abres completamente la llave del agua, sale un chorro potente y constante; si la abres ligeramente, obtendrás un chorrito delicado. Si abres y cierras la llave repetidamente, conseguirás un chorro que sale y se corta y sale y se corta; si abres un poco la llave, pero paulatinamente la vas abriendo más y más, el resultado será que el chorrito se irá haciendo cada vez mayor hasta llegar a su máxima potencia.

Acudo a esta analogía para explicarte que así debe funcionar la salida y regulación del aire por medio del diafragma: si tú aprietas tu diafragma a todo y lo mantienes apretado, saldrá un flujo de aire potente y constante, pero si lo aprietas ligeramente, obtendrás un flujo de aire delicado. Si aprietas y sueltas el diafragma repetidamente haciendo repiqueteos con él, lograrás que el flujo de aire salga y se corte constantemente; si tú aprietas un poco tu diafragma, pero paulatinamente lo vas apretando cada vez más, el flujo de aire se hará cada vez mayor hasta llegar a su máxima potencia.

Entendido esto, ¡ponte a jugar con la llave de agua! Aprieta tu diafragma a diferentes intensidades y con distintos períodos de duración para que puedas controlar y regular el flujo de aire. Es lógico que si lo expulsas con mayor intensidad el aire te durará menos y a la inversa, por lo que también este ejercicio te servirá para que vayas conociendo tu capacidad pulmonar y hagas conciencia sobre la administración del aire. Un buen *tip* para el entrenamiento es ponerte la palma de la mano frente a la boca, así sentirás y escucharás las diferentes intensidades con las que sale el aire.

El siguiente paso será regresar a nuestro globo, pero ahora sí lo vamos a inflar. Para ello, harás una respiración profunda a tu máxima capacidad (ya sabes cómo) y después expulsarás el aire con la mayor fuerza posible desde el diafragma. Piensa que es como si te pegaran un puñetazo directo a la boca del estómago y te sacaran todo el aire (de hecho, estos golpes son directos al diafragma, por lo que te vacían los pulmones con extrema violencia). ¡No te vayas a ayudar con los cachetes! Cuando te ayudas con los cachetes, el rostro se te tensa y hasta te duelen los oídos y la parte posterior de la quijada. Para este ejercicio los músculos del rostro tienen que estar relajados.

Verás que pronto conseguirás inflar el globo a gran velocidad y sin que oponga resistencia alguna. Repite varias veces este ejercicio y percibirás cómo cada que inflas el globo, aumenta tu capacidad pulmonar, la velocidad y fuerza con la que sacas el aire. Llegará un punto en el que podrás inflarlo hasta poncharlo con una sola exhalación.

Una vez que conseguiste inflarlo, juega de nuevo con la llave de agua, pero inflando el globo a diferentes intensidades y duraciones. Con este ejercicio estamos fortaleciendo el diafragma, pues la resistencia que hace el globo es su mejor aparato de gimnasio.

Ahora, quítate el globo y empieza a exhalar apoyado en el diafragma, no de manera violenta, sino de una manera moderada, como estarías espirando con normalidad. Trata que esa exhalación sea lo más larga posible e imagínate que el aire tiene que llegar muy lejos del lugar en donde estás. Este ejercicio nos permitirá a continuación empezar con la proyección de la voz, el chiste es que no sólo salga aire, también sonido.

Ya sabes que el sonido se produce por la ondulación de las cuerdas vocales y la resonancia en nuestra cabeza. Ya sabes, lo que debe hacer ondular las cuerdas vocales es el aire impulsado por el diafragma y no la fuerza muscular. Lo único que te hace falta saber, pero de seguro intuyes, es que si al apretar fuerte el diafragma sale un flujo de aire potente, ese aire potente hará vibrar y ondular las cuerdas vocales con mayor fuerza y velocidad, produciendo mayor resonancia y, por lo tanto, sonidos altos y fuertes. Si lo aprietas ligeramente, el flujo de aire será delicado, las ondulaciones menores y los sonidos bajos y débiles.

Al exhalar desde el diafragma, te vas a imaginar que ese aire debe producir sonido al llegar a tu garganta. No importa cómo sea el sonido al principio, es muy probable que suenes a algo entre un alma en pena y un burro ronco (¿bonita combinación, no crees?), el chiste es que no estés forzando el cuello ni pujando; así que relaja el cuello y la zona abdominal y deja que salga el aire con sonido. No lo hagas fuerte, piensa que ese sonido debe viajar suavemente y alcanzar otra habitación. Si ya lo lograste, trata de que ese sonido se asemeje a una letra A y luego a una E, y así con todas las vocales.

Si no te funcionó esta técnica, te dejo la que practico con mis clientes, a la cual denomino "la abeja". Aunque te haya funcionado la pasada, practica esta técnica, para ver cómo vibra nuestra cabeza al hacer resonancia. Vas a hacer lo siguiente:

Imagina que tienes una abeja en la boca y que está haciendo su característico zumbido. Te pido que imites el zumbido de una abeja haciendo *zzzzzz*...

Si te das cuenta, al hacer este ruido tu boca se encuentra abierta, tus dientes juntos y la lengua justo detrás de los dientes moviéndose con rapidez y cosquilleando.

Desearás atrapar a esa abeja dentro de tu boca, por eso la cerrarás. Fíjate cómo al cerrar los labios, automáticamente tu lengua se separará de los dientes haciendo que el sonido de la abeja encerrada suene como una letra M constante: *mmmmmm.*

Al pasar de *zzzzzz* a *mmmm*, verás cómo forzosamente harás una ligera e imperceptible pausa, pues el aire te dejará de salir por la boca y empezará a escapar por la nariz.

Piensa que la abeja se enojó y desea escaparse, por lo que está zumbando más fuerte: ¡*MMMMMMM*! Por favor, al hacer este sonido más fuerte no infles los cachetes, únicamente empieza a sacar aire con más fuerza por la nariz mientras aprietas tu diafragma. Imagínate que quieres hacer que la abeja suba por tu garganta para escapar por tu nariz ayudada de ese aire que proviene de la mitad de tu cuerpo. Haz las pausas que consideres necesarias para respirar, no es indispensable hacer este ejercicio con una sola exhalación.

Siente las vibraciones de la resonancia de este sonido en toda tu cabeza. Al decir la M fuerte y constante con el aire del diafragma, estarás sintiendo el zumbido de la abeja en todo su esplendor. Tápate los oídos y sentirás la vibración aún con más intensidad. Recuerda apretar con fuerza tu diafragma mientras sacas el aire por la nariz.

Luego tápate los oídos con los pulgares y al mismo tiempo las fosas nasales con los índices y vuelve a hacer la M fuerte desde el diafragma, verás lo que pasa con las vibraciones...

¡Ja!, te engañé, ¡al hacer esto el sonido y las vibraciones desaparecen! Recuerda que sin flujo de aire no hay sonido. Esta trampa es una muestra fiel de cómo la letra M que estabas haciendo proviene totalmente de tu diafragma.

Ha llegado el tiempo de liberar a la abeja. Mientras mencionas la letra M tal y como lo venías haciendo, abre la boca y separa los dientes. Verás que esa M se convierte en una A, sonando algo así como *MMMMaaaa.* Mantén esa letra A y después continúa practicando con el resto de las vocales: *MMMMaaaa... MMMMeeee... MMMMiiii... MMMMoooo... MMMMuuuu...* ¡Felicidades!, todos esos sonidos provienen de la ondulaciones y vibraciones correctas de tu aparato fonador. ¡Ya estás impostando la voz!

Por último, intenta decir las vocales sostenidas sin tener que recurrir a la abeja o a la letra M. Cuando lo logres, aprieta el diafragma con mayor o menor intensidad como cuando lo hacías con la llave de agua. Verás que el sonido se hará más fuerte o más débil según lo aprietes.

3a SEMANA *Vamos a dedicar la tercera semana a la emisión y regulación de palabras y oraciones. Hasta este punto ya puedes decir las vocales de manera sostenida, ahora, trata de decirlas de manera normal; o sea, cortas y concisas. A, E, I, O, U. Este paso es muy fácil y muy natural, no tendrás ningún problema en lograrlo. Dilas con mayor o menor intensidad, regulando el volumen mediante la fuerza que le imprimes a tu diafragma.*

Después prueba con una sílaba. Empieza por *Ma,* que es la más fácil. Súbele y bájale el volumen y la duración con la intensidad de tu diafragma. Una vez que domines esta sílaba intenta con otras. Intenta con los nombres de las notas musicales sin hacer su escala tonal, mantente en un solo tono: do, re, mi, fa, sol, la, si, do. Juega con el volumen mediante la intensidad del diafragma.

Toca el turno de intentarlo con palabras. Empieza con palabras de dos sílabas repetidas: *mamá... papá... coco...* Sigue con otras palabras de dos sílabas: *roca... traje... simio...* Sube el nivel a palabras de tres o más sílabas: *México... zopilote... congeladora.* En todas las palabras juega con la intensidad del volumen apretando tu diafragma. Verás que en las palabras largas tendrás que mantener apretado el diafragma todo el tiempo, pues si apretaras y soltaras el diafragma como cuando hacías piquetitos, el aire saldría y se cortaría so-nando las pa-la-bras así.

Toca el turno de las frases. A mí me gusta que mis clientes empiecen diciendo las frases "más abajo" y "más arriba", fomentando que mientras las pronuncian, empiecen a decirlas con volúmenes más bajos o más altos, según sea el caso. Al hacerlo, detecta cuál es tu volumen más alto sin tener que gritar y cuál es el más bajo sin tener que susurrar.

Finalmente, inténtalo con frases más largas que permitan ser dichas en una sola espiración.

La cuarta y última semana del mes la dedicarás a hablar. Así de sencillo como suena, deberás ligar frases haciendo sus respectivas pausas para respirar en donde normalmente iría una coma o un punto. La mejor forma de hacerlo es leyendo en voz alta. Hazlo cuantas veces puedas en esta cuarta semana.

Por último, en el segundo mes del proceso harás tu vida normal tratando de hablar con el diafragma en todo momento. Verás que pronto llegará el punto en el que no tendrás que fijarte en lo que estás haciendo, pues estarás impostando la voz sin darte cuenta. En mi caso, hoy me cuesta más trabajo hablar sin el diafragma que con él, y cuando lo hago, me duele mucho la garganta.

El balón está de tu lado. Practica y desarrolla esta gran habilidad de aprovechar todo tu aparato fonador. No tengo dudas de que si te pones las pilas, lograrás que te salga la voz clara, resistente, brillante, potente y hermosa, en todo momento.

Una vez que ya te salió la voz (y aunque no lo hayas hecho y te hayan valido gorro estas recomendaciones), lo que debes aprender es a jugar con tus características vocales para impactar a tu audiencia. Antes de ver cuáles son nuestras principales características vocales, te pido que te enamores de tu voz.

¡Sí!, enamórate de tu voz y convéncete de que es placentera. Si después de leer este apartado no detectaste que tuvieras algún problema grave, créeme que tu voz no suena mal. Lo que pasa es que a la gran mayoría de las personas no les gusta el sonido de su voz y es por eso que no le sacan todo su potencial.

El problema reside en que cuando nos escuchamos en una grabación, somos unos extraños para nosotros. Nos escuchamos raros y enseguida pensamos que nuestra voz es desagradable, cuando no es así. Sin pretender arruinarte el día, la realidad es que así como te escuchas en una grabación es como te escucha el resto de la gente. Lo que pasa es que nosotros nos escuchamos aplastantemente con el oído interno, mediante las vibraciones de nuestra cabeza, y en un segundo plano con el oído externo; pero el resto de la gente nos escucha 100% con el oído externo. Por lo tanto, ¡conócete! Grábate, escúchate y comprueba los efectos maravillosos que logras al jugar con tus características vocales. Mientras más lo hagas más te enamorarás de tu voz y tendrás más confianza en explotarla.

Para concluir este apartado, definamos cuáles son las principales características vocales para aprender a jugar con ellas.

Timbre: ya mencionamos que es el modo propio y característico de sonar de la voz de una persona. Mencionábamos que es el color de la voz y que se genera de manera genética y por sus usos. El timbre cambia si cambia nuestro físico (no habla igual un niño que un anciano, o tampoco hablas igual si se te caen los dientes o si estás resfriado), o si le damos diferentes usos (no sonarás igual después de haber desarrollado el hábito de impostar la voz ni tampoco suenas igual cuando cantas).

Tono: son las cantidades de agudos y graves que puede emitir una voz humana. La estructura, rapidez de ondulación y apertura de las cuerdas vocales generan el tono. Por naturaleza nuestro timbre tiene un tono en el que se siente cómodo, a esto se le conoce como rango. En el canto se le conoce como tesitura, la cantidad de notas que se pueden cantar dentro del rango.

Volumen: es la fuerza con la que el sonido se emite. Lo producen el manejo del aire al espirar y la longitud, grosor y anchura de las cuerdas vocales, así como también la intensidad de vibración y rebotes en nuestro aparato fonador medio y superior.

Ritmo: es la velocidad con la que las palabras son dichas y la grata y armoniosa combinación de sonidos y silencios.

Pausas: son los espacios de silencio intermedios, aunque es la ausencia de voz, sigue considerándose una característica vocal.

Al hablar en público, no podemos jugar con el timbre de nuestra voz, sólo podemos mejorarlo para ser mejor percibidos y tener mayor alcance y duración. Con los tonos jugamos de manera natural dentro de nuestro rango. Por lo general hacemos tonos más graves o agudos cuando estamos imitando a alguien o hablando como si fuéramos una tercera persona. Ejemplo: un orador hablando sobre problemas de pareja dice: "Y si no avisas dónde estás, cuando llegas a tu casa seguro te reciben con el famoso (con una voz más aguda) '¡¿qué son estas horas de llegar?! Seguro andabas ahí de borrachote con tus amigos'." Les digo que jugamos con el tono de manera natural y sin pensarlo, por lo que no hace falta capacitarnos. Sin embargo, con el volumen, el ritmo y las pausas es diferente.

Si puedes hablar lo suficientemente brillante sobre un tema darás la impresión de que lo dominas.
STANLEY KUBRICK (1928-1999)

Imagínate una carretera de una recta interminable, desierto a un lado y desierto al otro, nada que te distraiga ni llame tu atención, velocidad constante, no hay más coches, nadie te rebasará, nadie te saldrá de frente, sólo tú y el horizonte al final. ¿Esta carretera es segura o peligrosa?

¡Claro, peligrosísima!, porque aunque pareciera que es muy fácil de manejar, al no haber nada que capte tu atención hace que te quedes dormido y choques. Si vas por una carretera de doble sentido, con música a todo volumen, llena de curvas, donde debes cuidarte de los rebases, viendo el mar, un acantilado, un bosque; o que hasta tenga topes y se te atraviesen perros y venados, ¡es imposible que te duermas! El camino es más atractivo e interesante.

Al hablar en público esos "distractores" son el volumen, el ritmo y las pausas, que hacen a la presentación más atractiva e interesante. Si tu presentación es plana y llevas a tu audiencia por la primera carretera, ¡se va a aburrir! El más descarado se quedará dormido, pero el que no, se perderá en su diálogo interno o con la mosca volando que sí captó su atención.

En el momento que empezamos a hacer cambios de volumen, ritmos y pausas, la audiencia permanece cautiva, y si alguien estaba distrayéndose con la mosca, cuando usamos uno de estos recursos, vuelve a regresar con nosotros y a poner atención. Por eso hay que llevar a la audiencia por esa carretera más entretenida. Si preguntáramos cuál de las dos carreteras es más fácil de manejar, sin duda la primera lo sería, pues no necesitas ninguna destreza. Para la segunda, más te vale ser un conductor experimentado para manejarla con seguridad. El volumen, el ritmo y las pausas necesitan de capacitación y destreza, y de un piloto que se atreva a arriesgarse. Hoy lo vamos a aprender.

Afortunadamente aprendí esto muy pequeño y le he sacado muchísimas ventajas en la vida. Aunque de algunas ocasiones en las que le saqué ventaja no sé si sentirme orgulloso o avergonzado.

En secundaria, mi maestra de Geografía era una religiosa llamada sor Bernarda, a la que le gustaba hacernos exámenes orales a manera de repaso cada semana. Cuando pasaba al frente Mariela, la compañera más aplicada y estudiosa de la generación, al ser cuestionada y empezar a exponer, la ansiedad le jugaba los trucos que conocemos y comenzaba a temblar, a moverse nerviosamente y a sudar. Además su voz era demasiado débil y le daba por hablar casi susurrando. La monja, quien al parecer ya no escuchaba muy bien, le solicitaba que hablara más fuerte y su cara reflejaba frustración. Al terminar le ponía siete u ocho, lo que hacía enojar a Mariela, pues en fondo todo lo que había dicho era perfecto. Cuando me tocaba exponer a mí, y abusando del conocimiento sobre hablar en público y un poco de la sordera de sor Bernarda, lo que hacía era exponer con una voz fuerte, sonora, pero poco entendible; la realidad es que la mayoría lo balbuceaba, abusando de los recursos de volumen, ritmo, pausas y, por supuesto, con una gran sonrisa y lenguaje corporal.

Sor Bernarda me preguntaba sobre la Cordillera de los Andes y yo sin decirle nada le transmitía todo: "Uy, madre, ¡qué gran tema me tocó! Me entusiasma hablar de la Cordillera de los Andes, ya que la grandeza de este tema sólo puede compararse con la grandeza de su extensión. Abarcando unos impresionantes fashsjsmil kilómetros y atravesando los países de Bolivia, Argshdj, Gissmsbia y otras joyas Sudamericanas", y así me iba hasta cerrar muy fuerte. Por supuesto la religiosa, por momentos, ponía cara de duda y le inquietaba por qué el grupo se reía (más adelante convencí a mis compañeros de que no lo hicieran, sino que pusieran cara de interés y que me preguntaran cosas, lo que todos, menos Mariela, hacían); al final siempre me ponía diez.

No estoy diciendo que el fondo no importe. Simplemente estoy diciendo lo que ya han dicho muchos, como Albert Mehrabian, de que la forma tiene más peso en la eficiencia de la comunicación. De hecho, Mehrabian dijo que 93% de la comunicación recae en la forma como decimos las cosas (apariencia y medios) y sólo 7% era el fondo. Según Quintiliano, cuando a Demóstenes se le preguntó cuál era la habilidad más importante de la oratoria, respondió: *El modo de hablar.* Cuando se le preguntó cuál era la segunda, dijo: *El modo de hablar.* ¿Y la tercera? *El modo de hablar* (Leith, 2012).

Para Aristóteles, todos estos recursos entrarían con el lenguaje corporal, en la quinta parte de su *Retórica* llamada "Acción". Aunque Aristóteles en el fondo no era muy fan de las variaciones de volumen, ritmo y pausas, pues decía que estos recursos son los que hacían ganar los concursos dramáticos y que los actores de drama contaban más que los poetas, y que gracias a esta *techné*, había males en el mundo pues los políticos podían mentir. Sobre los oradores creía que explotaban estos recursos que "todavía ahora la mayoría de la gente sin cultura cree que estos son los oradores que mejor hablan", (1995: 3).

Sin duda, a Aristóteles no le hubiera caído en gracia lo que le hacía a sor Bernarda. En fin, yo voy a poner las herramientas a tu alcance. "Un gran poder conlleva una gran responsabilidad", le dijo el Tío Ben a *Spiderman.* Conviértete en todo un superhéroe de la palabra con los poderes del volumen, el ritmo y las pausas.

Volumen

Ya el *Ad Herennium* bajo el título de "Flexibilidad" dividía los registros de voz en tono conversacional, que es el relajado y próximo al habla cotidiano; tono de debate, que es enérgico, y tono de amplificación, que mueve al oyente a la ira o la piedad. Hoy a esos tonos les llamamos volúmenes. Si bien los nombres podrían quedarse igual, simplemente les llamamos medio, alto y bajo, con todos sus grises intermedios, pues puedes ir de un volumen altísimo a uno ligeramente alto, como de uno ligeramente bajo a un volumen bajísimo.

El volumen medio es el tono conversacional del *Ad Herennium*, el que se convertirá en el hilo conductor de la presentación. Es el volumen con el que hablas naturalmente y que, como vimos, tiene que ser fuerte y sonoro. Después, en momentos importantes de nuestra presentación, empezaremos a elevar el volumen de la voz, porque un volumen alto da énfasis y subraya las palabras, **SON COMO LAS NEGRITAS EN UN DOCUMENTO DE WORD**. Después hay que regresar a nuestro volumen medio y, en otros momentos específicos de nuestra presentación, bajaremos el volumen, porque un volumen bajo, al igual que el volumen alto, pone énfasis, subraya las palabras, **también son las negritas en el documento de Word.**

La única diferencia es la actitud anímica que proyectan, pues mientras los volúmenes altos motivan la atención con un sentimiento de énfasis y exaltación, los volúmenes bajos lo hacen con un sentimiento de calma y reflexión. Usar los altos es como pegarle un zape a la audiencia y decirle: "¡¿ESTÁS ESCUCHÁNDOME?! Mientras los bajos son como pasarle un brazo gentilmente por el hombro y susurrarle en plan paternalista: "Ey... ¿sí entiendes que esto es muy importante?" Ambos funcionan de maravilla.

Ahora bien, ¿qué pasa si en un documento de Word todo lo pongo en negritas? ¡Pues el recurso deja de existir porque no puedes distinguir qué es importante y qué no! Por lo tanto, hay que dosificarlo, el abuso del volumen alto cansa al oído de la audiencia y termina siendo molesto. Leonardo da Vinci decía que quien de verdad sabe de qué habla, no encuentra razones para levantar la voz. Pero si abusamos del volumen bajo, la audiencia se aburre, deja de prestar atención y hasta se duerme.

Entonces, es lógico cuándo tenemos que utilizar el recurso del volumen: cuando queremos recalcar algo y cuando queremos captar la atención de la audiencia, y qué mejor que hacerlo cuando decimos nuestra frase mágica.

Ritmo

Como vimos, el ritmo es la velocidad con la que las palabras son dichas. No hay que ser científico del habla para deducir que los ritmos se dividen en rápido, medio y lento, con todos sus grises intermedios. Pero no se trata nada más de hablar más rápido o más lento, el ritmo implica esa parte casi musical de hacer gratas y armoniosas combinaciones de sonidos y silencios, lo que pone a la audiencia en diferentes estados de ánimo. Si escuchas un cool jazz que corre entre sesenta y ochenta *beats* por minuto, lo que va a hacer el *tempo* de esa música es relajarte y motivarte a que te quedes sentado; pero si escuchas una canción que corre arriba de los seiscientos *beats* por minuto, como puede ser la variación del *hardcore techno* llamada *speedcore*, te pondrás un poco loquito, nervioso y te darán ganas de levantarte y hasta pegarle a alguien.

Eso es lo que hace en nuestro organismo el ritmo. El hablar en público no es la excepción. Sitúescuchasaalguientodoeltiempohablardemasiadorápido, lo que pasa es que también acabas poniéndote nervioso y tedenganasdequeyasecalleesapersona. Al igual, si tú es... cu... chas a al... guien... ha...blan...do de... ma...sia...do leeeeeeento... dan ganas de dormirte y te desespera el orador.

Por eso, al hablar en público tendremos que llevar a nuestra audiencia por diferentes ritmos, para generar puntos de interés en nuestras palabras, dándole una melodía disfrutable a nuestra exposición. A esto se le llama tener cadencia al hablar, término que se toma prestado de la música.

Para lograr esto, tenemos que combinar la velocidad con la que decimos las palabras con el volumen de la voz. Generalmente van de la mano. Cuando empezamos a elevar el volumen de la voz, tenemos que empezar a elevar también el ritmo, para que cuando tengamos un volumen altísimo también llevemos un ritmo rapidísimo. Y a la inversa, mientras bajamos el volumen, bajamos el ritmo, haciendo que cuando tengamos un volumen muy bajo, también llevemos un ritmo muy lento. Así es como, según el *Ad Herennium*, con la amplificación se movía al oyente a la ira o la piedad.

¿Podemos combinar los tonos y ritmos de manera diferente? La respuesta es sí, pero crearías sentimientos nuevos. Si tú elevas el volumen pero bajas el ritmo, lo que parece es que estás enojado y que estás regañando a tu audiencia o a alguien más. Ejemplo: si dijeras las palabras que vienen en mayúsculas de la siguiente oración, alto y lento, se sentiría lo que explicamos: "Por lo tanto, queridos amigos, déjeme decirles: NO... NOS VAMOS... A DEJAR... pues ya estamos hartos de..." Pero si combinas el volumen bajo con el ritmo rápido, lo que parece es que le estás diciendo un secreto a tu audiencia. Ejemplo: di muy rápido pero muy bajo lo que aparece entre paréntesis de la siguiente oración y lo entenderás: "Y amigos, hoy les tengo una excelente noticia (pero por favor no se la vayan a decir a nadie más, pues si muchos se enteran, se acabará la magia)..."

Por supuesto, lo que haremos la mayoría del tiempo será mantener un volumen medio con un ritmo medio. Brandreth (1983) menciona que lo recomendable es decir un aproximado de 110 palabras por minuto, lo que en *beats* por minuto transformaría a nuestra palabra en dance o pop: alegre, movido, entendible y disfrutable. Pero como es imposible andar contando las palabras que decimos, mejor te doy una técnica que te ayudará a perfeccionar la dicción.

Aprovecho para decirte que la dicción es la forma de mover la mandíbula, labios y lengua para la correcta pronunciación. La pronunciación debe ser clara y completa en todas las letras de cada sílaba, todas las sílabas de cada palabra y todas las palabras de cada oración. Tenemos una buena dicción cuando nuestra palabra es entendible y no se empalman letras o sílabas o se suprimen. ¿*Yantendiste* lo *ques* la dicción?, ¿*verdá* que cometemos errores *casisiempre*?

La dicción va muy relacionada con dos aspectos: la vocalización y la velocidad al hablar. Mientras más rápido hables, más posibilidades hay de que ensucies tu palabra. La vocalización no es otra cosa más que abrir la boca al hablar. Burgraff dice que la vocalización es tan sencilla como las tres M: *More Mouth Movement* (*más movimiento de boca*) (Walters, 1993). ¿Cómo saber si tienes un problema de dicción? Muy fácil, ¡la gente te lo va a decir! No te dirá que tienes un problema de dicción, sino te dirá: "¿Qué dijiste?" "Perdón, no te entendí... ¿me lo repites?".

Volviendo a lo anterior, estábamos en que te iba a enseñar una técnica para llevar un ritmo disfrutable que a la vez corregiría tu dicción. Toma un taquete de madera, de una pulgada, colócalo de manera vertical entre los dientes incisivos frontales superiores e inferiores. Así hablarás o te pondrás a leer algo en voz alta, hasta que se te entiendan todas las letras de todas las palabras claras y completas. Este ejercicio te obligará a vocalizar mucho y a hablar a cierto ritmo para que se te entienda. El chiste es quitarse el taquete y seguir hablando, imaginándonos que seguimos teniéndolo. ¿A qué velocidad tendrías que hablar y cómo tendrías que vocalizar para que se te entendiera todo? De esta forma te acostumbrarás a tener el ritmo ideal para presentar mientras mejoras tu dicción.

Pausas

A mi parecer, la pausa es de los recursos más poderosos para hablar en público, pero también es de los recursos más infravalorados. Ya lo decía Georges Clemenceau, que manejar el silencio es más difícil que manejar la palabra.

Las pausas son útiles tanto para el orador como para la audiencia, pues el orador acomoda sus ideas y la audiencia reflexiona sobre lo que acaba de escuchar. Ya se decía esto también en el *Ad Herennium*: "las pausas refuerzan la voz", "al separar los pensamientos, también hacen que estos aparezcan más claros y dejan al oyente tiempo para pensar" (Leith, 2012: 205). A su vez, las pausas generan una tensión positiva. Tensión como de película de suspenso. Es una tensión que motiva la atención, ¿sabes por qué...? (¡ja!... y así podría mantener la pausa, haciendo que lo que diga después pegue con tubo).

Si hacemos una pausa después de decir algo, es como si lo subrayáramos, pues nuestra audiencia sigue repitiendo esa frase en su cabeza. En ambos casos, para lograr el efecto, debemos mantener el contacto visual con el público durante la pausa. Por lo tanto, usa las pausas antes de revelar información importante para generar tensión y hazlas después de decir algo que deseas subrayar. Por supuesto, debes hacerlas antes y después de decir tu frase mágica. Piensa que estás teniendo un diálogo con tu audiencia, si dices algo profundo o les preguntas algo, ¡dales tiempo para pensar!

Finalmente, es fundamental saber que una vez que empezamos a utilizar las pausas éstas eliminan las muletillas, que no son otra cosa más que las pausas sonoras. Nuestro cerebro necesita una pausa para pensar, pero como estamos acostumbrados a una verborrea constante, pareciera que hemos hecho un pacto con nuestro cerebro que consiste en: "A ver, yo voy a pensar en lo siguiente que tenemos que decir, pero no te quedes callado, di cualquier tontería en lo que yo regreso con la información", y entonces empezamos: *esteeee, ehhhh, ehmmm, ahmmm.*

A veces es más difícil callar que hablar. Créeme que en el momento que empezamos a hacer pausas, las muletillas solitas desaparecen.

Tonos, ritmos y pausas: los grandes oradores de la historia han utilizado estos recursos. Muchos hasta han abusado de ellos, como Hitler, quien hacía pausas de hasta cinco minutos para romper el silencio después con un bajísimo: "Queremos paz" (Humes, 2002). O como Obama, que su manera natural de hablar y extender las vocales, hacen que su ritmo al hablar esté más relacionado con la música de iglesia negra que con la oratoria.

Toca tu turno. El único chiste es atreverse. Al principio la vergüenza hará que te sientas un poco falso, pero no es así. Los seres humanos utilizamos estos recursos en nuestro día a día sin darnos cuenta. Fíjate la próxima vez que estés en una reunión de amigos cómo todos hacen cambios de volumen, ritmo y pausas, sin saber que los están haciendo, pero siendo sumamente expresivos. Atrévete a hacerlos, y si algún día te sientes exagerado, no te preocupes; la audiencia apenas los está percibiendo.

Hey, this microphone's got a screw loose here...
Somebody can come and screw this microphone? What I say?
Just a minute, lemme fix this son of a... alright.
JOHNNY CASH AL FINAL DE *I GOT STRIPES*, EN VIVO EN FOLSOM PRISON (1968)

Como cualquier herramienta, un micrófono puede darte lata. Como cualquier herramienta, un micrófono puede darte muchísima lata si no lo sabes usar. Y recalco el hecho de que un micrófono es una herramienta porque así, y sólo así, lo tienes que ver. Tienes que verlo como una herramienta para amplificar el sonido y que tu mensaje pueda escucharse. Debes verlo como un aparatito que transforma las ondas sonoras en corrientes eléctricas, para que a través de las bocinas tu voz llegue a toda la gente. Por lo tanto, no tienes que verlo como un monstruo peligroso que te va a morder o como un arma electrificada que te paralizará con sólo acercártele.

¡Si nos ponen un micrófono es porque lo debemos utilizar! Lo consideraron necesario de acuerdo con las dimensiones del lugar, tamaño de la audiencia, acústica del recinto o reproducción en otros medios y lugares. Si es una herramienta que sirve como vehículo de nuestro mensaje, no deberíamos darle mayor importancia que la que le damos a una pluma al escribir. El micrófono debe trabajar para nosotros y no nosotros para él. Veamos algunas recomendaciones generales sobre su uso y algunas particularidades sobre los diferentes tipos de micrófonos que hay.

Por su tecnología, a grandes rasgos, existen dos tipos de micrófonos: los unidireccionales y los omnidireccionales. Cada uno lleva en su nombre su descripción. Los unidireccionales captan el sonido en una sola dirección (también se les conoce como cardioides, por la forma de corazón que hace su onda de registro) y los omnidireccionales captan los sonidos en todas direcciones.

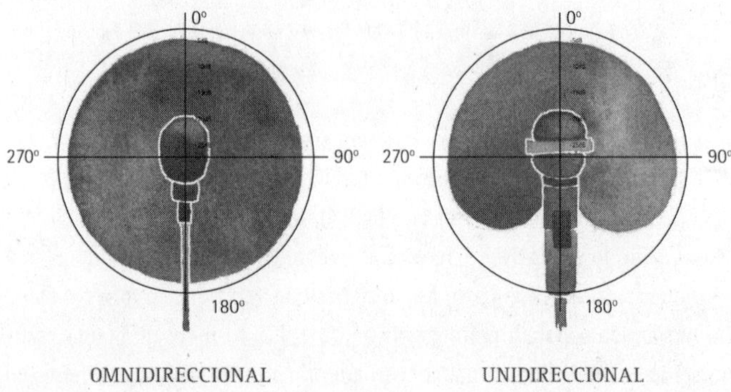

OMNIDIRECCIONAL UNIDIRECCIONAL

Los micrófonos omnidireccionales tienen muchos usos, pues captan a distancia todo lo que sucede. Por eso también se les conoce como micrófonos ambientales. El micrófono *Boom*, que ubicas por el cine y que es un palo largo que en el extremo tiene un micrófono afelpado, es uno de ellos. Así como los micrófonos omnidireccionales tienen muchísimos usos, para hablar en público no es el más común de ellos. Aunque existe un micrófono omnidireccional que te encontrarás en eventos muy producidos o con presupuesto, o en auditorios fijos instalados con buena tecnología. Este micrófono es el más caro para hablar en público y necesita de un técnico para operarlo.

A este micrófono coloquialmente se le conoce como micrófono presidencial, micrófono de atril, de pódium, de cuello de ganso, de cisne o por su nombre genérico: micrófono omnidireccional. Es muy fácil de reconocer, el fonocaptor es pequeño (lo que capta el sonido y cuida el diafragma del micrófono, una membrana que recibe las vibraciones de nuestra voz y las transforma en electricidad) y está cubierto por unas esponjitas; tiene un cuerpo delgado y flexible (por eso lo de cuello de ganso), muchas veces vienen en pares, dándoles una apariencia de antenitas del Chapulín Colorado, y estarán fijos a mesas, atriles o pódios. Seguro lo ubicas perfecto por los debates presidenciales, los auditorios universitarios o por los premios Oscar, en donde sale mecánicamente del piso y se detiene a cierta altura del presentador.

Cuando tengas un micrófono de este tipo, no te preocupes por nada, vaya, si la antenita está viendo para el otro lado, sólo dirígela hacia ti. Pero digo que no te preocupes ya que este micrófono te captará a distancia, podrás voltear de un lado a otro sin perder el registro, y hasta te permitirá alejarte y acercarte un poco de él sin alterar el sonido. Solito regula los niveles de volumen a la altura que el técnico le haya dado en la consola operativa. Se recomienda tener una cuarta o un palmo de distancia, que es la medida que resulta desde nuestro pulgar hasta nuestro meñique al extender la mano (también puedes sacarla haciendo el saludo de *surfer* o la seña de beber o borracho), aunque nos seguirán captando hasta a un codo (medida del codo a tu mano).

¿Suena como el tipo de micrófono ideal para hablar en público, no? ¡Pues no!, también tiene sus grandes desventajas. La primera y más importante es que al estar fijos no te permitirán desplazarte y te dejarán amarrado a una mesa o atril. Y la segunda es que, al captar todo lo que pasa, se escucha todo lo que te gustaría que se quedara fuera del micrófono, como el tintineo de la joyería, el golpeteo del vaso de agua al dejarlo, la expectoración al alejarte un poco para toser y el ruido de las hojas al pasar. Si se comete el error de poner este tipo de micrófonos en eventos al aire libre, las ráfagas de viento lo convertirán en una pesadilla (por eso el *Boom* de cine tiene ese filtro de peluche). Y, finalmente, con este micrófono suele pasar que el orador se olvide de su presencia y lo golpee con sus ademanes, generando un ruido distractor en la audiencia.

Por lo tanto, la recomendación será usar este tipo de micrófonos en lugares cerrados, en eventos protocolarios donde se desea comunicar autoridad, en discursos breves y solemnes, y en ocasiones, donde el orador no es el protagonista y funge como vocero o presentador. En este punto, creo prudente destacar todas las recomendaciones relacionadas con el atril.

Lo primero que quiero dejar muy en claro es: ¡POR FAVOR, DEJEMOS DE DECIRLE PÓDIUM AL ATRIL! Si nos remitimos a la RAE, por un lado, *atril* es un mueble en forma de plano inclinado que sirve para sostener libros, partituras, etcétera, y leer con más comodidad. En inglés, se le conoce como *lectern* y en esa lengua no se presta a confusión. Por el otro lado, un pódium o podio es una plataforma o tarima sobre la que se coloca a alguien para ponerlo en lugar preeminente por alguna razón, como un triunfo deportivo, el hecho de presidir un acto oficial, dirigir una orquesta, etcétera. Imagínate entonces el podio de primer, segundo y tercer lugar de los ganadores en las olimpiadas. Al hablar en público, el podio es sobre lo que tú estás parado para que los demás te vean, y puede ser desde una pequeña tarima, hasta el escenario de un teatro. El atril es el mueblecito donde dejas tus cosas y donde está el micrófono.

Aprovecho para definir también presídium, que en jerga de presentaciones en México, se refiere a una mesa en el escenario donde se sentarán viendo a la audiencia los protagonistas, oradores o miembros distinguidos de un evento. De acuerdo con Moreno de Alba (1992), al parecer esta palabra viene del verbo latino *praesidere*, de donde también proviene el sustantivo presidente, y que etimológicamente significa: "El que se sienta delante, el primero."

Por lo tanto, y entendida la diferencia, ¡DEJEMOS DE DECIRLE PÓDIUM AL ATRIL!

Sigamos, pues, las recomendaciones:

Como veremos en el siguiente capítulo dedicado al lenguaje corporal, tener los brazos agarrados al frente es una barrera en la comunicación que transmite "de aquí para allá estás tú y de aquí para acá estoy yo", cerrando los canales de comunicación con nuestra audiencia. Si eso comunican nuestros brazos, ¡imagínate lo que es tener un mueble enfrente!

El atril cierra los canales de comunicación, transmite autoridad y reserva. Por eso la novedad es que muchas veces los hacen de acrílico transparente para que el cuerpo siga viéndose. Sea cual sea su diseño, úsalo en los momentos en que deseas transmitir esa formalidad y seriedad que nos dan los códigos de autoridad. Fíjate en los políticos en campaña, ¡nunca los verás detrás de un atril!, pues lo que desean transmitir es accesibilidad, cercanía y confianza. Y una vez que llegan al poder, difícilmente verás a un presidente o gobernador dar un discurso fuera de su amado y acorazado atril.

El atril será muy útil en conferencias de prensa, debates, sesiones de preguntas y respuestas, lecturas religiosas, informes, presentación de resultados y discursos protocolarios, como palabras en graduaciones, entregas de reconocimientos y servicios funerarios. También puedes jugar con él durante tu ponencia y en momentos que consideres oportunos, abrir y cerrar los canales de comunicación. Ejemplo: tal vez empiezas tu discurso muy serio, exponiendo una problemática desde el atril, después te sales de él y, en una actitud diferente, ofreces la solución a la misma. O puedes dar todo tu discurso fuera del atril y recurrir a él en la parte final de preguntas y respuestas, donde te sentirás más seguro y te percibirán con mayor autoridad.

Cuando uses el atril no te ancles a él. En el apartado de control de la ansiedad mencionábamos que hay personas que se agarran firmemente a él como si el barco se estuviera hundiendo. Me ha tocado ver a oradores que hasta los nudillos se les ponen blancos de lo mucho que están apretando las orillas del atril. Las manos se colocan igual que al sentarnos en una mesa, descansadas y sueltas sobre el plano inclinado donde colocamos los papeles.

Usa el atril para dejar tus cosas, vayas o no vayas a utilizarlo para hablar. Puedes recurrir a él con naturalidad para revisar algún dato duro que apuntaste en una tarjeta, para recordar el siguiente punto de tu mapa mental, para revisar el tiempo que te queda, para tomar un *prop* o cualquier elemento de utilería que apoye tu discurso, o para tener a tu disposición un vaso de agua o hasta un pañuelo para limpiarte el sudor en climas adversos o discursos pasionales.

Cuida que en la cara exterior del atril no existan distractores. A los productores les da por ponerse creativos y adecuar monitores en el atril para proyectar logotipos de patrocinadores o tener una animación con la identidad del evento. Un día me tocó trabajar en un evento en el que el atril era como una pecera: transparente, lleno de agua y con burbujitas que subían mientras unos *leds* cambiaban de color. Seguramente les salió caro, pero con la pena solicité a los organizadores que lo desconectaran durante mi ponencia, pues robaba la atención.

Finalmente, supervisa qué tipo de micrófono tendrás, ya que estar en un atril no es garantía de tener un micrófono omnidireccional.

Dicho todo esto, el más común de los micrófonos para hablar en público es el micrófono unidireccional de mano, alámbrico o inalámbrico. Es el micrófono de batalla, cuya instalación y operación no tienen mayor ciencia. No tengo que describírtelo, pues es el que se te viene a la cabeza si te digo que pienses en un micrófono. En ellos, el fonocaptor es una rejilla de metal más grande y redonda, y el cuerpo es cilíndrico de un tamaño ergonómico para sujetarse con la mano cerrada. Las recomendaciones sobre su uso son las siguientes (algunas de ellas aplican también para los omnidireccionales):

Tómate tu tiempo y acomódalo con calma, no hay prisa para empezar a hablar. Aprovecha esa bella tensión del silencio inicial para acomodar tu micrófono mientras le sonríes a tu audiencia. Una vez acomodado a la altura y distancia ideal, ¡ya no lo toques!, es muy común que los oradores canalicen la adrenalina en el movimiento involuntario de tocarlo o acomodar constantemente el micro, o de plano quedarse agarrado todo el tiempo a la base de éste.

El micrófono debe quedarnos a 45 grados, ni pegado ni lejos de la boca, en todo momento. Recuerda que al recibir nuestra voz en una sola dirección, si te paras muy lejos, volteas a un lado u otro o te alejas del mismo, te saldrás de registro y se dejará de escuchar, por lo que tu audiencia recurrirá al finísimo grito de: "¡No se oye!" Por el contrario, si te colocas muy cerca o de plano colocas tu boca sobre el micro, se escuchará un fenómeno conocido como "popeo", que es que las letras P, T y B se escuchan tronadas, además de que registraría el aire de nuestra respiración. De hecho, esas esponjitas que le ponen a los micrófonos los reporteros y otros profesionales de los micrófonos, se conocen como "antipopers", y lo que hacen es filtrar esos sonidos y colocarnos a la distancia que deberíamos tener.

¿Cuál es esa distancia que deberíamos tener? Esto puede variar, lo recomendable es que el micrófono te quede a dos dedos de la boca. Haz la misma señal de cuando quieres silenciar a alguien (¡shhhh!) pero con dos dedos; esa es la distancia que debe haber entre tu boca y el fonocaptor. Pero por favor, ¡nunca llegues a medirte en un micrófono frente a tu audiencia! Mejor te digo que ni pegado ni lejos de la boca. Un buen *tip* es que si puedes enfocar el fonocaptor, aun haciendo bizco, estás muy lejos de él.

Si deseas hablarles a las personas que estén en los extremos, pivotea sobre el micrófono girando todo el cuerpo y no volteando sólo el cuello, como lo haríamos normalmente. Recuerda que la boca tiene que quedar en dirección del micro.

Que el micrófono nos quede a 45 grados es muy importante, porque si nos queda a cero grados (es decir, horizontal) estorbará nuestro contacto visual y ocultará nuestra boca y rostro, convirtiéndose en un obstáculo molesto tanto para el orador como para la audiencia. Si el micrófono quedara a 90 grados (totalmente vertical), nuestra voz quedaría fuera de registro; como sucede cuando los padrecitos se los cuelgan como collar al consagrar y obvio no se les escucha nada. Ahora bien, si el micrófono nos quedara a 315 grados o -45 grados (según desees verlo), esto indicaría que la base nos quedó alta, dejándonos en total sumisión ante el micrófono y comunicando debilidad a nuestra audiencia.

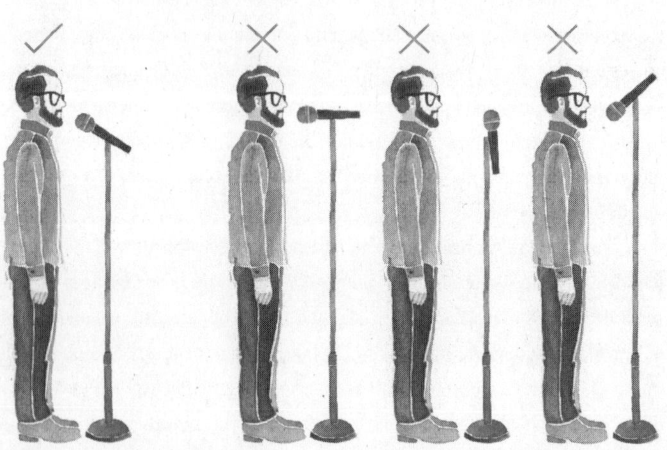

No hagas ningún comentario sobre el micrófono, su altura, funcionamiento y demás aspectos técnicos, simplemente acomódalo. "A ver, un momento, dejen bajo esto que me quedó un poco alto", no es un comentario bueno como primeras palabras.

Tampoco hagas pruebas de sonido con las frases: "Bueno, bueno, ¿sí me oyen?" Las pruebas de sonido deben hacerse antes de iniciar el evento. Peor aún, cuando alguien le cede la palabra a un orador diciendo un: "Recibamos con un fuerte aplauso a..." y ves que llega el individuo, usa el mismo micrófono con el que lo acaban de presentar, y empieza con su: "Bueno, bueno, ¿sí me oyen?" ¡Pues qué no escuchaste que el presentador se escuchaba perfecto, por qué tú no habrías de escucharte!

Otra que también muchos aplican es la de llegar al micrófono y golpearlo tres veces con un dedo, ¡toc, toc, toc! ¿Qué alguien me explique qué sentido tiene hacer eso? ¡Si por algo el micrófono no se escuchara, te darías cuenta al hablar o al estar golpeándolo! A menos que seas el técnico de audio o que hayas instalado tu propio equipo, no eres responsable de su funcionamiento, por lo tanto, no le juegues al técnico.

Un buen detalle es acercarte a los técnicos de audio antes del evento, presentarte y hacer las pruebas de sonido pertinentes para que ajusten tus niveles. Puedes preguntarles cualquier duda que tengas sobre el funcionamiento del micrófono y sobre los momentos en los que estará abierto. De esta forma, no hay manera en la que al momento de que empieces a hablar el micrófono no vaya a escucharse; aunque sí, como cualquier tecnología, los micrófonos no tienen palabra o hasta el técnico puede estar en la baba y no abrir el canal. Si tuvieras la mala suerte de que te llegara a fallar al iniciar, voltea a ver a los técnicos con cara amable y verás que en segundos se resolverá. Ya que estamos hablando de problemas técnicos, vamos a vacunarnos para que estos no sean por culpa nuestra.

Lo primero que debes hacer cuando te pasen un micrófono es revisar que esté encendido. Si bien los micrófonos alámbricos no suelen tener botón de encendido, puede ser que sí lo tengan. En el caso de los inalámbricos, todos lo van a tener. No quiero darte consejos sencillos como: *on* es encendido y *off* apagado, o si al apretar un botón se enciende una lucecita verde es que está abierto y si la lucecita se enciende en rojo está cerrado. Para estos detalles, te recomiendo nuevamente que te acerques a los técnicos, pues cada micrófono es diferente y tienen diferentes funciones; a los técnicos pregúntales si te pasarán el micrófono encendido o si tienes que encenderlo. Los buenos micrófonos además del botón de encendido, tienen el de *standby* o *mute*, que sin apagar el micrófono se cierra en los momentos de espera, para que no suene al entregarlos o dejarlos sobre una mesa. Este botón es el que prende la lucecita en verde o rojo que comentaba.

Cuida de no tomar el micrófono del fonocaptor. Los micrófonos al acomodarse se manipulan de bases y cuerpos para evitar los sonidos fuertes que produce tocar la malla que protege el diafragma. Cuando uses el micrófono en la mano, tómalo del cuerpo por la parte media, pues si lo agarras del fonocaptor (como lo hacen los raperos y los *beatboxers*), perderás resonancia haciendo que la voz se escuche más compacta, como si estuvieras hablando adentro de un botecito.

Con micrófonos inalámbricos fíjate muy bien dónde están las bocinas, porque si llegaras a caminar cerca de una, o si diriges el micrófono hacia ellas, se producirá un desagradable sonido conocido como *feedback*, producto de la retroalimentación entre bocinas y micrófonos. Es ese chillido molesto que has escuchado en muchísimos eventos y que le da en la torre a cualquier presentación. El pararse lejos del micrófono y obligar a los técnicos a subirle al volumen, puede ser otro causante de *feedback*.

Ahora que ya sabes hacer cambios de volumen al hablar, debes saber que en los micrófonos hay que matizar mediante la distancia. Seguro lo has visto en los cantantes, que cuando suben el tono o elevan el volumen, se retiran el micrófono de la boca, y cuando los bajan, se lo pegan. Al hablar en público es lo mismo, si hablas más fuerte, debes alejarte el micrófono, pues si no, puede ser molesto para la audiencia y hasta causar *feedback*. Cuando bajas el volumen, casi debes pegarte el micro a la boca, si no, no te registrará. Cuando traes el micrófono en la mano, matizarás con el brazo y cuando el micro está colocado en una base o atril, deberás matizar con todo tu cuerpo.

Y hablando de bases, te recomiendo esta modalidad para discursos o palabras breves, en los que no te desplazarás por el escenario, pero tampoco merecen la solemnidad y autoridad de un atril. Es recomendable colocarlo en bases cuando tienes que ocupar ambas manos para enseñar algo. Las bases que deberías usar son las de canto, que consisten en un tubo que entra en otro con una tuerca para apretar y ajustar la altura, aunque puede ser que te pongan una para instrumentos musicales, que es un tubo vertical aunado a otro en diagonal que sube y baja. Sea cual sea el caso, ambas funcionan igual, y es tan sencillo como aflojar, ajustar altura y apretar.

Recuerda ajustar la altura con calma y no empezar a hablar hasta que te quede a 45 grados, ni pegado ni lejos de la boca. En el caso de las bases, ¡no te agaches para ajustar la altura! Hazlo en una posición erecta, pues si te agachas no calcularás tu altura exacta. Al igual que con el atril, puedes empezar el discurso en la base y después quitar el micrófono, este cambio captará la atención de la audiencia y le dará un buen dinamismo a tu presentación; pero si tu micrófono es alámbrico cuida mucho el cable, no te vayas a enredar y acabe frenándote en seco o desconectándose. Mi recomendación es que si tienes micrófonos alámbricos, no los quites, siempre terminan siendo un distractor tanto para el orador como para la audiencia.

Los micrófonos de diadema son recomendables para exposiciones tipo taller o *master class*, en la que el expositor estará trabajando mientras habla, como lo puede ser un chef mientras cocina o una maquillista mientras explica una técnica. Funciona también para conferencistas motivacionales y charlas de liderazgo, pues estos aditamentos, por más invisibles y pequeños que sean, estarán relacionados con elementos de seguridad e intercomunicación (recepcionistas). Por lo que en otras conferencias, como las políticas o de negocios, pueden comunicar prepotencia, altivez y distracción.

También existe un tipo de micrófono llamado Lavalier, seguramente lo conoces porque lo has visto en televisión. Es un pequeño micrófono con un clip integrado para colocarse en las solapas o entre los botones de las camisas (por esto también es conocido como micrófono de solapa), tiene un cable que se esconde entre la ropa y se enchufa a una pequeña caja transmisora que se engancha en el pantalón. Pues bueno, éste es el mejor invento de audio para la televisión, ¡pero son malísimos para hablar en público!

La primera razón es porque son extremadamente unidireccionales, de hecho, en la televisión te los colocan en la solapa del lado del perfil que quedarás sentado, pues si volteas el rostro, te dejarías de escuchar. Ser así de unidireccionales es un gran acierto para la televisión, porque no se le meterá ningún ruido accidental del foro. Cuando se trata de hablar en público, este micro no funciona ya que constantemente movemos la cabeza o la volteamos para hacer referencia a una lámina. Fíjate cómo en la televisión, cuando se trata de un programa de concursos o cuando el conductor debe estar más dinámico, le ponen micrófono de mano o de diadema y no Lavalier.

La segunda razón es porque con estos micrófonos es imposible matizar mediante la distancia, y los volúmenes altos y bajos no se disfrutan con igual intensidad. La tercera es porque generan muchísimas interferencias. Trabajan por radiofrecuencia y es muy común que se metan al mismo canal que los *walkie talkies* de los organizadores, elementos de seguridad y paramédicos. Las últimas razones son porque se escucha la fricción con la ropa, los oradores suelen golpearlos al hacer algunos ademanes y, en el caso de las mujeres, cuando usan vestido, a veces no tienen en dónde enganchar ni el micrófono ni la caja transmisora. Por todas estas razones, de preferencia evítalo.

Dicho todo esto, mi consentido y el más recomendado es el micro inalámbrico de mano, pues permite desplazarnos con toda libertad por el escenario y entre la audiencia. Es más fácil matizar las distancias alejando y separando el brazo de la boca; podemos quitarlo y ponerlo de bases y atriles a nuestro antojo, inclusive podemos pasarlo entre la audiencia para que interactúen. Como ya vimos, se convierte en un buen anclaje contra la ansiedad, pues nos sentimos agarrados a algo y sabemos que de una mano no nos tenemos que preocupar.

El único detalle con el inalámbrico de mano es que hay que generar conciencia de que nosotros somos la base, y por lo tanto hay que tenerlo a 45 grados, ni pegado ni lejos de la boca en todo momento. Debemos saber que no podemos ni debemos hacer ademanes con esa mano y prevenir lo ocupación de ésta, por lo que no podremos sostener algo con ambas manos o aplaudir (como el clásico que se coloca el micrófono en la axila para aplaudir o recibir un reconocimiento).

Finalmente, y por más que sepas utilizar esta herramienta, habrá momentos en los que de todas formas te dará lata, al escucharse un zumbido constante en las bocinas, teniendo idas y venidas del sonido que corten nuestras palabras, o hasta que se le acaben las pilas a los inalámbricos. Si te toca vivir esa penosa situación, sácala con gracia con comentarios del tipo: "¿Cuántos de los que están hasta atrás saben leer labios?" o: "Ya hasta le estoy agarrando cariño a ese zumbido." Nunca regañes desde el escenario a los técnicos y a los organizadores, créeme que se están sintiendo lo suficientemente mal como para que todavía los avergüencen de más, tenlo por seguro que están haciendo todo lo posible para arreglarlo. Si de plano el problema de audio no tiene solución, ¡pues más te vale haber aprendido a impostar la voz!

EL MÉTODO H.A.B.L.A.

Una voz fuerte no puede competir con una voz clara,
aunque ésta sea un simple murmullo.
CONFUCIO (551-478 A. C.)

Por último, y para garantizar la claridad y brillantez de la voz, debemos dar unas recomendaciones de cuidado de nuestro aparato fonador. Te recuerdo una vez más que lo ideal es ir al foniatra para tener una salud vocal ideal.

Ronald Reagan, cuando tenía que hablar después de una comida, no se comía nada de lo que le servían, en cambio, en los momentos antes de hablar, le traían dos galletas de chocolate que se pasaba con un vaso de agua caliente. Decía que Frank Sinatra le había enseñado que el agua caliente relajaba las cuerdas vocales y que las galletas le daban un extra de energía y felicidad (Humes, 2002).

Si bien ese *tip* de Sinatra es muy bueno (sólo cuida no pararte a hablar con chocolate en los dientes), también puedes seguir estos otros consejos.

Hidrátate: el peor enemigo de la voz es la sequedad. La hidratación es importante para mantener la lubricación de todas las mucosas involucradas en la emisión de voz. Por lo tanto, ingiere constantemente agua. Antes y después de hablar en público, toma por lo menos un vaso de agua a temperatura ambiente. Darte baños de vapor es muy recomendable para la salud vocal.

Tápate: abrígate bien cuando haga frío y evita cambios de temperatura. En climas fríos, una bufanda será tu mejor aliada. Si vas a entrar o a salir de un lugar en donde existen diferencias extremas de temperatura al otro lado, procura no abrir la boca y hablar hasta que tu cuerpo se aclimate.

No grites: al hablar cotidianamente debes hacerlo sin esfuerzos. Si no aprendiste a impostar la voz, en lugares ruidosos o con música en alto volumen, habla a tu volumen normal. Tampoco grites en las llamadas telefónicas que tienen mala señal, no por hablar más fuerte te escucharán mejor. Evita hablar si presentas síntomas de ronquera.

Cuida tu salud respiratoria y auditiva: pueden existir procesos alérgicos y otras enfermedades de vías respiratorias, como sinusitis o laringitis, que afecten el buen funcionamiento de la voz y la audición. En particular, los problemas de audición pueden originar alteraciones en la voz por esfuerzos inadecuados durante la emisión vocal. Visita al otorrinolaringólogo y al foniatra con frecuencia y, en general, cuida de no atentar contra tu salud auditiva y respiratoria.

Cuida tu salud digestiva: la gastritis, el reflujo y la hernia hiatal pueden provocar irritación aguda o crónica en la garganta y/o en las cuerdas vocales. Así que procura tener procesos de masticación, deglución y digestión adecuados. Ten una alimentación balanceada respetando horarios, cuida no excederte en condimentos, picantes, ácidos y demás irritantes. Evita el consumo de lácteos antes de tu presentación, pues alteran la saliva, haciéndote pastosa la boca y provocando que tu voz suene desagradable. Antes de hablar no tomes refrescos ni agua mineralizada, piensa que cualquier gas que entra debe salir. Bebidas como el café y el té en grandes cantidades, además de ser irritantes, causan deshidratación de mucosas, incluyendo las cuerdas vocales. Las bebidas cítricas y el agua fría cierran la garganta y te harán carraspear. Por eso, la mejor opción es el agua a temperatura ambiente o tisanas calientes, pues la garganta debe mantenerse lubricada y caliente. Del alcohol ya hablamos en el tema de control de ansiedad, pero aquí puntualizamos que es irritante y deshidrata las mucosas de las cuerdas vocales y vías respiratorias.

Calienta: la voz profesional necesita de un pequeño calentamiento previo a su uso. Hacer solfeo (recitar los nombres de las notas musicales en su tono), aunque no sepas cantar, ayuda. Prueba la técnica "beso-sonrisa" de Schloff y

Yudkin (2011), que consiste en decir la letra U de manera prolongada y luego la I, y así sucesivamente. *Uuuuuuu... iiiiiiiii....* beso-sonrisa-beso-sonrisa.

Duerme: tener un sueño reparador hace que los músculos, incluyendo las cuerdas vocales y el resto de los de tu aparato fonador, se regeneren y descansen. Es recomendable dormir con un humidificador de ambiente.

No fumes: el humo en general causa mucho daño en las cuerdas vocales, pero el del tabaco es la causa número uno de enfermedades graves, como el cáncer de cuerdas vocales, estómago, garganta y pulmones; además de que favorece las alergias e infecciones de vías respiratorias por la irritación crónica que ocasiona.

Haz ejercicio cardiovascular: realizar deportes ayuda a tener una buena actividad respiratoria y muscular, así como a mantener un peso adecuado y canalizar positivamente las tensiones nerviosas.

Finalmente, si tienes un problema mayor del habla como disfemia (tartamudez), dislalias (incapacidad para pronunciar correctamente ciertos fonemas o grupos de fonemas como la R o marcar mucho la N), *lisping* (seseos o zipizapos como se le conoce peyorativamente), disfonías crónicas, micro o macroglosia (lengua más gdande de lo nodmal que hace que la voz suene así o máj pequeña de lo común, que sjuena como ji tuviegaj que ejcupir); no te preocupes, la gran mayoría de estos problemas pueden corregirse o solucionarse con terapia y/o tratamiento quirúrgico o farmacológico. Además, una vez que comiences a cautivar a tu audiencia, esos injustos prejuicios concebidos por problemas incurables de la voz, quedarán en un segundo plano. Lo mismo sucede con los acentos extranjeros o regionales, que no deben modificarse, pues son parte de nuestra identidad.

De esta manera llegamos al final del capítulo dedicado al maravilloso instrumento musical que la naturaleza nos dio. Cultiva la buena voz y simplemente ¡H.A.B.L.A.

4. LENGUAJE CORPORAL

MÁS ALLÁ DE LAS PALABRAS

Si quieres entender a una persona,
no escuches sus palabras, observa su comportamiento.
ALBERT EINSTEIN (1879-1955)

Antes de empezar a hablar, sin saberlo, hemos estado hablando con nuestro cuerpo. Todos hemos visto a un orador que, desde el momento en el que se sube al escenario, sabemos que está nervioso y que no le tiene confianza a la situación que le está tocando vivir. Es algo en su postura, su mirada, sus gestos y el movimiento de sus manos, lo que nos revela su incómoda situación.

Nuestro cuerpo habla y además no sabe mentir. Cualquiera de nosotros podría estar diciendo algo de lo que no está muy seguro, y nuestro cuerpo nos delataría por medio de expresiones y movimientos que denotarían la falta de seguridad. Y es que nuestros movimientos corporales generan un camino directo al corazón de las personas, que cuando nos ven, empiezan a sentir cosas positivas o negativas acerca de nosotros.

Por lo tanto, hay que hacer conciencia de lo que nuestro cuerpo está comunicando y en lo que puede estar contradiciéndonos. Imagínate que al hablar en público quieres comunicar seguridad y dinamismo, pero estás con la cabeza agachada, sin entablar contacto visual y con los brazos agarrados atrás. ¿Te das cuenta de lo que tu cuerpo está diciendo?

William James, padre de la psicología funcional, afirmó: "La acción parece venir después del sentimiento, pero ambos ocurren juntos. Regulando la acción, elemento que puede estar más bajo nuestro control, podemos indirectamente regular el sentimiento", (Gordoa, 1999). Entonces, al conocer y usar a voluntad las acciones de nuestra comunicación corporal, podemos darle mayor fuerza a las palabras para aumentar el contenido emocional de éstas. De igual forma, regulando las acciones kinésicas, podemos disimular las emociones negativas producidas por la ansiedad de hablar en público. Si recordamos las neuronas espejo y las ligamos a que las acciones de nuestro lenguaje corporal nos generan sentimientos, podemos concluir que al hacer movimientos corporales, la gente siente que también los está haciendo, despertando sentimientos en ellos ligados a nuestras palabras.

Usaremos nuestro lenguaje corporal para transmitir ideas y sentimientos, para precisar o sugerir contenidos, para abrir o bloquear los canales de comunicación y, en general, para aumentar las probabilidades de lograr influenciar a quien nos escucha. Olvidémonos de cualquier estadística y mejor veamos el poder que las acciones de la kinésica le dan a nuestra imagen verbal.

¿De qué acciones estamos hablando? De aquellas que desde los primeros momentos están mandando mensajes a través de nuestra proxémica, postura, contacto visual, gestos y ademanes. Veamos cada una de ellas con recomendaciones que tomo de algunos de los gurús del lenguaje corporal como: Flora Davis, Mark Knapp, Desmond Morris, Julius Fast, Paul Ekman, Allan Pease y Joe Navarro.

Es fácil ser valiente desde una distancia segura.
Esopo (600 - 564 a.C.)

En general, se entiende por proxémica al estudio del uso y percepción del espacio social y personal (Knapp, 1982), o en otras palabras, a la relación que los seres humanos tenemos con el espacio y la proximidad con las demás cosas. Dentro de la proxémica se encuentra la proxemia, que específicamente es el empleo y la percepción personal que cada uno de nosotros le damos al espacio físico y de cómo y con quién lo utilizamos (Hall, 1959).

Uno de sus principales estudiosos fue el antropólogo Edward T. Hall (1959), quien describió las distancias entre las personas mientras interactuamos y los usos que le damos. Él las dividió en: distancia pública, que es de más de 3.60 metros, y la que sostenemos con individuos con los que no tenemos ninguna interacción. Distancia social: de 1.20 a 3.60 metros, que se tiene con personas con las que vamos a interactuar, pero no a socializar. Distancia personal: entre 1.20 metros y medio metro, es la de la convivencia social en la que, si estiramos el brazo, tocamos a la otra persona. Y la distancia íntima: entre medio metro y quince centímetros o menos, es la zona de los amigos y la familia.

Te las explico porque al hablar en público es todo un reto jugar con la proxemia; cuando estamos hablando de uno a uno, estamos dentro de la distancia social o personal, pero cuando hablamos frente a una audiencia, nos salimos hacia la distancia pública, lo que puede hacer que se nos perciba como a alguien lejano. Entonces, ¿cómo hablar en público y hacer sentir que estás hablando de uno a uno?

La respuesta es por medio del contacto visual y del movimiento escénico. Para hablar de contacto visual tendremos todo un apartado más adelante, también hablaremos de los movimientos escénicos cuando toquemos los temas de postura y ademanes. En este capítulo lo importante es señalar que mientras menos veamos a la audiencia y más estáticos estemos, más lejanos nos percibirán y menos conectaremos con la audiencia. Por eso, al hablar en público, nuestro lenguaje corporal tiene que ser un poco más teatral y exagerado, pues si nosotros hacemos un gesto o ademán como lo haríamos en una charla íntima, se perdería o se percibiría muy débil por la distancia del escenario.

Por esta razón el atril no es lo más recomendable si queremos conectar con nuestra audiencia, ya que además de transformarse en la barrera, nos ata a un solo lugar prohibiéndonos el desplazamiento escénico.

¡Por lo tanto, muévete! Cierra las distancias a través de movimientos en distintos puntos de tu escenario y colócate en lugares estratégicos que hagan que te percibas más cercano. ¡Pero ojo! No te confundas, no estoy diciendo que tengas que estar desplazándote por todos lados en todo momento mientras hablas. De hecho, es todo lo contrario. Si te mueves todo el tiempo, no te estás quieto y además el movimiento lo haces con el mismo patrón (caminar hacia la derecha y después a la izquierda o dar un pasito para adelante y otro para atrás), generarás la misma desesperación de cuando ves a un animal enjaulado, que lo único que hace es dar vueltas sin escapar.

Entonces, tienes que estar fijo en una parte del escenario mientras expones tu temática, después, cuando cambies de tema o lo consideres oportuno, desplazarte hacia otro lugar y quedarte fijo para compartir el siguiente contenido. Muchas veces la adrenalina queriendo escapar es la que nos produce movernos constantemente y sentir que no podemos estarnos quietos, por eso muchos oradores prefieren el atril, pues les da la seguridad de que no tienen que moverse. Para estas alturas tú ya no tendrías que preocuparte, pues sabes domar a la adrenalina, además, en el apartado de postura te enseñaré la denominada "5 para las 2" que hará que te salgan raíces que te anclen a tu escenario.

Las recomendaciones de espacio y desplazamiento son las siguientes:

Inicia y termina tu presentación al centro del escenario, éste será el lugar en el que más permanezcas y donde está el centro de la atención. El centro del escenario será tu punto de partida y del cual te desplazarás hacia el frente y en diagonal hacia los lados, para captar la atención del público y transmitir cercanía.

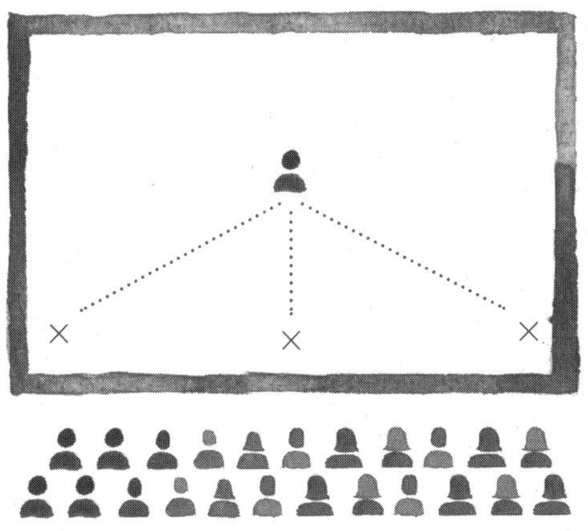

Desplázate por igual hacia el lado izquierdo y derecho del escenario para lograr la misma compenetración con las personas que están sentadas en los extremos. Cuida no cargarte más hacia una sección porque desengancharás a una parte de tu audiencia.

En escenarios teatrales y tarimas, colócate lo más al borde posible, considerando un pequeño espacio prudente para no caerte o dar la sensación de que lo vayas a hacer. En algún momento bájate y camina entre la audiencia para generar distancia social (1.20 a 3.60 metros) con los participantes.

En escenarios y salones en los que estés a la misma altura que los asistentes, no te coloques pegado a tu pared de fondo o pantalla, sino colócate a distancia social (1.20 a 3.60 metros) de las personas que están sentadas en la primera fila.

Si trabajas en salones con audiencias pequeñas (no más de cuarenta asistentes), prefiere el montaje en herradura que te permitirá lograr mayor cercanía con todos ellos.

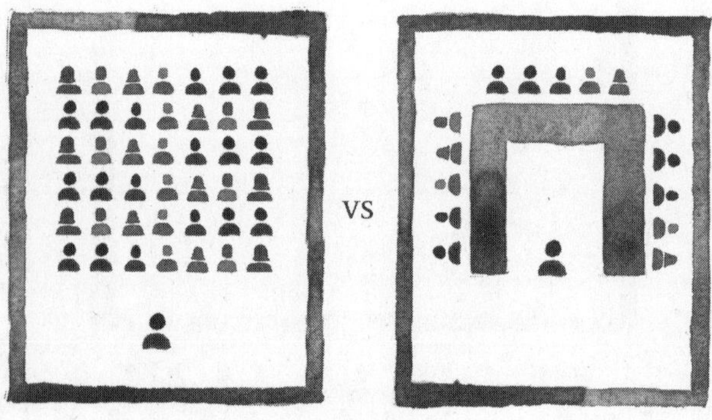

En montajes tipo escuela o auditorio, desplázate aunque sea en una ocasión por cada uno de los pasillos laterales para lograr cercanía con las personas que quedaron atrás. Cuando sea posible solicita que dejen pasillos centrales por donde puedas desplazarte, para conectar con las personas que hubieran quedado en medio.

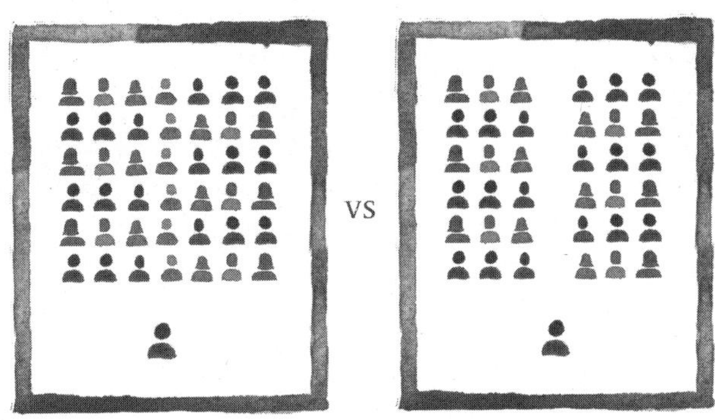

Sea cual sea el escenario, en algún momento acércate a los miembros de tu audiencia al límite de la distancia personal y la íntima (medio metro). Inclusive, si lo consideras prudente, puedes hablarles a esas personas mientras les colocas una mano en el hombro de manera paternalista. Este momento personalizado generará un sentimiento de intimidad que después deberás extender al resto de la audiencia. Te explico cómo hacerlo.

En el momento que consideres que vas a decir algo importante, te acercas a alguien del público a medio metro, viéndolo a los ojos se lo dices, pero hablando en plural, para después hacer una pausa dramática mientras entablas contacto visual con el resto de la audiencia. Esta acción se percibirá como si ese comentario se lo hubieras hecho de manera personalizada a cada integrante del público. Ejemplo: un conferencista está hablando de inseguridad y dice: "Y hay algo que a todos nos pasa... (el orador se desplaza y se le acerca mucho a alguien del público a quien ve directamente a los ojos), ¿cuántas veces al hacerse de noche y tener que salir a pie, no sienten que en cada esquina algo malo les va a pasar? (el orador fija unos segundos más la vista en esa persona, después levanta la cabeza, ve a toda la audiencia y continúa su mensaje)."

En auditorios y salones que no estén a su máxima capacidad, solicítales a las personas que tomen los asientos de más adelante.

Finalmente, encuadra a tu público con el torso. No voltees nada más la cabeza al hablar, sino que voltea todo el cuerpo guiándote por tus hombros. Cuando alguien nos encuadra al hablar, hace que su mensaje se sienta más personal y cercano. Por último, no está de más recordarte que no debes darle la espalda al público, pues te percibirás aún más lejano.

LENGUAJE CORPORAL

Ariel: Pero sin mi voz, como voy a...
Úrsula: ¡Tienes tu belleza!... además no subestimes la importancia del lenguaje corporal, ¡ja!
LA SIRENITA

Te pido por favor que te levantes en este momento y te estires. ¡Anda!, párate y estira los brazos hasta tocar el cielo mientras sientes cómo todo tu cuerpo se relaja. Aprovecha y mueve el cuello para un lado y otro, y rota tus hombros para relajarte. Libera tu cuerpo, cierra los ojos unos segundos y siente cómo estás totalmente relajado.

Ahora déjame hacerte una pregunta. En el momento que estabas relajado con los ojos cerrados, ¿dónde tenías los brazos? Puedo asegurarte que los brazos estaban relajados sueltos a un lado del cuerpo.

Timothy Koegel (2007) dice que la postura más común de un presentador es la del "Tiranosaurio Rex", en la que el orador pone sus brazos al frente y arriba sin ningún sentido y sólo se quedan ahí colgando de su cuerpo. Y si la boca se mueve, las manitas se mueven también como queriendo participar. Koegel nos dice que esta postura tiene otras versiones como "la araña en el espejo" (yemas de los dedos tocándose) y "el lava manos" (frotarse las manos incansablemente), donde además estos movimientos generan distracción.

Mientras estamos en la postura del T-Rex, nuestras manos al verse juntas empiezan a querer a hacer cosas, por lo que empiezan a darle vueltas a un anillo, a acomodar corbatas, a jugar con un papelito o a rascar cuanto espacio corporal esté al alcance. Por eso es que hay que evitar esta postura, pues además de ser poco natural y cerrar los canales de comunicación, es la mejor forma de tener movimientos involuntarios.

Una de las preguntas que más me hacen sobre el tema de hablar en público es: ¿Dónde van los brazos? Vaya, no es como si nos los quitáramos y pusiéramos como para olvidar en dónde van y qué tenemos que hacer con ellos. Sin importar que los tengamos pegados al cuerpo, nunca nos preocupamos en qué hacer con ellos ni hacemos conciencia de su actuar, hasta que nos encontramos en frente de un escenario y nos sentimos comprometidos a usarlos.

La respuesta a la pregunta de dónde van los brazos es tan sencilla como: ¡los brazos van donde nos los puso la naturaleza!, relajados y sueltos a un lado del cuerpo.

Cuando los brazos están a nuestro lado abren los canales de comunicación y transmiten confianza, seguridad y calma. Es la postura que adoptaste hace un momento cuando te pedí que te relajaras, por lo que al tomarla comunicarás que estás tranquilo. Además, al tener una mano alejada de la otra, se nos quita esa urgencia de sentir que las tenemos que utilizar eliminando de nuestra palabra muchísimos movimientos involuntarios.

No te confundas. No estoy diciendo que tengamos que tener esta postura en todo momento. Si tuviéramos todo el tiempo los brazos a un lado comunicaríamos poco dinamismo, desánimo, rigidez y hasta torpeza. ¡Claro que tenemos que hacer movimientos con los brazos y manos! Eso lo dejaremos muy en claro en el apartado de ademanes. Lo que aquí propongo es que esta postura nos debe servir como una base a la cual regresar después de hacer esos ademanes.

Yo siempre les digo a mis clientes que se imaginen que antes de hablar en público se están poniendo un abrigo de plomo, el cual les impide levantar los brazos porque les pesa mucho. Ese abrigo de plomo sólo los dejaría levantar los brazos si es que van a hacer un ademán que viene al caso, pero después volverá con todo su peso a regresar los brazos a los costados.

En cuanto a nuestra postura de piernas, te prometí que te iba a enseñar una forma para que te salieran raíces en los pies y evitaras movimientos innecesarios. Es la postura "5 para las 2", lo que no te dije es que además nos trae el beneficio de lograr una buena presencia física, pues es la misma postura que se les enseña a los conductores de televisión, edecanes y modelos. La postura "5 para las 2" se logra de la siguiente forma:

Párate como normalmente lo haces y mueve tu cadera hacia un lado y otro, verás que tu cadera tiene una rotación de 180° y tiene mucho juego para desplazarse. Balancéate con las rodillas sin mover los pies, como si estuvieras esquiando, y en general, ve la cantidad de movimientos que puedes hacer de la cintura para abajo sin mover los pies.

Si en este momento alguien llegara y te diera un ligero empujón, seguro no te caerías, porque tu cerebro sabe que estás en una posición balanceada que te permitiría mantener el equilibrio. Pues qué crees, que aunque te suene ilógico, ¡el objetivo de la postura "5 para las 2" es sacar al cuerpo de balance!, para que así nuestro cerebro registre que no se puede mover, y por lo tanto de la cintura para abajo nos convirtamos en tablas.

Si nuestro cuerpo está balanceado sabe que puede moverse, por lo que al llegar la adrenalina y buscar un escape, las piernas se convierten en un gran punto de fuga para ella, empezando a generar balanceos, movimientos de cadera y pasitos dentro del mismo metro cuadrado en todas direcciones. Pero si el cerebro sabe que no puede moverse porque está desbalanceado, la adrenalina buscará otro camino y no interferirá donde no puede actuar.

Para lograr la postura "5 para las 2", ponte de pie e imagínate que estás parado sobre la carátula de un reloj en la que tus pies harán la función de manecillas. El pie izquierdo será la manecilla que mide los minutos y el derecho la de las horas. Coloca tu pie izquierdo al minuto 55 o al "cinco para las...", y antes de llevar el pie derecho a las dos, te pido que de momento lo lleves hasta las 3 y que insertes el talón en medio del empeine del izquierdo. Ahora sí, sin separar el talón, ve cerrándolo hasta llegar a la una y cachito, casi dos.

En esta posición intenta hacer los balanceos de cadera y rodillas de hace un momento. Verás que no podrás hacerlos con tanta libertad y que tu cadera sólo te permite girarla unos 45 grados.

Como esa postura no se ve muy natural (o es como de reina de belleza saludando al público), te pido que separes ligeramente el talón derecho del pie izquierdo hasta lograr una posición más confortable. Ésta es la postura "5 para las 2", que permite mantenernos bajo control mientras nos da una buena presencia física. Si aun así sientes nervios o crees que sigues moviéndote mucho, contra los nervios presiona las rodillas hacia atrás.

Ahora intenta los movimientos de hace un momento con esta postura de "5 para las 2" y las rodillas presionadas como si quisieras doblarlas hacia atrás. ¡Te convertiste en tabla! Ésta es la postura que te recomiendo tener de la cintura para abajo, y a la que te pido que llegues cada vez que hagas un desplazamiento por el escenario.

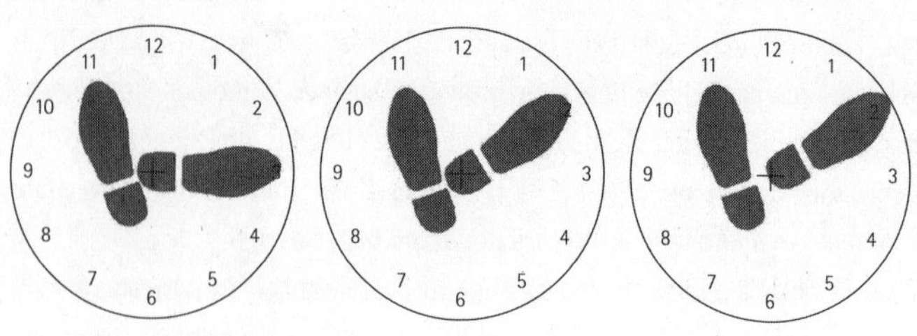

POSTURA
"5 PARA LAS 2" PASO A PASO.

Ya sabemos dónde van los brazos y qué hacer con nuestras piernas. Ahora nos falta ver otros dos principios básicos de la buena postura para hablar en público.

El primero es el principio de alineación, que se logra cuando la cabeza, la espina dorsal y la pelvis forman un eje en línea recta. Si nosotros atentamos contra este principio, podríamos tener una postura pélvica o una guiada por la cabeza, que no comunican firmeza y aplomo.

Cuando la postura es pélvica, la espalda se hace hacia atrás y las puntas de los pies se abren como pato, transmitiendo mensajes de lentitud, pereza, falta de energía, placidez y despreocupación. Por el contrario, si la postura fuese guiada por la cabeza, el cuerpo se inclinaría hacia adelante, encorvándose y comunicando fracaso, angustia y preocupación.

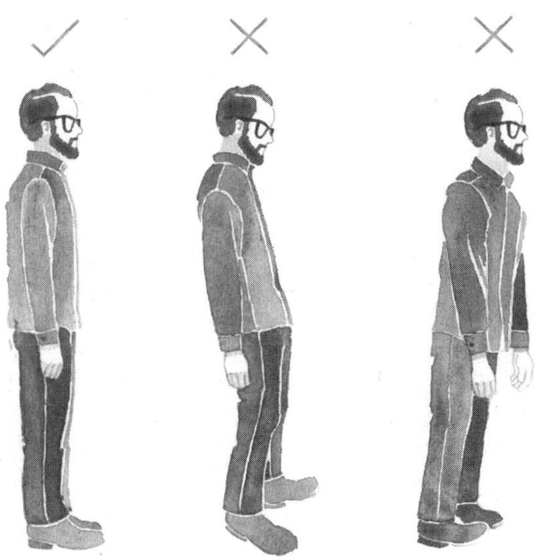

El otro principio es el de erección y no, no tiene nada que ver con una pastillita azul. Una posición erecta es aquella en la que la línea de visión es paralela al piso. Esta postura es la que comunica apertura, seguridad, energía y decisión.

Si la línea de visión se pierde en el piso, llevando la cabeza hacia abajo y evitando el contacto visual, lo que comunica es derrota, abatimiento, pesimismo, preocupación y tristeza; si esta postura se realizara generando contacto visual, lo que comunicaría es sumisión.

Por el contrario, si la línea de visión se pierde en el techo llevando la cabeza hacia arriba y evitando el contacto visual, lo que comunica es desinterés, distracción, titubeo y olvido; si esta postura se hiciera con contacto visual, comunicaría reto, prepotencia y altivez.

La postura al estar sentados también se convierte en un código de comunicación. Existen presentaciones que ameritan estar sentados, como las mesas redondas o los paneles de expertos. Cuando se sienten, tengan cuidado de no recargarse en el respaldo corriendo la cadera hacia delante del asiento, pues darán la impresión de estar acostados y la connotación será de desidia, desinterés, cansancio y falta de voluntad.

La postura correcta que deberán observar mientras estén sentados será conservando la espalda recta, inclinados ligeramente hacia adelante y dejando las manos una sobre otra en el regazo o sobre la mesa, según sea el caso. Si hay una mesa, la regla de comida de no poner los codos sobre ella también se respeta.

En el caso de las piernas al estar sentados, cuando no tenemos una mesa, la postura recomendada es la del sentado ejecutivo, que se logra cruzando la pierna rodilla sobre rodilla y colocando las manos sobre ésta. También puedes mantener las piernas sin cruzar, manteniéndolas levemente separadas de manera paralela en el caso de los hombres, y juntas y ligeramente ladeadas en el caso de las mujeres. Si se tuviera una mesa, las piernas no se deben cruzar.

Estamos a punto de ver qué hacer con las manos, pero antes revisemos otro tipo de posturas que mandan mensajes muy interesantes. Jane Wilger sostiene: "[...] he encontrado que la gente no confiará en ti si no puede verte las manos cuando hablas... así que asegúrate de siempre tenerlas visibles, estando parado o sentado", (citado en Gordoa, 1999: 136).

Estas posturas comunican lo siguiente:

1 De aquí para allá estás tú y de aquí para acá estoy yo. Barrera en la comunicación con docilidad y sumisión. Timidez, inexperiencia, vergüenza y vulnerabilidad.

2 De aquí para allá estás tú y de aquí para acá estoy yo. Barrera en la comunicación con autoridad y mando. Lejanía e inaccesibilidad.

3 No me muestro tal y como soy. Algo escondo. Me estoy guardando información. Cautela, espera y reflexión.

4 Me da igual y tengo demasiada confianza en mí. Desfachatez y despreocupación. Extrema relajación.

5 Vamos a tomar cartas en el asunto. Reto, desafío, dinamismo y acción. Es la postura del superhéroe.

Quiero cerrar este apartado dejando muy en claro que en el tema de postura y lenguaje corporal, no hay buenas o malas formas o posturas correctas o incorrectas. Muchos libros cometen el error de decirte cosas como "no cruces los brazos porque es una barrera que transmite lejanía" o "nunca bajes la cabeza porque comunicas timidez"; si bien esto es cierto, el error está en prohibir o en decirte que no lo hagas.

Nuestra kinésica, como todo lenguaje, tiene una gran riqueza para expresar emociones y conceptos positivos y negativos. Si algún día tú quieres decirle a tu público que estás harto y no te vas a dejar, más te vale que tu cuerpo también lo comunique cruzando los brazos y elevando ligeramente la cabeza; o si un día quieres hacer reflexionar a tu audiencia de manera pensativa, ojalá tus palabras se acompañen de un ligero andar por el escenario con las manos agarradas atrás y la vista hacia el piso.

Estamos aprendiendo un idioma nuevo, por lo que no solamente necesitamos aprender las "palabras" neutras y bonitas. Necesitamos tener un vocabulario extenso que permita expresarnos.

En el gesto hay la misma intensidad poética y simbólica que en el poema. La percepción del gesto puede dar un lirismo parecido a la música o parecido a la resonancia del verso.

MARCEL MARCEAU (1923-2007)

Usamos los gestos en nuestro día a día para favorecer o limitar la interacción con otros seres humanos, abriendo o cerrando los canales de comunicación. En el rostro tenemos los ojos y la boca, los principales encargados de hacernos interactuar con el mundo. A su vez, el rostro nos ayuda a comunicar nuestra opinión sin palabras, pues será mucho más fácil y expresivo echar los ojos hacia atrás mientras resoplamos para comunicar hastío, que decirlo con palabras. Los gestos también nos ayudan a transmitir los estados de ánimo que estamos viviendo o a los que estamos haciendo referencia. Tú puedes hacer cara de asombro porque estás pasmado, o puedes imitarla para dar a entender cómo te quedaste cuando te enteraste de algo sorprendente o inaudito.

Las expresiones faciales son entidades muy complejas para su estudio y enseñanza en la vida práctica, pues los seres humanos las hacemos e interpretamos de manera natural, sean reales o sean falsas. Las expresiones faciales, cuando provienen de emociones verdaderas, son prácticamente imposibles de enmascarar o resguardarse, por lo que no tiene ningún sentido explicarte la cara que pones cuando haces el ridículo, así como sería utópico intentar enseñarte cómo controlar tu rostro y el color de tu piel si algún día te avergüenzas.

Por eso mejor quiero centrarme en lo que Ekman y Friesen (1975) llaman "emblemas faciales", los movimientos del rostro en contextos que no hay emociones y que por lo general duran un mayor tiempo que las expresiones verdaderas. Por ejemplo, si dejas caer la mandíbula y abres los ojos como platos, le estarás comunicando a tu audiencia sorpresa y asombro de una manera más poderosa que si expresaras con palabras la emoción. O si quieres comunicar algo sobre lo que estás hablando te disgusta, basta con arrugar la nariz o levantar un lado del labio superior. A veces tan sólo con las cejas podemos dar a entender que algo es curioso o interesante. Los seres humanos hemos diseñado todo un lenguaje de emblemas faciales que interpretamos igual los miembros de una misma sociedad; como guiñar un ojo o sacar la lengua.

Por lo tanto, los gestos complementan nuestras palabras, pero también las sustituyen o las contradicen. Piensa en el guiño. Podría complementar las palabras si lo acompañas diciendo algo en tono de confianza como: "Oh, tú hazme caso y ya verás...", podría sustituir a las palabras en el caso de un coqueteo, o contradecirlas cuando cerramos un ojo dando a entender que estamos mintiendo o bromeando.

Al hablar en público los emblemas faciales deben ser más teatrales y exagerados que los que hacemos en la vida cotidiana, así como también deben ser más duraderos y dirigirse a toda la audiencia para que todos los capten. Un buen momento para hacerlos es durante las pausas dramáticas que generan tensión positiva en la audiencia. No me queda nada más que motivarte para que te atrevas a usarlos. Enfúndate un poco en el Jim Carrey que todos traemos dentro y sobreactúa sin miedo.

Aquí quiero abundar un poco más sobre la sonrisa, de la cual hablamos a profundidad en el tema de control de la ansiedad y primeras impresiones. Dijimos que es el principal código de comunicación no verbal para transmitir y lograr confianza, pues al ver a alguien sonreír, se decodifica como empatía, amabilidad y seguridad; pero también nosotros al sonreír producimos en nuestro cuerpo reacciones positivas que nos hacen sentir seguros. Hay muchos tipos de sonrisa y cada una de ellas manda diferentes mensajes; hay sonrisas melancólicas y hasta sonrisas sádicas. La sonrisa que debemos usar al hablar en público es la sonrisa sincera, conocida como sonrisa Duchenne en honor a Guillaume Duchenne de Boulogne, médico decimonónico pionero del estudio del lenguaje corporal.

La sonrisa Duchenne involucra no sólo sonreír con la boca, sino también con los ojos. Para preparar este tema sobre el poder de la sonrisa, tuve la oportunidad de entrevistar a Patch Adams, conocido como el doctor de la risoterapia y por la película que lleva su nombre, interpretada por Robin Williams. El doctor Adams me decía que la sonrisa sin los ojos no tiene fuerza. Me explicaba que la sonrisa era como una cuña, en la que la boca equivaldría a la parte más delgada, mientras los ojos son la parte gruesa en donde reside toda la fuerza y el empuje. Por lo tanto, también sonríe con los ojos haciéndolos más pequeños mientras llevamos las comisuras de la boca hacia arriba. Que al sonreír se te hagan unas ligeras 'patas de gallo', simplemente piensa que tus ojos deben reflejar felicidad. Por simple lógica, al hablar en público la sonrisa debe ir acompañada del contacto visual, si no, ¿a quién le sonríes?

Patch Adams explicándome la sonrisa como una "cuña"

LENGUAJE CORPORAL

¡Que enmudezcan nuestras lenguas y empiecen a hablar las manos!
FRANCISCO VILLAESPESA (1877-1936)

Los ademanes son la palabra hecha movimiento, por lo que al hablar en público son importantísimos, ya que si faltaran en una presentación, el resultado sería comunicar desgana y falta de ánimo. Pero si los ademanes sobraran o no correspondieran a la palabra, lo que comunicaríamos sería descontrol. Por lo tanto, los ademanes deben corresponder a la magnitud y acción de la palabra oral de manera natural y deben administrarse con justa medida.

Esta última frase es muy importante que la veamos parte por parte. Al decir que los ademanes deben de corresponder a la magnitud de la palabra, significa que si la palabra es grande y exagerada, los ademanes también tendrán que ser grandes y exagerados; pero si la palabra está siendo calmada y moderada, los ademanes apenas serán protagonistas.

En cuanto a la acción, si estamos diciendo que algo es sincero, podemos llevarnos la mano al corazón, o si deseamos hablar de algo que va en incremento, podemos dibujar escalones en el aire que poco a poco van subiendo, como también si deseamos hablar de unidad, podemos chocar nuestros puños mientras lo hacemos. Lo más destacado de la frase es la parte final, dice: "...de manera natural y deben administrarse con justa medida."

"De manera natural", quiere decir que los ademanes no se piensan, salen. Jana Iverson, de la Universidad de Missouri, dice: "...nacemos propensos a mover las manos mientras hablamos", (Koegel, 2007: 73). De hecho, es tan natural e inconsciente hacer ademanes, que estos salen milésimas de segundos antes que las palabras. Si nosotros nos pusiéramos a pensar qué ademán hacer, el resultado sería que los ademanes se verían forzados, salieran después de las palabras y, en general, pareciéramos niños chiquitos declamando en el Día de las Madres.

Y la frase "con justa medida" indica que una vez que termina el ademán, éste debe descansar y el brazo regresar a su posición original (recuerda el problema del T-Rex y la recomendación del "abrigo de plomo"). El problema es, puedo asegurarte, después de tantas personas auditadas en el uso de la palabra, la gran mayoría tiene el mal hábito de estar haciendo un ademán constante o quedarse trabada con un ademán. Un ademán constante, por ejemplo, sería tener todo el tiempo del discurso las manos girando como en expresión de "lo que sigue". Un ademán trabado sería que una persona dice que hay una razón de peso, mientras con el dedo índice hace el número 1, pero después de haber dado su razón, el dedito se queda señalando hacia arriba todo el tiempo.

Otro problema de los ademanes radica en que, sin querer, nos pueden traicionar al momento de decir algo. Por ejemplo, si nos llevamos la mano a la boca mientras hablamos o nos tocamos la nariz, la audiencia percibirá que estamos mintiendo o no estamos muy seguros de lo que hablamos.

"La mano es la sustituta de la lengua y el portavoz del cuerpo", dijo John Bulwer, pionero del estudio del lenguaje corporal y autor de *Chirologia/Chironomía*, primer manual que catalogó los ademanes con el objetivo de enseñar a usarlos (Leith, 2012). Y es que a diferencia de los gestos, para los ademanes sí puedo darte muchos trucos de acciones que puedes hacer con tus manos para ser más persuasivo y comunicar un mayor control. Antes de verlos, quiero puntualizar que, al igual que con los gestos, al hablar en público los ademanes pueden complementar nuestra palabra, sustituirla y contradecirla; también deben ser más teatrales y exagerados que en lo cotidiano, durar más y dirigirse a toda la audiencia.

Así como hay emblemas faciales, también existen los emblemas manuales que por consenso hemos desarrollado y nos ayudan a decir cosas sin palabras. Levantar el pulgar para dar *like* puede ser un ejemplo, como también cualquier grosería manual que se te pueda ocurrir. Dicho todo esto, veamos algunos consejos prácticos para usar nuestros ademanes al hablar en público.

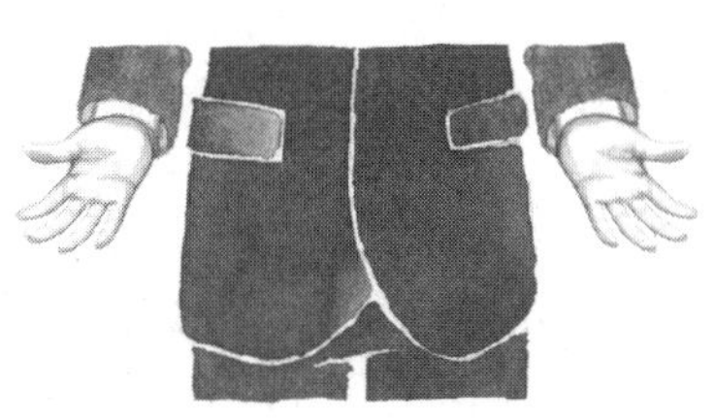

Las palmas hacia arriba comunican franqueza y honestidad. Éste es el movimiento natural que haces cuando recibes algo, por lo que es un ademán sumiso. Al mostrar las manos, le estás diciendo a la gente "de aquí para arriba estamos todos" y no tienes nada que ocultar, además es el mismo movimiento que hacemos cuando vamos a abrazar a alguien, por lo que comunica protección. Se relaciona con las deidades (fíjate cómo a todos los santos o budas los representan mostrando las palmas), por lo que transmite calma y paz.

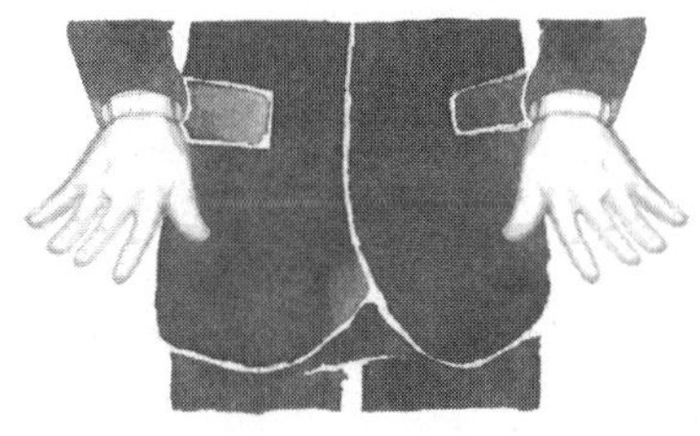

Las palmas hacia abajo comunican autoridad y mando. Éste es el movimiento natural que haces cuando vas a dar algo, por lo que es un ademán de dar órdenes. Al no mostrar las manos, le estás diciendo a la gente "de aquí para abajo están ustedes y de aquí para arriba estoy yo", además es el mismo movimiento que hacemos cuando empujamos o nos impulsamos con las manos, por lo que comunica rechazo. Se relaciona con el poder (recuerda el saludo romano), por lo que transmite fuerza y respeto.

Antes de leer el resto de las recomendaciones, di las mismas palabras con las palmas hacia arriba y hacia abajo, y sorpréndete de cómo cambia el mensaje. Ejemplo: pídele a alguien que mueva una cosa de un lado a otro. Con las palmas hacia arriba se tomará como un favor y con las palmas hacia abajo se verá como una orden.

1 La palma de lado subiendo y bajando el brazo se interpreta como una división o un corte en seco. Úsalo cuando quieras dar a entender que algo es definitivo o se deben que seguir instrucciones precisas.

2 La palma de lado moviéndose hacia afuera o hacia adentro de manera progresiva, representa una línea de tiempo, fases, etapas o una secuencia cronológica. Los seres humanos figuramos que el pasado está a la izquierda y el futuro a la derecha, por naturaleza así lo hacemos. ¡Pero ojo!, al hablar en público, como la audiencia nos ve de frente, debemos hacerlo a la inversa, para que ellos lo vean en espejo. Para que lo entiendas mejor, al hablar en público el pasado o la primera etapa estarán a la derecha, y nos iremos yendo hacia la izquierda, para que la audiencia pueda percibirlo de manera correcta.

3 La palma hacia abajo subiendo y bajando gradualmente comunica cantidades y alturas. Úsala para comunicar crecimiento o disminución de cantidades, logros y cualidades.

2

3

4 A las dos palmas hacia adentro se le conoce como "la caja", lo que hace es enmarcar y limitar espacios. Usa este ademán para encasillar algún concepto o dar la sensación de límites. Mientras más amplia o pequeña es la caja, mayor o menor espacio comunicarás.

4

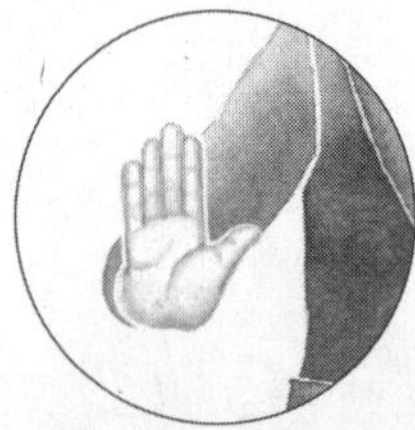

La palma o palmas hacia el frente significan freno, bloqueo y rechazo.

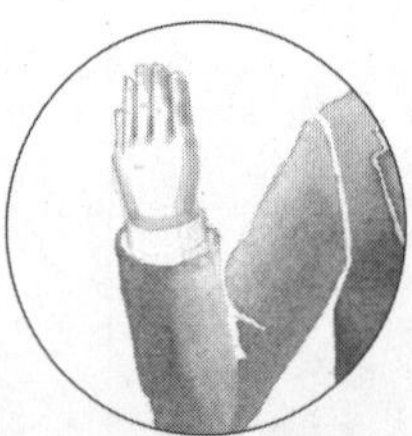

La palma o palmas hacia nosotros significan aceptación y agradecimiento.

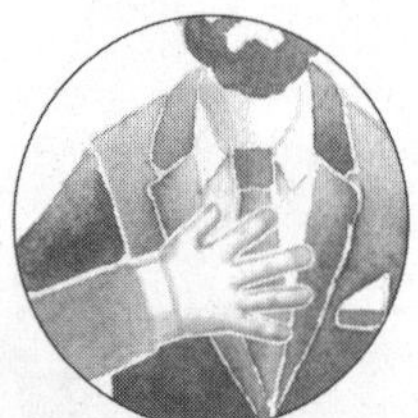

Las palmas en el pecho acentúan nuestro compromiso y responsabilidad.

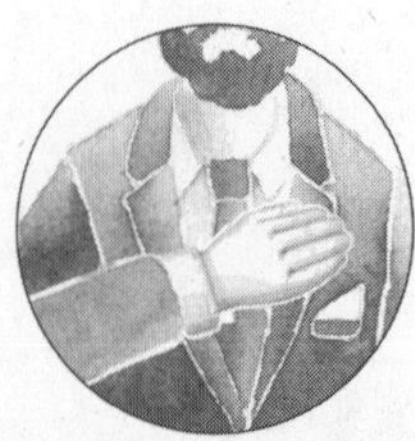

Llevarse la mano al corazón comunica sinceridad, amor o dolor, según el contexto.

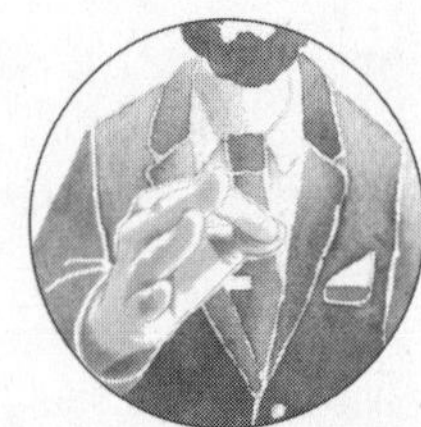

Unir el pulgar y el índice significa puntualizar y precisar.

Señalar a las personas con el dedo índice se le conoce como ademán acusativo y está catalogado como el más ofensivo de todos (Navarro, 2008), pero al hablar en público es positivo, pues acentúa el compromiso con la audiencia. Nada más ten cuidado de no hacerlo cuando estés mencionando atributos negativos.

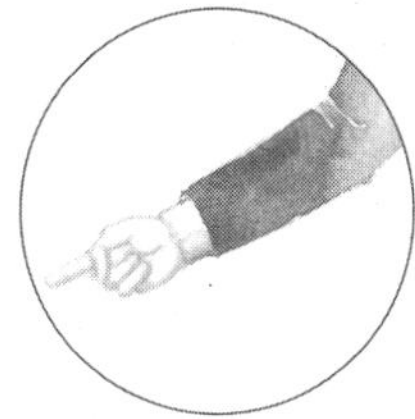

Señalar hacia afuera y hacia abajo significa castigar.

Señala hacia afuera y hacia arriba significa expulsar.

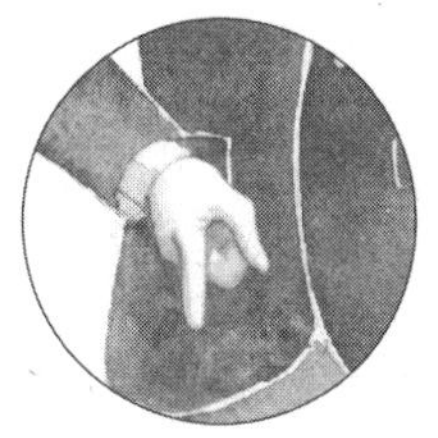

Señalar el piso significa presente, invita a actuar hoy.

Señalar al cielo significa futuro, trascendencia y redención.

Señalar con pulgar hacia atrás significa el pasado.

Finalmente, como regla general, mantén tus ademanes a una altura entre tus hombros y cintura, más abajo no se sentirán y más arriba se usan para declamar. Durante el discurso puedes crear tus propios emblemas manuales y unirlos a tus mensajes, convirtiéndolos en anclajes que refuercen tu frase mágica sin que la tengas que pronunciar. Si tu mensaje es: "El agua es para quitarte el jabón, no para ponértelo, ¡ciérrale!", al momento de decir "ciérrale", puedes girar tu muñeca como si giraras una perilla. Después de hacerlo un par de veces, bastará con que hagas el puro ademán para que se venga a la cabeza de tu audiencia la frase mágica.

No olvides nunca que el primer beso no se da con la boca, sino con los ojos.
BERNHARDT (1879-1951)

Cuando pides que te den un tip sobre contacto visual para hablar en público, lo más común es que te digan que veas sobre la cabeza de las personas, fijes la vista en la parte del fondo del salón o veas otras partes de sus cuerpos y no los ojos. Esto no tiene ningún sentido y hasta es contraproducente. Le hablamos a una audiencia, por lo tanto debemos verla. Evitar el contacto visual con el auditorio es una señal de evidente nerviosismo o desinterés. Cuando no entablamos contacto visual, la gente lo percibe y se siente cosificada; se genera la misma desagradable situación de cuando estás hablando de uno a uno y ese alguien no voltea a verte porque está haciendo otras cosas.

Establecer un buen contacto visual al hablar equivale a tender un sólido puente de comunicación entre dos lugares distantes. No hacerlo produce una sensación de desconfianza e inseguridad. Por supuesto no tenemos que pasar toda la presentación sin quitarle los ojos de encima a la gente. Habrá momentos que por su propia naturalidad nos obligarán a mirar al piso, alrededor de la habitación o hacia un objeto que queramos tomar, y eso está bien. Sólo asegúrate de que después tus ojos regresen a la audiencia. La clave para un contacto visual poderoso es recordar que la mayoría del tiempo los ojos deben enfocarse en el público.

Una de las preguntas que más me hacen relacionadas con este tema es la de cuánto tiempo debemos quedarnos viendo a los ojos de los demás al hablar en público. Esto es difícil de responder porque no puedes ponerlo en segundos, además, imagínate lo complicado que sería estar contando en tu mente, aunado a pensar lo que tienes que decir. La cantidad de tiempo que debes ver a cada miembro de tu audiencia dependerá de la distancia a la que se encuentre tu contraparte, relacionándose el tema del contacto visual con la proxémica. El tiempo del contacto visual irá en relación directa con la distancia entre las partes. A mayor distancia, mayor tiempo el que podrás y tendrás que dedicarle el contacto visual. Con las personas del frente, con un vistazo rápido se sentirán observadas.

El consejo más útil que he escuchado es que procures tardarte el tiempo necesario para saber de qué color tienen los ojos (Gordoa, 1999), por lo que no será cuestión de tiempo, sino de mostrar interés en el otro. ¡Y no te confundas! No significa que tengas que saber el color de ojos de tu audiencia, sino que uses el tiempo que tardarías en percibir el color. Con las personas del frente te tardarías muy poco en detectar el color, pero con las de atrás tendrías que esforzarte un poco más en detectarlo, es decir, te tomaría más tiempo.

En audiencias pequeñas, de menos de cuarenta personas, el contacto visual puede y debe realizarse con todos y cada uno de los miembros de la audiencia; en audiencias mayores, el sentido común nos dice que es imposible verlos a todos, pero no que se sientan vistos. ¿Entonces, cómo entablar contacto visual con grandes audiencias?

Haciendo ochos con la vista. El *ocho* nos muestra un patrón que debemos seguir para que toda la audiencia se sienta observada. Lo que harás es fijar la vista en una persona que se encuentre al centro del auditorio, después recorre con la mirada hacia la izquierda y hacia atrás hasta llegar al fondo. Continuarás con las personas que estén atrás al centro, para seguir con las que están al fondo y del lado derecho. Regresarás hacia el centro ahora por la derecha del auditorio, después continuarás con las personas que están al frente a la izquierda, al frente al centro y al frente a la derecha; para por último terminar en el centro y volver a empezar el ciclo. Para la tercera vez que recorras tu audiencia, este patrón se convertirá en algo rutinario y podrás seguir haciéndolo de manera inconsciente.

Si la audiencia es tan grande, al grado que haya cámaras de circuito cerrado que estén reproduciendo en pantallas tu presentación, usa las cámaras como vehículo para generar intimidad y ver a cada miembro de la audiencia a los ojos. Lo único que necesitas es buscar dónde están y dirigirte a ellas en el momento preciso que quieras personalizar tu mensaje, así aparecerás en las pantallas hablándoles a los ojos. Aprovecho este consejo para decirte que en ocasiones tendrás que voltear a la cámara, si es que tu conferencia se está transmitiendo vía web o televisión y si los espectadores son considerados parte del público en igual importancia que los que están presentes en vivo. En estos casos, deberás darle el mismo peso a la cámara que a los miembros de la audiencia en vivo, imaginando que detrás de la lente hay personas escuchándote sentadas en otro lugar. En el caso de que la aplastante mayoría de tu audiencia vaya a verte por televisión y sólo una pequeña parte vaya a estar en el estudio en vivo, olvídate de los asistentes en el estudio y céntrate 100% en la cámara. Una de las causas por las que Nixon perdió el emblemático debate de 1960 contra Kennedy, es porque el candidato republicano se la pasó hablándole a la gente que asistió al estudio de televisión, olvidándose que detrás de la cámara estaba el pueblo norteamericano sentado en sus casas a la espera de tomar la decisión de por quién votar. Esos serían los únicos casos en los que tendrías que voltear a ver a una cámara mientras hablas en público; en otras circunstancias, olvídate que están ahí, pues únicamente están grabando memorias del evento o llevando algún registro.

Finalmente, el contacto visual controla, pues cuando alguien te está hablando y te ve, por respeto dejas de hacer otra actividad hasta que la conversación acabe. Al hablar en público funciona igual. Si tú no ves a la audiencia, ten por seguro que a los pocos minutos sacarán sus teléfonos celulares o se pondrán a platicar entre ellos. Velos constantemente y tendrás mayor control grupal.

Con la sonrisa, el contacto visual es la acción que abre los canales de comunicación y genera confianza. Cuando vemos a los ojos a alguien reconocemos su calidad individual. Esto quiere decir que al vernos, nos damos cuenta de nuestra existencia y dejamos de ser dos seres desconocidos en el mundo, generando un vínculo emocional muy fuerte entre las personas.

De esta forma llegamos al final del capítulo acerca de lenguaje corporal, dale la misma importancia a lo que dice tu cuerpo y a lo que dicen tus palabras, y simplemente... ¡H.A.B.L.A.!

5. ACABA

CON BROCHE DE ORO

Un discurso es como una relación con una amante,
cualquier imbécil puede comenzarla,
pero hace falta un talento considerable para ponerle fin.
LORD MANCROFT (1914-1987)

Llegó el momento de disfrutar del aplauso. Y es que a menos de que sea una presentación ejecutiva o una charla de carácter más solemne, lo común es que después de hablar en público se nos despida con un aplauso. ¡Pero ojo!, esto no es un signo confiable de que a la gente le haya gustado o de que lo hicimos bien.

Las personas tienden a aplaudir les haya gustado o no la presentación, pues no importa qué tan mediocre o patético haya sido un discurso, la gente suele ser cortés y lo demuestra aplaudiendo cuando acaban las presentaciones. Aunque la realidad es que a veces pienso que en lugar de cortesía, la gente aplaude de felicidad por el simple hecho de que no tendrán que seguir sufriendo, y es que, siendo sinceros, ¿qué tan mala tendría que ser una ponencia para que la gente de plano no aplauda? Por eso es que puedo asegurarte que pase lo que pase vas a recibir un aplauso.

Este aplauso por cortesía es al que yo le llamo el aplauso fingido. Aplaudir debe ser un momento de gozo y no un mero trámite. Es como el orgasmo. Es la culminación de un momento placentero que cierra con broche de oro. Pero como a veces el desempeño no es el ideal o deseamos que se termine el momento aburrido, recurrimos al recurso de fingir… ¿Sí seguimos hablando del aplauso, verdad?

¡Ese momento final de gozo se gana! Es la recompensa por haber hecho pasar por diferentes emociones a la contraparte y haberla dejado dispuesta y calientita para ese éxtasis final. ¡El aplauso es de quien lo trabaja!

Si bien has venido trabajando en él toda la presentación, déjame decirte que tener un cierre fuerte es fundamental para dejar a la audiencia satisfecha. Si recuerdas, esto lo dijimos cuando hablamos del modelo psicoemocional de estructura, te acordarás de que el último estado por el que atraviesa la audiencia es el de la satisfacción. En la parte final, la audiencia necesita un empujoncito para quedarse contenta, motivada y con un agradable sabor de boca. Para lograrlo, debíamos cerrar fuerte y contundente, para que entendieran que habíamos terminado y ganar sus palmas sin tenerlas que pedir.

Te prometí que en este capítulo veríamos unas mañas a manera de fórmulas de cierre para motivar a la audiencia y convencerla de nuestro mensaje. Tal como lo hice con las fórmulas de inicio, esa promesa será cumplida, pero antes revisemos algunas recomendaciones importantes para sembrar el terreno y garantizar un aplauso real.

Primero, el cierre debe servirte como una conclusión que refuerce el mensaje y te ayude a lograr tus objetivos. Por eso debe incluir la frase mágica y hacer un llamado a la acción. Es decir, invitar a la audiencia a que se comporte de cierta forma ligada a nuestro objetivo y mensaje. Por ejemplo: "Por lo tanto, los invito a que esta Semana Santa visiten Tabasco, no se van a arrepentir", o: "Por favor, que no se te olvide hoy mismo configurar tu teléfono y decirle a tus seres queridos que también lo hagan, cuida tu información digital hoy o paga por tu vida mañana."

Como el cierre es tan importante, cuando estás por terminar debes captar de nuevo la atención de la audiencia, para que cuando concluyas, garantices que todos los ojos están sobre ti. Para conseguirlo, debes anunciar con bombo y platillo que algo bueno va a pasar y no se lo pueden perder. Esto es muy sencillo de hacer, técnicamente se conoce como "inducir el cierre". Consiste en decir una frase que dé a entender a la audiencia que el final se acerca y, nuevamente, deben poner atención. Algunas de estas frases pueden ser: "Estamos por terminar, no sin antes..." "Desafortunadamente el tiempo está llegando a su fin, pero les recuerdo..." "Antes de retirarme quiero decirles que..." "Fue un placer estar con ustedes el día de hoy...", o: "Quisiera hacer un comentario final que considero muy importante..."

Por último, las palabras que compongan tu fórmula de cierre deben ser las últimas que debes decir; así que si hay un aviso final de carácter protocolario o informativo, la recomendación es decirlo antes de poner en marcha tu fórmula o esperarte hasta después de los aplausos. No los dejes como últimas palabras, pues desinflarán cualquier estado de ánimo que hayas generado en la audiencia. Si esos avisos tienen miras comerciales o son muy importantes y no se pueden perder, la recomendación definitiva es que los hagas antes de terminar, pues una vez que concluyen las palabras mucha gente abandona la sala y se pierde de los avisos. Tendrías que hacerlo así: "Estamos a punto de terminar, pero antes hago un paréntesis para decirles que afuera encontrarán una mesa en donde pueden firmar la petición para salvar a la mariposa monarca, me encantará verlos por ahí; pero recuerden que todo esto es para..."

Una vez que sembraste el terreno, ahora sí está todo listo para detonar tu bomba final. Es indispensable que para las fórmulas de cierre saques todo tu arsenal de volumen, ritmo y pausas, y no tengas miedo a ser un poco más teatral con tu lenguaje corporal. Si nosotros no le damos todo el *punch*, terminará sintiéndose como un cierre más. Veamos cómo recibir el aplauso sin tener que mendigarlo.

No acepto aplausos por compasión.
PEPE CARROLL (1957-2004)

Y ya sé que me vas a decir que siempre la armo de emoción, pero es que antes de ver las fórmulas de cierre es indispensable que primero te diga cómo no cerrar.

Cómo No cerrar

Diciendo *gracias*: decir *gracias*, cuando no existe una fórmula de cierre, es el equivalente a decir: "Eso es todo, ya terminé, me pueden aplaudir." Tu cierre puede ser fatal, sin pies ni cabeza, o carente de fuerza y titubeante; pero si al final dices "muchas gracias", levantarás la compasión de esos fingidores de aplausos que pacientemente esperan el final. "Esteee, ¿qué más?, pues eso es lo que iba a decir y pus ya saben... aquí estoy para cualquier cosa y esteee... muchas gracias" (aplauso fingido).

No estoy diciendo que decir "muchas gracias" sea negativo, sólo estoy diciendo que es un mal cierre cuando "muchas gracias" se convierte en sinónimo de "ya acabé". Si cuentas con una fórmula de cierre, decir "muchas gracias" no está mal, pero sí es un cliché y hace que no te separes del resto de los oradores. Te vas a dar cuenta de que no necesitas decirlo. Es más, te reto a que en tu próxima presentación intentes cerrar sin recurrir al "muchas gracias"; verás que te empiezas a enamorar de no necesitar del gastado recurso.

Si estabas pensando que por no decir "muchas gracias" ibas a quedar como maleducado, no te preocupes. Por supuesto tenemos que agradecer, ¡pero el aplauso! Así que, cierra muy fuerte, disfruta tu recompensa y después de que la gente termine de aplaudirte diles: "Muchas gracias." Puedes aprovechar para agradecer a los organizadores, dar tus redes sociales y datos de contacto, así como mencionar los avisos de los que hablábamos.

Avisando que ya terminaste: si no es recomendable terminar diciendo "muchas gracias" porque es como decir "ya terminé, eso es todo y me pueden aplaudir", imagínate lo débil que es cerrar avisando literalmente que ya acabaste. Esto sucede más de lo que crees, sobre todo en presentaciones ejecutivas, escolares o de ventas. Es ese momento cuando se le da clic a la última diapositiva, la pantalla se pone en negro y el presentador dice: "Pues con esto terminamos, quedo a sus órdenes."

Como maestro de grupos de nuevo ingreso del Colegio de Imagen Pública, no saben en cuántas ocasiones me toca que un alumno termine con un abrupto: "Y ya." ¿Y ya? ¡¿En serio así acabaste tu presentación?! Lo bueno es que más adelante toman las materias de Imagen Verbal y salen capacitados tanto para hablar bien, como para enseñarles a los demás a hacerlo.

Bruscamente: ni el presentador dice gracias ni avisa que ya terminó, simplemente se queda callado a la espera del aplauso o de indicaciones sobre si se baja del escenario o a ver qué hace. Este cierre es muy incómodo, pues casi casi se empiezan a escuchar grillitos en el auditorio hasta que alguien piensa: "Pues creo que ya acabó..." y le empieza a aplaudir tímidamente, a lo que dos o tres temerosos se suman a la causa, desatando una ronda de desangelados aplausos que rompen con el incómodo momento.

Injustamente esto es lo que les sucede a las personas que sí tienen una fórmula de cierre, pero que no le dan el *punch* suficiente con las variaciones de características vocales y uso del lenguaje corporal. Si algún día te llegara a pasar la penosa situación de terminar y tu audiencia no lo sintió y continúa expectante, no te apaniques, simplemente di: "¡Muchas gracias!" Y a la otra, por favor, ponle más *punch*.

Retirándote inmediatamente del podio: yo sé que si no sabes hablar en público lo que más te urge es bajarte del escenario. Pero así como al principio hicimos una pausa para sonreír y captar la atención de la audiencia, al final debemos dedicar otro momento para sonreírle y dejarla con una percepción de seguridad y bienestar con el resultado de nuestra presentación.

Yo siempre digo que en los eventos existen "edecanes de pastoreo", miembros del *staff* que cazan el momento en el que nos estamos retirando del escenario para bloquearnos el paso y decirnos con toda amabilidad: "Todavía no, aún falta la sesión de preguntas y respuestas..." Y cuando se termina la última pregunta y queremos volver a escapar, vuelven con destreza para regresarnos al corral diciéndonos: "Aún no, le vamos a entregar un reconocimiento por haber venido"; así actúan también con la foto conmemorativa y con las palabras que alguien más nos dedicará. Por lo tanto, disfruta el momento y espérate hasta que el sentido común te diga que ya no tienes nada que hacer ahí enfrente.

Ya que hablé de los reconocimientos, aprovecho para darte una recomendación, que nos hace quedar muy bien. Si recibes un diploma, trofeo, regalo o cualquier cosa que conmemore tu visita a manera de agradecimiento, ten el detalle de mirarlo con agrado, colocarlo frente a ti, mostrarlo al público y posar con él para las fotos que de seguro los organizadores están tomando. Agradece el gesto y cuida no olvidarlo.

Ya que evitamos todo este tipo de cierres mata pasiones, veamos entonces:

Cómo Sí cerrar

Recuerda una vez más que todo cierre debe reforzar tu frase mágica, hacer un llamado a la acción, explotar tus características vocales y el lenguaje corporal para que motives a la audiencia. Ahora veamos cómo sí terminar y qué palabras utilizar para tener una buena fórmula de cierre. Podemos cerrar:

Exhortando: exhortar es invitar a la acción. Va en relación directa con lo que pretendemos lograr con nuestro objetivo. El secreto de esta fórmula es terminar con un verbo en imperativo (los que dan órdenes) y acompañarlo de un ademán acusativo que acentúe el compromiso con la audiencia. El ademán que más recomiendo es el de extender las manos con las palmas hacia arriba como si les estuviéramos dejando algo en sus manos.

Es muy importante que antes de mencionar el verbo hagas una ligera pausa, para después decir el verbo en un volumen más alto o bajo. Es fundamental que el verbo sea la última palabra que pronuncies y que lo acompañes de todas estas recomendaciones para que se sienta el cierre. El verbo que elijas debe ser el mismo que planteaste en tu objetivo, o uno similar, y puedes conjugarlo en primera o segunda persona del plural. Por ejemplo: si tu objetivo era que reflexionaran, el verbo puede ser: "¡Piénsenlo!", o si el objetivo era motivar a realizar algo, los verbos pueden ser: "¡Actuemos!", o "¡Háganlo!"

Entonces, la fórmula de exhortación quedaría así:

> ... si todos los datos que vimos hoy no te dejaron preocupado por lo que se avecina con el agua, no sé qué más lo va a hacer. Espero que mañana cuando te bañes recuerdes a doña Josefina caminando y lo que sentiría al ver que con lo que estás desperdiciando, ella podría tener su ración semanal de agua. Y perdón, pues mi intención no era venir hoy a chantajearte ni hacerte sentir mal. Lo único que pretendo es que todos y cada uno de nosotros creemos conciencia de que con una sola acción (ademán de cerrarle a la llave) podemos hacer un cambio verdadero en el mundo. Estimados amigos, fue un placer estar con ustedes el día de hoy y, por favor, cuidemos el agua en general. Pero, sobre todo, al bañarte recuerda que el agua es para quitarte el jabón, no para ponértelo, por lo tanto... (con el ademán correspondiente) ¡CIÉRRALE!

Produciendo un clímax: en retórica, un clímax es una gradación ascendente o descendente que nos lleva a una culminación. Éste se logra pasando paulatinamente de un volumen y ritmo bajo a un volumen y ritmo medio, para terminar con un volumen alto y ritmo rápido. El clímax descendente sería a la inversa, y si bien es un poco más complejo de hacer, cuando se logra es muy poderoso también.

Durante el clímax, la audiencia pasa por las distintas emociones provocadas por los cambios de volumen y ritmo, haciendo que de un momento íntimo y reflexivo se llegue a uno de exaltación y pasión, o viceversa. Esta fórmula de cierre es muy recomendada para los discursos motivacionales y para las arengas políticas; suele ser la fórmula más fácil para conseguir una ovación de pie.

La única recomendación para lograr un clímax exitoso es atreverse y llevar al límite las características vocales. Convencernos de que iremos de lo más bajo a lo más alto y de que explotaremos nuestros ademanes y lenguaje corporal al máximo. Las últimas palabras que puedes decir son libres, ya sea la frase mágica, un verbo en imperativo, una cita o una reflexión, incluso el "muchas gracias" tendría cabida, aunque te recomiendo que lo cambies por algo más personalizado como: "Muchísimas felicidades, queridos compañeros." Aquí un ejemplo:

> ... y sí, señores, Sosa es otra cosa y créanme que no los voy a defraudar... Estamos por terminar, pero antes quiero decirles que hay una frase que cada vez que la escucho me enoja a más no poder... y esa frase dice (con un volumen muy bajo y un ritmo muy lento) un país tiene a los gobernantes que se merece... escuchen, por favor, qué tontería (con un volumen bajo y un ritmo lento) un país... tiene a los gobernantes que se merece... no, señores (con un tono medio y un ritmo medio), este país no tiene a los gobernantes que se merece, este país tiene a los gober-

> nantes que permitimos, porque este país se merece mucho, muchísimo más (con un volumen un poco más alto y un ritmo un poco más rápido), se merece a gente trabajadora como tú y como yo, gente honrada que está pensando en cómo sumar y en cómo hacer de este país un mejor lugar para vivir (con un volumen más alto y un ritmo más rápido), gente que todos los días se parte el lomo para llevar a su casa todo lo que su familia verdaderamente se merece, pero señores, ¡debemos de actuar hoy! (con volumen muy alto y un ritmo muy rápido), ¡¡debemos sacar del gobierno a esa gente que no merece estar ahí y que nosotros no nos merecemos como país!!, ¡¡tenemos que salir a votar este próximo 2 de julio e invitar a toda la gente para que también lo haga!!, ¡¡¡tenemos que tener finalmente como ciudadanos a los gobernantes que sí nos merecemos!!! (con un volumen altísimo y un ritmo rapidísimo), ¡¡¡ha llegado la hora de cambiar!!! Estimados amigos, no los voy a defraudar... siempre recuerden: ¡¡¡SOSA ES OTRA COSA!!!

Mencionando una cita: cerrar con una cita genera los mismos atributos vistos cuando la propusimos como fórmula de inicio. La única diferencia es que se debe mencionar al autor antes y que, al decirla, se debe generar un miniclímax con ella. Otra recomendación es que puedes inducir el cierre diciendo que vas a terminar con una cita, para que así no quede dudas de que ya terminaste. Ejemplo:

> ... quiero terminar con una frase de John F. Kennedy y que fácilmente podría adecuarse hoy a Mediplus. La frase dice: "No preguntes qué puede hacer tu país por ti, pregunta qué puedes hacer tú por tu país."... "no preguntes qué puede hacer tu país por ti... pregunta qué puedes hacer tú por tu país." Por lo tanto, estimados colaboradores, hoy estamos em-

> prendiendo una nueva cultura organizacional. A partir de hoy piensa que todos somos Mediplus y no preguntes qué puede hacer Mediplus por ti, sino pregunta ¡QUÉ PUEDES HACER TÚ POR MEDIPLUS!

Con las mismas palabras de inicio: cerrar con las mismas palabras con las que empezamos la presentación la hace atractiva e inteligente. A la gente le encanta todo lo que tiene un patrón circular, esta fórmula de inicio hace las presentaciones redonditas. Retomemos un ejemplo de fórmula de inicio, metámosle su blah, blah, blah, y cerrémoslo de esta forma:

> Muchas gracias, Juan, por tu amable presentación. Queridos amigos... ¡Vamos a Tabasco que Tabasco es un edén!... Así dice la canción... Ven, ven, ven, vamos a Tabasco que Tabasco es un edén... y esto es cierto, amigos, Tabasco es sumamente paradisíaco y por eso lo primero que les digo es que en esta Semana Santa no se pierdan la oportunidad de visitar Tabasco, créanme, no se van a arrepentir. Y es que en Tabasco, blah, blah, blah... blah, blah, blah... blah, blah, blah... y ésta es una buena razón para que en esta Semana Santa visiten Tabasco, no se van a arrepentir. Y si hablamos de su gastronomía, blah, blah, blah... blah, blah, blah... blah, blah, blah... por eso les digo esta Semana Santa visiten Tabasco, no se van a arrepentir... blah, blah, blah... blah, blah, blah... blah, blah, blah. Ya estamos por terminar, no sin antes decirles que tenemos que aprovechar las maravillas que México nos da. ¿A dónde pensabas irte esta Semana Santa?, ¿a la playa que tanto se llena y es carísima? ¿O querías ir una vez más de *shopping* a ese *mall* sin corazón de Estados Unidos...? Por qué mejor no darle una oportunidad a esa bella joya del sureste mexicano tristemente olvidada por los turistas... Queridos amigos, esta Semana Santa visiten Tabasco, no se van a arrepentir, y sí, ¡vamos a Tabasco que Tabasco... ES UN EDÉN!

Preguntando: cerrar con una pregunta es muy recomendable cuando se trata de discursos de carácter reflexivo y quieres que la audiencia se quede pensando. Estos discursos no cierran con aplausos, después de las palabras suele venir un período de reflexión personal. Pueden usarse en retiros espirituales y hasta en un regaño de oficina masivo. Las preguntas son retóricas, pues no se espera la respuesta del público. Ejemplo:

> ... ya no quiero darle más vueltas al asunto, simplemente les digo una vez más que no han hecho nada por Mediplus y me encuentro profundamente decepcionado de que ustedes siete no se hayan sumado a la nueva cultura organizacional. "Todos somos Mediplus", repetimos hasta el cansancio en la convención del año pasado, y parece que a ustedes les entró por un oído y les salió por el otro. Pero saben qué... aquí nadie es indispensable, y aunque ustedes así lo crean, no son únicos (el orador abre la puerta). Afuera de esta puerta hay muchísimas personas que desearían ocupar su silla, inclusive lo harían por un sueldo inferior al suyo... Personas igual de preparadas que ustedes o hasta más, que seguro sí tendrían ganas de colaborar porque las cosas allá afuera no están fáciles. Por lo tanto, o se suman a la nueva cultura de Mediplus o mejor aquí la dejamos... Señores, la puerta está abierta... ¿Quién quiere salir? (sostiene el contacto visual firmemente unos segundos para después retirarse de la sala... ¡Gulp!).

Resumiendo: esta fórmula es recomendable para discursos de corte informativo y cuando tu temática aborda muchos puntos que debemos recordar. Avisa que vas a terminar resumiendo con frases como: "Entonces, si recordamos todo lo que vimos hoy podemos puntualizar que..." o: "Por lo tanto, veamos nuevamente cuáles son los diez puntos que tocamos el día de hoy...", después di tu frase mágica o selecciona una frase que las englobe todas. No te pongo un ejemplo porque así es como voy a cerrar este libro, mejor cuando llegues al final lo recuerdas.

Con el mensaje: es la forma más obvia de todas, lo que no le resta que sea muy eficiente, pues estás aprovechando para que tu frase mágica, literal, sea lo último que escuchen. La recomendación es que antes de su mensaje digan una frase que dé a entender a la audiencia que con eso cerrarán. Es importante que al decir la frase mágica hagan un cambio notable de volumen. Ejemplo:

> Estamos a punto de terminar, pero antes hago un paréntesis para decirles que afuera encontrarán una mesa en donde pueden firmar la petición para salvar a la mariposa monarca y me encantará verlos por ahí; pero recuerden que todo este esfuerzo es para su conservación y también para una explotación responsable de la misma. Queridos amigos, sin duda fue un placer convivir hoy con todos ustedes. Esto aún no termina, pues estaré allá afuera para aclarar cualquier duda que puedan tener respecto al proyecto. Espero que, como la mariposa, también podamos transformarnos nosotros y volar muy lejos con esta iniciativa. No me queda más ya sino decirles, una vez más, que debemos de juntarnos YA y ¡CUIDAR A LA MARIPOSA MONARCA!

Vistas nuestras fórmulas de cierre, quédate con la certeza de que a partir de ahora cuentas con grandes recursos para asegurar la satisfacción de tu audiencia. Y si por alguna extraña razón tu discurso no estuviera funcionado y sientes que vas en picada, no te preocupes, tu fórmula de cierre será la mejor red de protección que puedas tener. Un buen cierre salva a un discurso mediocre, pues la gente suele recordar más lo que pasó al final. ¿Por qué crees que en los conciertos siempre dejan para el último la canción más popular, incluso echan fuegos artificiales?

Otro ejemplo de cómo un buen cierre salva a un discurso mediocre podemos verlo en el cine. Según tú, estás viendo la película palomera del niñito que ve gente muerta, cuando de repente llega el final del *Sexto sentido* y... ¡Pum!... ¡¿Que Bruce Willis está qué?!... ¿En serio?... ¡No manches, está buenísima! El final la convierte en un clásico cinematográfico instantáneo.

¡Pero ojo! Cuántas veces estás viendo una película o leyendo una novela que te encanta y de repente... ¡¿Qué?!... ¿¡Así acabó!?... ¿En verdad todo era un sueño?... ¿Y qué pasó con el personaje ese que...? ¡Bah! ¡Está malísima!... Se tira a la basura todo lo que se había construido y te quedas profundamente decepcionado. Así como un buen cierre salva a una presentación mediocre, también un mal cierre echa a perder una buena presentación. Por lo tanto, procura cerrar muy fuerte para que esto no te pase.

Ahora bien, hay una situación que puede echarlo todo a perder si es que no estamos capacitados para manejarla. Estoy hablando de la sesión de preguntas y respuestas. Aquí no importa que nuestro cierre haya sido maravilloso, si esa interacción final se nos sale de control o se reduce el ánimo de la audiencia, amargará el buen sabor de boca que habíamos obtenido. Veamos algunas recomendaciones sobre las sesiones de preguntas y respuestas.

¿Alguien tiene alguna pregunta para mis respuestas?
HENRY KISSINGER DURANTE UNA CONFERENCIA DE PRENSA (WIENNER, 1994)

Las sesiones de preguntas y respuestas son el complemento ideal para nuestra presentación, pues son varias oportunidades más para reforzar nuestro mensaje e invitar a que se cumpla nuestro objetivo. Se convierten en un momento de suma importancia para la imagen verbal del orador, pues su credibilidad puede aumentar o desplomarse.

La gente suele temer a las sesiones de preguntas y respuestas, las ven como un reto o como una batalla con la audiencia, y no es así. Si hicimos una buena presentación, la aplastante mayoría de los miembros de la audiencia estará de nuestro lado y tendrá un buen ánimo durante el cuestionamiento, haciendo que sus preguntas abonen a nuestro discurso.

Sin embargo, puede darse la posibilidad de que dentro de la audiencia existan personas con afán de protagonismo, que desean retarnos o contradecirnos. Aunque también existe el caso de que alguien de la audiencia no esté de acuerdo o por la propia temática o dinámica de la presentación, se preste la sesión para un mayor debate o manejo de objeciones.

Sea cual sea el caso, la sesión de preguntas y respuestas no es un reto y mucho menos una batalla. La sesión de preguntas y respuestas es una oportunidad para enfatizar nuestro mensaje y dejar una excelente percepción sobre nosotros y nuestra presentación. Por lo tanto, preparémonos para aprovechar esta oportunidad.

¿Y si nadie hace preguntas?

Una presentación sin preguntas no forzosamente es un signo de que todo quedó muy claro y la audiencia está satisfecha. Aunque podría darse ese caso, la realidad es que cuando no hay preguntas es un indicio de que o nosotros estuvimos mal, o la audiencia no es muy participativa. Si nosotros estuvimos mal, la gente no preguntará porque nuestro tema no les interesó, se les hizo aburrida la presentación, no escucharon nada y su mente estuvo en otra parte, o lo único que quieren es que se acabe el tormento de escucharnos. Es común que una buena presentación genere preguntas o comentarios. Si consideras que tu presentación fue buena y la gente no pregunta, seguro es porque la audiencia está intimidada o porque les da pena preguntar.

De hecho, hay lugares en el Oriente, donde preguntar se considera de mala educación porque es una forma de crítica (Hoff, 1999). Si bien hay públicos más preguntones que otros, la realidad es que la gran mayoría de las veces al principio no hay preguntas porque la gente no se atreve a intervenir. Pero una vez que alguien se anima y pregunta, se rompe el hielo y se desencadena una lista de cuestionamientos que no siempre da tiempo de responder, dejando a la audiencia con ganas de más ante el inevitable: "Tenemos tiempo para una pregunta más."

Ahora veamos todas las recomendaciones punto por punto para disfrutar este momento y aprovechar la oportunidad. Trataré de poner muchos ejemplos que me pasan como conferencista sobre imagen pública.

Primero tienes que tener conocimiento. Nunca aceptes participar en una sesión de preguntas y respuestas si únicamente eres un transmisor de la información y no un especialista. Es muy mala idea aventurarte a responder sobre cosas que no sabes, aunque sí estén relacionadas con tu temática, por ejemplo, si no eres abogado, no respondas sobre aspectos legales finos de tu tema. Si no sabes la respuesta, ¡dilo!, y después traslada la responsabilidad personal, el tiempo o el lugar para su respuesta. Usa frases como: "Es una pregunta muy interesante pero sinceramente desconozco la respuesta, con gusto puedes contactarme en mi página de Facebook y por ahí te paso la respuesta después de consultarlo con un abogado, pues ignoro qué dice la ley al respecto."

Tampoco dejes correr conocimiento que desconoces, dando a entender que sí sabes de qué están hablando. Si me preguntaran: "Sobre lo que dijo Lucas Deleonor en su teoría de fusión de la comunicación, ¿cómo se da esta correlación de mensajes en la imagen pública?", mi respuesta tendría que ser: "Desconozco al señor Deleonor y sus teorías, pero si me las explica, con gusto respondo." Recuerda que en boca cerrada no entran moscas, más vale callar y pasar por tonto, que abrir la boca y demostrarlo.

La recomendación más importante sería no perder el objetivo. No dejes que las preguntas te desvíen de tu tema y mucho menos de tu mensaje. Que te hagan una pregunta no significa que tengas que contestarla. No digo que seas inflexible, puedes aparentar que estás respondiendo lo que te preguntan y más bien dirigir tu discurso hacia tu mensaje. Recuerda la cita de Kissinger con la que abrimos este apartado en la que hace pensar que pregunten lo que te pregunten, nosotros responderemos lo que teníamos planeado y nos favorece. Tú tienes el control de la sesión de preguntas mediante tus respuestas. Si aceptas cualquier cuestionamiento y abres un tema nuevo, es normal que la gente quiera saber más sobre él y se sigan preguntando en ese sentido. Debemos pensar que en cada una de nuestras respuestas tenemos que recalcar nuestro mensaje.

Me pasa mucho en ponencias donde tengo que hablar sobre el plan de estudios de la Licenciatura en Imagología, al final alguien me pregunta cosas como: "¿Qué recomendaciones me darías para hacer un currículo?", o me piden *tips* para hacerse el nudo de la corbata. Aunque no se me haga la pregunta ideal, mi respuesta tiene que ser amable, como: "Qué bueno que preguntas, ya que también la corbata es de extrema importancia en nuestra percepción y no sólo por moda. De hecho, he subido muchos videos a Youtube donde explico por qué es importante y enseño a hacer los diferentes nudos. Te recomiendo que los veas, pues sería extenso hacerlo aquí. Hay que ver a la ropa como un signo, a eso se le llama semiótica del vestuario y se enseña en varias materias de las que mencionamos en el plan de estudios de la Licenciatura en Imagología. Por eso les decía que el plan de estudios es muy original y novedoso." Así retomo mi tema y mensaje.

Una buena recomendación es que pongas una lámina al final de tu presentación con tus datos de contacto, redes sociales y, si lo consideras prudente, hasta con tu frase mágica. El objetivo es que esa lámina sea la que se esté proyectando durante la sesión de preguntas y respuestas.

Planifica, prevé y practica. Debes jugarle al abogado del diablo y pensar qué es lo más difícil que te pueden preguntar. También debes pensar en cuáles son las preguntas normales y naturales que pudieran surgir. Piensa en las respuestas y en cómo puedes ligarlas con tu mensaje para hacer una guía de Q&A (del inglés *Questions and Answers*). Una vez que tengas tu guía, practica las respuestas. Mi recomendación es que las pongas en tarjetas y las vayas sacando al azar. De esta forma estarás más seguro durante la sesión, y en el momento en el que te pregunten algo para lo que ya estabas prevenido, responderás con mucha certeza.

Debes prever cuáles son las mejores preguntas que te podrían hacer para fomentar que te las formulen. A esto se le conoce como "sembrar preguntas", lo cual puede hacerse de manera burda o inteligente, aunque ambas son efectivas. La burda es con un palero o aliado en la audiencia a quien le solicitas que te pregunte durante la sesión, o también puede hacerse aceptando preguntas vía Twitter o por otro medio escrito en donde se falsea la pregunta. Yo no recomiendo esta técnica, pues si nos cachan, nuestra credibilidad se va a los suelos, además cuando las preguntas se hacen por escrito, debemos solicitarle a quien preguntó que se ponga de pie para responderle directamente.

Mejor *siembra* preguntas de manera inteligente durante tu presentación. Si tú sacas un tema interesante en la conferencia y después dices que no tienes tiempo para abordarlo, seguramente dejarás picado a alguien del público que con altas probabilidades te preguntará al final. De hecho, puedes hacerlo tan explícito como: "Y hablando de tarjetas de presentación, ha cambiado mucho el protocolo sobre las mismas y nos están trayendo muchos problemas de imagen... pero mejor no me meto, pues el tiempo apremia y no quiero desviarme mucho, aunque si alguno desea saberlo con mucho gusto lo abordamos en la sesión de preguntas y respuestas..."

Ya que hablamos de fomentar las preguntas de la audiencia, aprovecho para decir que si te tocó un público tímido, que no se atreve a preguntar, no vayas a desperdiciar el tiempo y retirarte del escenario. Estimula las preguntas con frases como: "¿A poco nadie quiere saber cómo debe ser nuestra imagen en redes sociales...?", o hasta con humor diciendo: "Aprovechen, después cualquier consulta genera honorarios." Si aun así la audiencia sigue sin participar, da una breve conclusión de tu mensaje y despídete.

Aunque la gran mayoría de las preguntas deberían ser dudas y objeciones, la realidad es que muchas intervenciones son opiniones y hasta adulaciones o felicitaciones. Ante estas últimas nada más limítate a agradecer el comentario, no te sientas comprometido a decir algo más. Si bien nos encantaría decir: "¿Y tu pregunta es...?", la recomendación es escuchar la opinión con atención y respeto, para mostrar con un breve comentario si estamos de acuerdo o no con lo dicho y reforzar nuestro mensaje.

Dentro de los que opinan, siempre hay uno que parece que le hubiera gustado ser el conferencista y además no está muy de acuerdo con las cosas que dijimos, por lo que se sueltan con un minidiscurso de un par de minutos, generando la molestia del resto del auditorio. En ocasiones, me ha tocado que los miembros de la audiencia le digan "yaaaa..." o que le chiflen, teniendo que interceder por el "espontáneo" para mantener el respeto. Cuando esto te pase, al terminar sólo di: "¿Me podrías repetir la pregunta?" ¡Desatarás las carcajadas del auditorio!, y aunque le caerás muy mal al miniorador, con el resto de la audiencia generarás empatía.

En algunas presentaciones de ventas o de carácter ejecutivo ante audiencias pequeñas, las preguntas se van haciendo durante la presentación. A veces es inevitable, una recomendación es dejarlas todas para el final, pues si no, podrían romper el ritmo de la exposición. Puedes abrir pequeños espacios para dudas entre temáticas, con la fórmula: "¿Hasta el momento, alguna duda?" O si te formulan una pregunta que responderás más adelante, hazlo saber y no anticipes el conocimiento.

De preferencia utiliza el atril, pues, como ya vimos en las recomendaciones de micrófono, éste nos protege y nos da autoridad. El atril es muy útil para dejar pluma y papel (que, como veremos, es importante tener), además de un vaso de agua que lubrique nuestras cuerdas vocales, pues terminando de hablar debemos darles un respiro. Ten cuidado de no beber agua en el preciso instante antes de responder, ya que esa acción genera la percepción de que no sabemos la respuesta o dudamos. Mejor bébela después de responder para dar la sensación de que estamos descansados (como cuando terminas de hacer ejercicio).

Otra opción es bajar del escenario y acercarse a la gente que pregunta; esto da accesibilidad y se percibe como que se pone más atención a la persona. Bajarse del escenario en ocasiones es una obligación, ya que muchas veces montan las bocinas dirigidas hacia la audiencia frente al escenario, por lo que al orador se le dificulta escuchar si está detrás de ellas.

Sé breve y preciso al responder. Entiende bien lo que se te pregunta, responde muy puntual, refuerza tu mensaje y después calla. No caigas en el error de que la sesión de preguntas y respuestas se convierta en otra miniconferencia. Los oradores que se extienden mucho con sus respuestas limitan por tiempo el número de personas que pueden preguntar, y provocan insatisfacción en cierta parte del público que deseaba participar.

Responde con seguridad. El uso del volumen, ritmo, pausas y lenguaje corporal es igual de importante en esta parte que durante la presentación. Al contestar con seguridad reflejamos un carácter de autoridad y conocimientos. Alguna vez Don Gato dijo: "Si no sabes qué decir, actúa como si supieras, pronuncia con autoridad, saca el pecho, sonríe, tranquilo y, sin sudar, ahí está la clave, Benito."

Pídeles a los participantes que se presenten antes de preguntar y anota su nombre y concepto (por eso es bueno tener pluma y papel). Cuando le respondas, dale crédito por preguntar, si es posible agradécele y llámale por su nombre cuantas veces puedas: "Interesante pregunta, Rocío..." "Gracias, Mario, por preocuparte por ese tema..." "...y así es cómo se controla metodológicamente la imagen pública, gracias por preguntar, Silvia."

Un gran gesto es retomar el concepto y nombre de quien te preguntó en otra respuesta: "Mira, Pedro, como le decía a Silvia hace unos momentos..." A la gente nos gusta mucho que nos llamen por nuestro nombre, pues nos personaliza y hace sentir importantes.

Evalúa y entiende las preguntas antes de contestar, y ante la duda, pide repetición o replanteamiento: "Perdón, Laura, creo que no entendí bien tu pregunta, ¿me la puedes volver a formular?" o: "¿A qué te refieres, Ramón, con *sistematizar*?" Si aun así no entendiste del todo qué quería decir la persona, después de responder no dudes en expresar comentarios como: "Espero haber respondido bien a tu pregunta, Sara" o simplemente preguntar: "¿Sí es a eso a lo que te referías, Alonso?"

Averigua qué es lo que los motiva a preguntarte, pues muchas veces lo que buscan es un consejo personal, pero lo enmascaran como una duda general. Ejemplo: "¿Cómo podría alguien que se dedica a cuestiones financieras usar la imagen pública a su favor?" La respuesta a esa pregunta es muy amplia, por lo que sería bueno decirle algo como: "En específico, sobre qué te gustaría saber, Carlos."

Tómate tu tiempo para responder. Además de que tienes más oportunidad de entender la pregunta y reflexionar, comunica respeto ante la pregunta e inteligencia del orador. Responder con premura demuestra que no le estás dando importancia o quieres acabar con el trámite. Inclusive algunos ponentes están abriendo la boca y haciendo gestos como si quisieran empezar a hablar, cuando aún no se ha terminado de formular la pregunta. Muchas personas confunden responder rápido con inteligencia, cuando no es así. Si respondes rápido, tendrás más posibilidades de equivocarte.

La pausa antes de responder te dará seguridad. Piensa en ella como el momento que te tomas para ponerte el cinturón de seguridad antes de manejar (Humes, 2002). Si buscas debates o conferencias de Bill Clinton, verás que sin importar si las preguntas que le hacen son fáciles o difíciles, él se toma suficiente tiempo antes de contestarlas. Si en algún momento crees que necesitarás más tiempo del normal, hazlo saber a tu audiencia con toda naturalidad, mediante frases como: "A ver, Luis, deja que piense bien la respuesta antes de contestar..." Muhammad Ali decía: "El silencio es oro cuando no puedes pensar en una buena respuesta."

Repite la pregunta a toda la audiencia antes de contestar. Esto, además de percibirse como una cortesía con el público, nos da la oportunidad de parafrasear la pregunta y acomodarla a nuestra conveniencia. Por ejemplo, podría ser una pregunta dura como: "¿Finalmente, lo que hace el consultor en imagen pública en la política es engañar, no lo cree?", que al parafrasearla, la suavizamos como: "Me pregunta Andrea si es posible que un colega mío, sin ética profesional, pudiera engañar. Y la respuesta es sí, sí podría. Pero estaría violando el código de ética profesional que firmó al titularse y esto podría ser causa de revocación de su cédula; aunque si eso no pasara porque su engaño es muy bueno, tarde o temprano la verdad saldría a la luz, cayendo su reputación y la de su cliente."

Al parafrasear también puedes fingir demencia pues, aunque hayas entendido a la perfección una pregunta, puedes usar el recurso de: "Si entendí bien la pregunta..." Ejemplo: "Si entendí bien la pregunta de Andrea, lo que desea saber es cuáles son los límites de la consultoría en imagen pública..."

Respóndele a toda la audiencia. Aunque supuestamente le estás hablando a una persona en específico, al brindar tu respuesta, toda la gente debe sentirse involucrada, por lo tanto entabla contacto visual con todo el auditorio. La recomendación es que inicies y termines viendo a la persona que te preguntó y recurras a ella en los momentos más importantes de tu respuesta.

En las preguntas en las que te soliciten tu opinión sobre algún tema, si dudas que tu parecer vaya a ser del agrado del público, solicita a quien te preguntó que él mismo se responda antes o abre la pregunta al público. La gente pensará que estás usando la mayéutica, que es la técnica de Sócrates que consiste en interrogar a una persona para hacer que llegue a sus propias conclusiones. Ante la pregunta: "¿Quién crees que va a ganar las próximas elecciones?", se podría responder: "En imagen pública todo puede pasar porque la imagen es dinámica, por lo que me gustaría saber a tu parecer, ¿a quién ves más fuerte el día de hoy?" Para abrir la discusión al público y hasta organizar una votación del tipo: "Levante la mano los que perciben que va a ganar X, aunque no fueran a votar por él." Una vez que viste qué es lo que opina la gente, podrás dar una conclusión más acertada.

Cuando te pregunten tu opinión sobre un tercero del que no tienes buenos juicios, trata de no involucrarlo negativamente. Sobre todo si ese tercero es cercano, es tu competencia o se puede enterar. Quedarás mejor reservándote tu opinión que hablando mal de alguien, ya conoces la frase: si no tienes nada bueno que decir, mejor no digas nada.

En conferencias difíciles, pide en privado a los organizadores que retiren los micrófonos después de formular las preguntas. Al no tener el micrófono en la mano, la gente interpreta que ya no tiene derecho a seguir hablando, por lo que inhibe la interacción e interrupción durante la respuesta y el derecho a réplica al terminar.

Ante cuestionamientos fuertes en estas conferencias difíciles, no te enojes ni discutas, ni tampoco te muestres superior o hagas sentir a tu audiencia que está mal. Cuando nos comportamos así, nuestro ego puede sentirse gratificado, pero nuestra reputación quedará enterrada en el lodo. Tienes que entrar en un proceso de negociación de opiniones, en donde se respeta y se está de acuerdo en no estar de acuerdo.

Al responder opiniones u objeciones con las que no estamos de acuerdo, como son correctivas, se necesita usar un tono informativo y amable, y nunca mostrar deseos de confrontación o pelea. Una vez me dijeron esto en una conferencia (y transcribo literal cambiando el nombre): "Pues para mí eso de la imagen se me hace frívolo y superficial, pues no puedes juzgar a alguien por su ropa o tratarle mejor porque se maquilla." Y ésta fue mi respuesta:

> Si bien respeto tu opinión, Édgar, no podría estar más en desacuerdo con ella. La respeto porque sé que por desconocimiento mucha gente piensa similar. Es por eso que parte de mi labor es invitar a toda la gente a que se acerque al conocimiento y a los planes de estudio para que vean que esto tiene que ver más con las neurociencias que con la estética. Hace falta cultura de la imagen pública y es un gran reto para los consultores. Repito que imagen es percepción y es todo un mundo que rebasa la ropa o el maquillaje. Si nada más fuera éste el caso, dices literal que: "no podemos juzgar a alguien por su ropa", y la realidad es que sí podemos, ¡de hecho, es imposible no hacerlo! Pues como especie estamos diseñados para recibir estímulos, interpretarlos, identificar y actuar. Ahora bien, si te refieres a: lo que importa es lo de adentro, estoy totalmente de acuerdo contigo.

Primero hay que ser y después parecer. Lo que pasa es que si tú eres pero no pareces, se te va a complicar lograr tus objetivos.

Cuídate mucho de que no pongan palabras en tu boca. Esto lo hacen a través de falsas suposiciones o de sacar conclusiones personales. La gente asume cosas que no son, por lo que atrévete a decir con mucha asertividad: "Yo no dije eso" o: "Creo que es un error muy delicado asumir algo más sobre lo que dije que lo que literalmente dije." La gente suele citarnos mal y transformar nuestras palabras, si bien esto es normal, pues la memoria no es fotográfica, si ese cambio de palabras afecta el fondo o da connotaciones que no te convienen, no lo dejes correr. Ejemplo: "Usted decía que imagen pública es la nueva comunicación y que a los que estudian mercadotecnia o comunicación les va mal...", a lo que tendría que interrumpir para aclarar: "Perdón que te interrumpa, yo sólo dije que la mercadotecnia es un campo saturado donde hay muchos especialistas a los que cada vez les cuesta más conseguir trabajo al terminar. Gente exitosa y mediocre hay en todas las profesiones."

Si crees que tu sesión de preguntas va a ser compleja, la recomendación es que recurras a la técnica de lista de preguntas, que consiste en solicitar que se realicen primero todas las preguntas, después ordenarlas de acuerdo con la conveniencia y responderlas en una sola intervención. De esta forma podemos profundizar más en unas que en otras, empezar por las difíciles o negativas, y dejar las amables y las que suman a nuestro mensaje para el final. Esta técnica también puede hacerse mediante preguntas escritas.

Cuando existen preguntas retadoras, hay que tener cuidado en saber cuáles son las más riesgosas. Las más riesgosas son las que se basan en dichos y rumores, las que hacen especulaciones a futuro y las que limitan nuestra respuesta a un sí o un no. ¿Quieres hacer pasar un mal momento a un político? Cuando vayas a su conferencia hazle preguntas del tipo: "Por favor, respóndame sólo diciendo sí o no. Ante todo lo que se comenta y se dice en los medios, ¿existe corrupción al interior de su partido, sí o no?, y por favor, reitero que sólo responda, por respeto al auditorio, con un sí o un no..."

¡Uyyy! Si responde que no y hay noticias en los medios o casos recientes, ya quedó como mentiroso e hipócrita. Si responde que sí, ya dio la nota del día a los medios y se echó encima a su partido. ¡Nadie te obliga a responder nada más sí o no!, el político tendría que decir:

Gracias por tu pregunta, Sergio, qué bueno que pones ese tema en la mesa. Déjame decirte que no podemos limitarlo a un sí o un no. Un partido se forma por personas que, como todos, pueden cometer errores, lo que sí te digo es que no toleraré ningún indicio de corrupción en mi mandato, pues así me educaron en casa y así lo he hecho en todos mis cargos. Por eso, Sergio, les puedo decir que si votan por mí, la transparencia estará garantizada.

Y si ya se libró bien de la primera, le puedes preguntar después: "Pero si usted en algún momento, por esas mismas equivocaciones humanas que menciona, desafortunadamente cayera en una mala práctica de corrupción y sale a la luz pública, ¿cómo respondería?"

Si responde que daría la cara y pediría perdón, ya se fregó ¡pues está diciendo que ese escenario es posible! Ante preguntas de especulación del futuro la respuesta tiene que regresar al presente: "Mira, Sergio, eso no va a pasar. Yo soy un hombre que se preocupa todos los días por dar lo mejor de mí y que se mantiene fiel a sus valores. Y además de mis valores, tengo una hermosa familia a la que tampoco podría traicionar obrando mal y que me hace trabajar con una actitud de servicio para que nunca me pase algo como lo que acabas de plantear."

La realidad es que pocos responden así, por lo que ¡aguas con las especulaciones, rumores y preguntas cerradas!

Ya que saqué el tema de los políticos, a veces hay verdades que no pueden negarse y nos hacen daño. Si en tu preparación detectaste algún riesgo de este tipo, en tu guía de Q&A diseña respuestas que le den un cambio positivo a la objeción y que se conviertan en tu razón. A éstas se les conoce como respuestas *boomerang* o de judo, porque se regresan con más fuerza o usan la fuerza del oponente para vencer. Ejemplo: "Su partido político perdió el gobierno hace unos años por corruptos, ¿cómo es posible que diga que es honesto si milita en él?" Respuesta:

"Así es, Sergio, fue un grave error que costó muy caro; yo, en lo personal, aprendí mucho de él. Como sabes, en ese entonces yo era diputado, y si bien no tuve nada que ver con el escándalo, me sentí profundamente avergonzado y con dudas de continuar en el partido. Yo quiero servir a mí país, y al decir *servir* quiero decir que necesito servir para algo, serle útil a la ciudadanía, es por eso que quiero ser gobernador, para que no se cometan los errores del pasado. Piensa en mí, en el presente del partido y en el futuro del estado al votar; no en ese pasado, que, reitero, me avergüenza."

Por último, cuando veas que no hay más preguntas o que los organizadores dan por terminada la sesión, vuelve a repetir tu mensaje para que sea con lo último que se queden. La recomendación es hacerlo mediante una frase de agradecimiento del tipo: "Si no hay más preguntas, sólo me queda agradecerles y recordarles que es muy importante que..." o: "Pues muchas gracias, y a los que ya no les dio tiempo de preguntar, les menciono que quedo a su disposición en mis redes sociales y los invito nuevamente a..."

Al día de hoy, en las sesiones de preguntas y respuestas, pueden involucrarse las redes sociales, aparatos de medición y encuestas digitales, preguntas a distancia y demás cosas que la tecnología permite. Un día asistí a una conferencia de sexualidad en la que el ponente puso su número telefónico en la pantalla para que le escribieran las preguntas por WhatsApp y así garantizar el anonimato de quien preguntaba. Cada conferencia es diferente y también cada ponente lo es, por lo que el estilo personal al responder también puede variar.

Al terminar tu presentación, trata de interactuar con la gente que se te acerca. Muéstrate cercano, agradecido y dispuesto a responder a todas las preguntas que no se atrevieron a hacerte en la sesión o que eran demasiado personales. Lleva suficientes tarjetas de presentación y disfruta de los buenos comentarios que seguro vas a recibir.

Ahora sí llegamos al final del libro. Pero antes de despedirme, quiero comentar un punto más. Un punto final sobre por qué aprender a hablar en público es lo mejor que puedes hacer. Un punto final que nos servirá como conclusión sobre este gran patrimonio que ahora debes cultivar.

And in the end, the love you take is equal to the love you make.
THE BEATLES

Todo lo que das se te regresa. Ésta es una ley de vida que con diferentes palabras han dicho Confucio, Buda, Jesucristo, el Dalai Lama y cualquier persona sensata que ha pisado la faz de la tierra. Y sin meterme a temas de espiritualidad, quiero que sepas que al hablar en público esta máxima también funciona.

Si das lo mejor de ti durante una presentación, todo aquello que anhelabas y deseabas lograr con ella se te concederá. Además, empezará a rendir frutos de maneras que nunca habías sospechado. Cuando alguien habla bien en público, empieza a tener referencias de boca en boca muy positivas, empezando por captar la atención de la sociedad de una manera difícil de explicar.

Cada año, el *Wall Street Journal* publica una encuesta en la que hace un *ranking* de las mejores escuelas de negocios de acuerdo con la información que le proporcionan los principales reclutadores corporativos, los cuales se encargan de entrevistar y contratar a los estudiantes egresados de esas escuelas. En un apartado de la encuesta, se pide que enumeren cuáles son las características y los atributos más importantes que buscan para contratar a un egresado de un MBA. Pues el atributo que queda arriba en la lista es el de habilidades de comunicación interpersonal (Koegel, 2007). En los primeros lugares de calificación se encuentran hablar en público y saber expresarse, por encima de las calificaciones, el prestigio de la escuela de la que egresan, las habilidades para trabajar en equipo, y hasta de la integridad y ética personal.

He tenido casos como el de una empresa que mandó a capacitar a uno de sus gerentes, quien debía aprender a comunicar un proyecto en específico. Ese gerente aprendió bien las técnicas y logró sacar con éxito la presentación para la que fue capacitado. Después desarrolló el hábito de hablar bien en público y todas sus presentaciones internas y externas se volvieron exitosas. Los jefes se dieron cuenta y lo ascendieron a vocero. Hoy, es el director de Comunicación de la empresa y su nombre suena mucho para ser el próximo director general.

Conozco el caso de un grupo de cinco vendedores que se capacitaron para hacer presentaciones, pues debían visitar grandes empresas. Tres de ellos acabaron vendiéndose a sí mismos en esas empresas, pues dieron tan buena impresión, que los quisieron contratar para que trabajaran para ellos.

En mi caso, cada día me llevo sorpresas de algo bueno que me pasó por saber hablar en público, sin que yo lo buscara. Doy más de cincuenta conferencias al año y por fortuna no tengo que salir a venderlas, me llegan solitas porque alguien me vio hablar en un lugar, dio buenas opiniones sobre mi plática y despertó el interés en alguien más.

Aprovecho este espacio para decirte algo que tal vez nunca habías pensado. ¡Hay un gran negocio detrás de lo que yo llamo el "conferencismo"! Existen libros que únicamente enseñan a cómo hacer negocio hablando en público, y hay muchísimas personas con un alto nivel de ingresos que a lo único que se dedican es a dar conferencias o a venderlas y coordinarlas. Piensa que, tan sólo en Estados Unidos, al año suceden más de dos millones de eventos, en donde un orador externo participa; y en el mundo existen un sinfín de compañías que están buscando contenido interesante para llenar sus eventos (Smith, 2008). Y como normalmente las conferencias y los seminarios son aburridos, cuando se presenta alguien que informa pero que también divierte y motiva, se convierte en un bombón que todos quieren probar y contratar. A este tipo de charlas les llamo conferencias de *Infoteinment*, por la unión de información y entretenimiento que deben tener.

Dar conferencias es lo que más me gusta hacer de mi trabajo. Viajo, conozco gente, me tratan bien, me hospedo en buenos hoteles, me llevan a comer, trabajo una hora, me aplauden, me piden fotos, me dan buenos comentarios, me agradecen... ¡Y todavía me pagan!

Sin duda, lo que más me alimenta es que, en mayor o menor medida, la gente se transforma y sale motivada después de escucharme.

Te digo que tal vez nunca lo habías pensado, pero existe un gran mercado que podría estar esperándote. Sólo necesitas convertirte en un especialista en algo, montar una buena conferencia, dejar un mensaje que ayude a quien te escucha y dar la plática con toda la grandeza que ahora sabes. Al principio la darás gratis, después cobrarás los viáticos, poco a poco la cobrarás e incrementarás su valor. Para finalmente, ponerle como techo el precio que la gente esté dispuesta a pagar por escucharte.

Y si además sobre tu tema escribes un libro, haces activismo en redes sociales, te presentas en medios y tienes una buena estrategia de *marketing* o hasta una agencia de oradores que te represente; el éxito laboral está asegurado. Hoy ya sabes hablar bien en público sobre cualquier tema, tú decidirás cuál es el rumbo que le des a esta nueva habilidad. Pero primero debes creértela.

La Universidad de Chapman, en California, todos los años hace un estudio en el que publica cuáles son los miedos más grandes de la humanidad, ¡y hablar en público casi todos los años sale como el número uno! Por arriba de la muerte, las enfermedades, los animales peligrosos o la oscuridad. ¡Pero eso no puede ser cierto! No le podemos temer más a hablar en público que a la muerte. Sobre estos estudios Jerry Seinfeld dice que si el mayor temor de la gente es hablar en público y el segundo la muerte, es más conveniente asistir a un entierro dentro del ataúd, que tener que ser el que da las palabras durante el funeral.

No seas de los que inflan esta estadística sin sentido. Hablar en público es lo más natural que puedes hacer y tú ya puedes improvisar ante cualquier situación, si así lo deseas. No confundas la palabra *improvisación* con no estar preparado. ¡Para improvisar debes tener una extrema preparación! Mark Twain decía que son necesarias más de tres semanas para preparar un buen discurso improvisado, y Winston Churchill dijo algún día, que se pasó toda la noche en vela preparando la improvisación de su discurso del día siguiente.

"La práctica hace al maestro", dijimos desde las primeras páginas, y sí, no te voy a mentir, haber leído este documento de poco te sirve si después no llevas su contenido a la práctica. En *The Art of Public Speaking* (1915), Dale Carnegie afirmó que un libro podía darte excelentes sugerencias sobre las mejores formas para conducirte en el agua, pero tarde o temprano te tendrías que mojar.

Toca el turno de echarte un clavado al gran pozo de beneficios que te trae el saber hablar en público y desarrollar tu propio estilo. El estilo es la expresión de la individualidad, es la manera como damos a conocer quiénes somos. Es la manera como mostramos nuestra esencia ante los demás y cómo queremos ser percibidos.

Al hablar en público sé tú mismo, querer o pretender ser alguien más arriba de un escenario es de lo que más conflictos le crea a nuestro cerebro, pues hace que consideremos que no estamos a la altura, que no damos el ancho o que no nacimos para expresarnos ante los demás. El requisito indispensable para crear una imagen es el respeto absoluto de la esencia, por ahí tenemos que empezar. En cuestiones de creación de una imagen pública nada es bueno ni malo o mejor y peor, sino que las cosas deben ser coherentes con la esencia, el objetivo que se desea lograr y las necesidades de la audiencia.

Si crees que subirte a un escenario en *jeans* rotos y tenis a hablar con groserías es lo correcto, adelante, ¡hazlo! Sólo asegúrate de que eso sea coherente con lo que tu audiencia espera, desea y necesita; cerciórate de que esas formas sean un medio efectivo para la transmisión del fondo y la consecución de tus objetivos, no a la inversa.

Ya estamos por terminar (me sonaron conocidas estas palabras), no sin antes recordarte, a manera de resumen, que los seres humanos somos seres de **HÁBITOS**. Por lo tanto, desarrolla el hábito de preparar tu presentación definiendo claramente tus objetivos, temas y mensaje. Repite ese mensaje como una frase mágica, mientras con naturalidad y sin leer un discurso, nos llevas por una charla sencilla, breve, ordenada y llena de conocimientos y convicción.

ABRE FUERTE y sorpréndenos con un gran inicio. No lo hagas solo para engancharnos, sino para generar en nuestros cuerpos sustancias mágicas que harán que presenciarte sea un deleite, y para confirmar que esa seguridad que transmite tu **BUENA VOZ** es real. Llévanos con tu voz por una montaña rusa llena de emociones mediante cambios de volumen, ritmos y pausas; y dinos muchas cosas sin palabras con el poderoso idioma de tu **LENGUAJE CORPORAL**.

Por último, si ya superaste nuestras expectativas, nos colmaste de conocimiento y nos dejaste convencidos de que lo que dices es verdad, ahora déjanos satisfechos. **ACABA** de tal forma que nos hagas brincar de nuestros asientos para ahogarte en un mar de aplausos, mientras esperamos el postre de preguntarte y disfrutarte unos momentos más.

Estimado lector, a partir de hoy ten la certeza de que todos somos oradores y de que tú eres uno de los mejores. Cierra este libro, abre la boca y simplemente... ¡H.A.B.L.A.!

REFERENCIAS BIBLIOGRÁFICAS

(s.f.). Las 10 mejores frases de Stanley Kubrick. [Versión electrónica]. Recuperado el 6 de abril de 2016, de: http://www.esquire.es/actualizacion/1059/las-10-mejores-frases-de-stanley-kubrick

Adolphs, R., Spezio, M. (2009). Social cognition. En Bernston G., Cacioppo, J. (Eds.). *Handbook of neuroscience for the behavioral sciences* (pp. 923-939). USA: John Wiley and Sons.

Aristóteles (1995). *Retórica* (1ª edición, 4ª impresión). Madrid: Gredos.

Atkinson, J. (2005). *Lend me your ears: All you need to know about making speeches and presentations.* Oxford: Oxford University Press.

Baddeley, A. (1999) *Memoria humana. Teoría y Práctica.* Madrid: McGraw Hill.

Bandler, R., Grinder, J. (1975). *The structure of magic: A book about language and therapy.* Palo Alto, CA: Science and Behavior Books.

Bargh, J. Burrows, L., Chen, M. (1996). "Automaticity of Social Behavior: Direct Effects of Trait Construct and Stereotype Activation on Action". *Journal of Personality and Social Psychology*, 71 (2). American Psychological Association.

Berkun, S. (2010). *Confessions of a public speaker.* Sebastopol, CA: O'Reilly.

Booher, D. (2011). *Communicate with confidence!: How to say it right the first time and every time.* McGraw-Hill Education.

Brandreth, G. (1983). *The Complete Public Speaker.* Londres: Robert Hale.

Brizendine, L. (2006). *The female brain.* New York: Morgan Road Books.

Brown, P. (2003). *The Rise of Western Christendom.* UK: John Wiley & Sons.

Buchanan, T., Duff, M., Laures-Gore, J. (2014). Acute stress reduces speech fluency. *Biological Psychology*, (97), pp. 60-66. doi: http://dx.doi.org/10.1016/j.biopsycho.2014.02.005

Calixto, E. (Comunicación Personal). 15 de octubre de 2015.

Cannon, W. (1929). *Bodily changes in pain*, hunger, fear and rage. Ney York. Ronald.

Carnegie, D. (2005). *Public speaking for success.* New York: Jeremy P. Tarcher/Penguin.

Carruthers, M. J. (1990). *The book of memory: A study of memory in medieval culture.* Cambridge: Cambridge University Press.

Carter, S. C. (2002). "Neuroendocrine perspectives on social attachment and love". En Cacioppo, J., Bernston, G. (Eds.). *Foundations in Social Neuroscience* (pp. 853- 890). USA: Massachusetts Institute of Technology.

Castellanos, A., González, R. (2006). "Insuficientes, los alentadores avances económicos, admite Fox" [Versión electrónica]. La Jornada. Recuperado el 31 de marzo de 2016, de: http://www.jornada.unam.mx/2006/03/24/index.php?section=economia&article=032n1ec

Castiglione, B. (2002). *The Book of the Courtier: The Singleton Translation.* New York: Norton.

Céspedes, T., García, A., Tabera, D. (2004). *Módulo de comunicación. Estrategia Municipios Saludables* [Manuscrito no publicado]. Medellín: Facultad Nacional de Salud Pública.

Chávez, E. (Comunicación Personal). 16 de noviembre de 2015.

Christakis, N. (2008). *Dynamic spread of happiness in a large social network: Longitudinal analysis over 20 years in the Framingham Heart Study.* Recuperado el 7 de abril de 2016, de: http://www.bmj.com/content/337/bmj.a2338

Cicerón, M. (2000). *Bruto: historia de la elocuencia romana.* Madrid: Alianza.

Cicerón, M.T. (May, J.M., Wisse, J. trans.) (2001). *Ciceron on the Ideal Orator (De Oratore).* Oxford: Oxford University Press.

Cole, T. (1991). *Who Was Corax?* pp. 65-84. Illinois Classical Studies.

Colton, C. (1824). *Lacon, Or, Many Things in a Few Words: Addressed to Those who Think* (8a ed.). New York: S. Marks.

Cooper, M. (1984). *Change your voice, change your life: A quick, simple plan for finding and using your natural, dynamic voice.* New York: Macmillan.

Covach. J. (2005). *Engaging Music: Essays in Music Analysis.* New York: Oxford University Press.

Curtis, A. (Productor) (2002). The Century of the Self: Happiness machines [Documental] United Kingdom: BBC

Da Costa, R. (2006). "Las definiciones de las siete artes liberales y mecánicas en la obra de Ramon Llull". *Revista Anales del Seminario de Historia de la Filosofía*, 23, 131-164. Madrid: Publicaciones Universidad Complutense de Madrid (UCM).

REFERENCIAS BIBLIOGRÁFICAS

Danaus plexippus. Recuperado el 29 de marzo de 2016, de: https://es.wikipedia.org/wiki/Danaus_plexippus

De la Hera, C. (2008). "Neurociencia social: hacia la integración de las explicaciones sociales y biológicas de la conducta social". En Morales, J., Huici, C., Gómez, A., Gaviria. E. (Eds.). *Método, teoría e investigación en psicología social* (pp. 187-213). Madrid: Pearson/ Prentice-Hall.

Dolan, J. (1992). *Negotiate like the pros.* New York: Perigee Books.

Doob, L. (1950). *Goebbels' Principles of Propaganda. The Public Opinion Quarterly.* Oxford: Oxford University Press.

Eco, U. (1975). *Tratado de semiótica general* (1a ed.). Barcelona: Lumen.

Ekman, P., Friesen, W. (1975). *Unmasking the face.* USA: Prentice-Hall.

El Informador (2013). "Cuando la voz abandona al artista". [Versión electrónica] Recuperado el 27 de septiembre de 2013, de: http://www.informador.com.mx/entretenimiento/2013/487977/6/cuando-la-voz-abandona-al-artista.htm

Epstein, D. (2014). *The sports gene: Inside the science of extraordinary athletic performance.* London: Yellow Jersey Press.

Freud, S. (2001). *Introducción al psicoanálisis.* Madrid: Alianza.

Fuentes, O (2010). *Lenguaje y mente.* México: Synderesis.

Gazitúa, R. (2014). *Respiración. Manual de semiología.* Universidad Católica de Chile.

Gilman, J., Ramchandani, V., Davis, M., Bjork, J., Hommer D. (2008). "Why We Like to Drink: A Functional Magnetic Resonance Imaging Study of the Rewarding and Anxiolytic Effects of Alcohol". *The Journal of Neuroscience,* 28 (18), pp. 4583-4591. doi: 10.1523/JNEUROSCI.0086-08.2008

Gordoa, A. (2008). *Imagen cool.* México: Grijalbo.

Gordoa, V. (1999). *El Poder de la Imagen Pública.* México: EDAMEX.

Gordoa, V. (2007). *Imagen vendedora: Como hacer la venta de tu vida.* México: Grijalbo.

Grande-García, I. (2009). Neurociencia social: el maridaje entre la psicología social y las neurociencias cognitivas. Revisión e introducción a una nueva disciplina. Anales de Psicología, 25. UNAM.

Grimal, P. (1972). *La littérature latine*. Paris: Presses Universitaires de France.

Groarke, L. (2011). *Enciclopedia de filosofía de Stanford: Lógica informal.*

Guggenheim, D. (Director), David, L., Bender, L., Burns, S. Z. (Producers) (2006). *An inconvenient truth* [Motion picture]. United States: Paramount Pictures Corp.

Hall, E. (1959). *The silent language*. Nueva York: Doubleday y Co.

Hernández, J., García, M. (1994). *Historia breve de la Retórica*. Madrid: Síntesis.

Hoff, R. (1999). *Puedo verlo desnudo*. Barcelona: Granica.

Humes, J. (2002). *Speak like Churchill, stand like Lincoln: 21 powerful secrets of history's greatest speakers*. Roseville, CA: Prima Pub.

Izuma, K. (2013). "The neural basis of social influence and attitude change". Current Opinion in Neurobiology, 23, 456-462.

Kintz, J. (2011). *$3.33*. Kindle Edition.

Knapp, M. (1982). *La comunicación no verbal. El cuerpo y el entorno*. Barcelona: Paidós.

Koegel, T. (2007). *The exceptional presenter: a proven formula to open up! and own the room*. Austin, TX: Greenleaf Book Group Press.

Kosfeld, M. (2005). "Oxytocin increases trust in humans". Nature: International Weekly Journal of Science, 435, 673-676. doi: 10.1038/nature0371.

Las mentes más brillantes del país. (2015). Líderes Mexicanos.

Laskowski, L. (2001). *10 days to more confident public speaking*. New York: Warner Books.

Lasswell, H. (1971). *Propaganda technique in World War I*. Cambridge, Mass.: M.I.T. Press.

Leech, T. (1982). *How to prepare, stage, and deliver winning presentations*. New York, NY: American Management Associations.

Leith, S. (2012). *¿Me hablas a mí?: La retórica de Aristóteles a Obama*. Madrid: Taurus.

REFERENCIAS BIBLIOGRÁFICAS

Llantada, A. (2013). *El Libro Negro de la Persuasión: Conozca las 23 Leyes que Mueven Nuestras Voluntades*. Editado de forma independiente.

Longa, V. (2006). "Sobre el significado del descubrimiento del gen FOXP2". *Estudios de Lingüística*, 20, págs. 177-207.

Lyons, J. (1995). *Linguistic semantics: An introduction*. Great Britain: Cambridge University Press.

Maraboto, M. (2014) "También de los periodistas se aprende a comunicar". [Versión electrónica]. Forbes. Recuperado de: http://www.forbes.com.mx/tambien-de-los-periodistas-se-aprende-comunicar/

Martín Pérez, B. (1969). *Obras de San Agustín, vol.X*. Madrid: Editorial Católica (Biblioteca de Autores Cristianos).

Mata, A. (2004). "Aprenda hablar en público. Cursos para compartir lo que sabes". [Versión electrónica]. Recuperado el: http://imagenes.mailxmail.com/cursos/pdf/9/aprenda-hablar-publico-5369-completo.pdf

May, S. (2008). *George Puttenham's Lewd and Illicit Career*. Texas Studies in Literature and Language.

Medina, J. (2008). *Brain rules: 12 principles for surviving and thriving at work, home, and school*. Seattle, WA: Pear Press.

Melero, A., González, A., Herrera, R. (1996). *Sofistas. Testimonios y fragmentos*. Madrid: Gredos.

Moore, D., Conely, J. (Productores) (2002). *The Speeches Collection, Vol. 1* [Película]. USA: Mpi Home Video.

Moreno, J. (1992). *Minucias del lenguaje*. México: Fondo de Cultura Económica.

Mosterín, J. (2006). *La naturaleza humana*. Madrid. Espasa.

Navarro, J. (2008). *What every body is saying*. Harper.

Nolan, C. (Productor) (2008). *The Dark Knight* [Película]. Reino Unido-Estados Unidos: Warner Home Video.

Pizarroso, A. (1999). "La historia de la propaganda. Historia y Comunicación Social, 4, 145-171". Obtenido de: http://revistas.ucm.es/index.php/HICS/article/viewFile/HICS9999110145A/19646

Platón (2003). *Diálogos. Obra completa en 9 volúmenes. Volumen I: Apología. Critón. Eutifrón. Ion. Lisis. Cármides. Hipias menor. Hipias mayor. Laques. Protágoras.* Madrid: Gredos.

Poyatos, F. (1994). *La comunicación no verbal: Cultura, lenguaje y conversación.* Madrid: Istmo.

Quintiliano (2006). *Institutio oratoria.* Oxford: Oxford University Press.

Ramachandran, V. (2000) "Mirror neurons and imitation learning as the driving force behind '*the great leap forward*' in human evolution". [Versión electrónica] Recuperado de: https://www.edge.org/conversation/mirror-neurons-and-imitation-learning-as-the-driving-force-behind-the-great-leap-forward-in-human-evolution

Ridley, M. (2004). *The agile gene*: How nature turns on nurture. New York: Perennial.

Rizzolatti, G. y Sinigaglia, C. (2006). *Las neuronas espejo. Los mecanismos de la empatía emocional.* Barcelona. Paidós.

Rizzolatti, G., Fogassi, L., Gallese, V. (2001). "Neurophisiological mechanisms underlying the understanding and imitation of action". Nature Rewiews Neuroscience, 2, 661-670. doi: 10.1038/35090060

Rock, N. (2004). *How to catch a road runner.* Red Tail Publishing.

Rosen, S. (1987). *Mi voz irá contigo: Los cuentos didácticos de Milton H. Erickson.* México: Paidós.

Roth, A. (1992), "The Peseshkef and the 'Opening of the Mouth' ceremony: a ritual of birth and rebirth". *Journal of Egyptian Archaeology,* 78, 113-147.

Rothwell, J. (2004). *In The Company of Others: An Introduction to Communication.* New York: McGraw Hill.

Ruhlen, M. (1994). *On the Origin of Languages: Studies in Linguistic Taxonomy.* Stanford: Stanford University Press.

Schloff, L., Yudkin, M. (2011). *Smart speaking: 60-second strategies for more than 100 speaking problems and fears.* Brookline, MA: Speech Improvement Society

Sebastián, L. (2007) *Breve manual de mnemotecnia.* Creative Commons.

Sellnow, D. (2004). *Confident Public Speaking.* Cengage Learning.

Smith, S. (2008). *The everything public speaking book: Delivering a winning presentation every time!* Avon, MA: Adams Media.

Soberón, X. (Comunicación Personal). 29 de marzo de 2016.

Swan, R. (2009). *El método Obama: Las 100 claves comunicativas del hombre que ha revolucionado el mundo.* Barcelona: Debolsillo.

Tévez, C. (2015). Contó el secreto del éxito de Messi y Ronaldo [Archivo de video]. Recuperado el 29 de marzo de 2016, de: https://www.youtube.com/watch?v=VjwcC7xPy14

Toledo, J. (2008). *Pensamiento Político. De la Antigüedad hasta la Modernidad. Tomo I.* Editorial Universitaria Félix Varela.

Walters, L. (1993). *Secrets of successful speakers:* How you can motivate, captivate, and persuade. New York: McGraw-Hill

Esta obra se terminó de imprimir
en el mes de enero de 2026,
en los talleres de Impresora Tauro, S.A. de C.V.
Ciudad de México.